U0936329

中国名片
人民币

主编／马德伦　副主编／敖惠诚　贺林　张解东

ZHONGGUO MINGPIAN
RENMINBI

责任编辑：张哲强
责任校对：孙　蕊
责任印制：毛春明

图书在版编目（CIP）数据

中国名片人民币（Zhongguo Mingpian Renminbi）/马德伦主编.—北京：中国金融出版社，2010.8

ISBN 978-7-5049-5450-3

Ⅰ.①中…　Ⅱ.①马…　Ⅲ.①人民币（元）-货币史　Ⅳ.①F822.9

中国版本图书馆CIP数据核字（2010）第044132号

出版
发行　中国金融出版社

社址　北京市丰台区益泽路2号
市场开发部　（010）63272190，66070804（传真）
网上书店　http://www.chinafph.com
（010）63286832，63365686（传真）
读者服务部　（010）66070833，62568380
邮编　100071
经销　新华书店
印刷　天津银博印刷技术发展有限公司
尺寸　169毫米×239毫米
印张　23.5
字数　286千
版次　2010年8月第1版
印次　2010年8月第1次印刷
定价　86.00元
ISBN 978-7-5049-5450-3/F.5010

编写说明

一、本书是重点记述人民币设计与印制方面内容的专题类图书。

二、本书以时间排序，以章节为线。

三、本书的上限时间为1947年，下限时间为2008年。本书对各个历史时期的事件记述，以事件的主要内容和影响日期为载入时间，为保证叙事的完整性，时间跨度适当延长。

四、本书涉及的单位名称，均以事件发生时该单位所用名称记述，各单位名称变更情况附后。

五、本书不设人物专志，所记述的人物本着“以事带人”的原则，仅作适当背景介绍。

六、本书材料中，部分内容引自相关著述，另有目录附后；部分内容来自口碑资料并经相关考证鉴别后采用；部分内容来自档案资料记载。上述情况均未注明出处。

中国名片
——设计与印制视角下的人民币故事

（代序）

货币发行是中央银行的重要职能，是中央银行为社会老百姓提供的基础性金融服务之一。虽然这些年来，伴随着第五套人民币的发行，中央银行在人民币知识的宣传普及方面做了许多工作，但是，从设计与印制的视角来宣传和普及人民币知识，并且通过中国印钞造币总公司这样的专业渠道，还是第一次。

众所周知，人民币是我们中华人民共和国的国家名片，是我国历史上信誉度最高、币值最稳定、印制最精美的货币，在国内外都有很高的评价。其设计与印制的水平体现着我国社会经济发展的综合实力，是浓缩民族文化、深厚人文历史底蕴的重要载体。长期以来，与我国国家政权建设和社会主义经济的发展历程相适应，我国当代的印钞造币企业相对于整个社会来说是一个独特而神秘的存在，作为“特种行业”、“垄断企业”和“保密单位”而不为外人所知。2005年底，中国印钞造币总公司在中国人民银行党委的部署下进行现代企业制度改革试点，着手建立现代公司治理结构，充分利用现代管理手段提高公司经营绩效，推动传统国有企业的现代化进程，实现现代公司治理理念的革新和现代企业精神的铸造，为全社会提供更加精美的人民币产品和更好的金融基础服务。改革试点四年多来，印制行业发生了许多重要的变化，在制度创新和绩效提升的背后支撑着的，是重要的、也许是更带有根本性的——观念变革。在保密的原则下，在保证核心技术不外泄的前提下，用普通老百姓喜闻乐见的形式，向人民币的持有者，向我们的最终客户——人民主动宣传和普及人民币产品，从某种意义上来说，可以看作是一种现代企业产品服务意识的觉醒，是一种市场品牌和企业形象塑造的自觉要求。其间体现着一种重要的思想跨越。

因为工作的机缘，我比较多地接触到印制企业，特别是有机会通过一线的生产直接感受到这个行业在技术装备、生产规模、生产管理、精神面貌等方面发生的历史性变化。在继承敢打硬仗、甘于奉献的优良文化传统的同时，积极借鉴国外钞券印制经验，不断加强新技术的应用，努力使人民币的印制和防伪工艺达到国际先进水平，实现从传统企业向现代企业的转型。让我记忆犹深的是，2008年奥运会前夕，我在考察中国印钞造币总公司所属企业奥运产品生产期间，看到我们的企业承担起了北京奥运会包括奖牌、奥运纪念币、奥运纪念钞、奥运门票等许多光荣同时又是非常艰巨的任务。通过在奥运会这样的世界赛场上的成绩单，我们有理由相信，我国印钞造币的品牌完全可以走向世界的赛道。

同时，随着我国经济实力的增强，人民币流通范围日益扩大。现在，在香港、澳门，在宝岛台湾，在东南亚，在世界许多国家，都有人民币或流通，或兑换，人民币正在向世界展示中国印钞造币企业精细的管理、精湛的工艺技术、精美的设计，展示中国的自然、中国的山水、中国的文化。

从这个意义上来说，这本普及人民币设计与印制知识的读本，只是中国印钞造币同仁努力把人民币的印制让中国、让世界广泛了解的一个展示。这里所揭示的五套人民币在设计与印制过程中的经历种种，不但有助于我们更好地理解不同历史时期人民币钞币背后的深层次经济社会文化元素，也为普通老百姓更好地使用、识别人民币、打假反假人民币，喜爱以至于收藏人民币，获得审美上的愉悦提供更好的服务与支持。随着人民币在世界范围内获得更高的信誉和尊重，相信关于人民币设计与印制的知识，会在更大的空间里，受到更友好的期待。

从文化的意义上，人民币是中国当代货币文化的载体，是中国货币文化传统的继承与发展。她的昨天和今天，承载着她的创造者们的智慧和汗水，更承载着一个行业的光荣和梦想。而她的变革与明天，代表着一种面向世界、面向未来、面向更现代的可贵精神。这笔宝贵的精神财富，不但属于印制行业，更属于我们国家。希望这本读物，能为人们留下一点精神的记忆作出贡献。

中国人民银行副行长 马德伦

2010年6月

引　言

常常听到有人问起：“人民币是怎么设计、印制的？”“人民币是在哪里生产的，这个地方一定很保密吧？”间或听到有人问：“是什么样的人在印人民币，怎么可能对满眼的金钱不动心、不伸手呢？”更有个别人断言：“印人民币的人都是劳改犯，因为警察监督、看管严着呢，所以丢不了。”听了这话，专事印钞、造币的员工不禁暗自笑道：我们个个都是爱国家、有组织、有纪律的产业工人，觉悟高着呢，怎么成了“劳改犯”了呢？

这不足为怪，谁让这些企业一下子保密了几十年的时间？谁让这些公司的门口都站着持枪的哨兵？谁让这些公司不打广告、不宣传？这个只有3万多人的行业，与那些特大型企业集团相比真不起眼，但是在党中央、国务院那儿却有自己的位置，因为她是国家的特殊行业——中国印钞造币总公司。

2000年，当时的国务院总理朱镕基签发的《中华人民共和国人民币管理条例》中明确规定“人民币由中国人民银行指定的专门企业印制”。中国印钞造币总公司就是中国人民银行指定并管辖的、承担印制人民币这一光荣、特殊任务的专门企业。

这是一个有“历史”的行业，最早的造币、印钞企业都在百年以上；这是个有“身份”的行业，新产品的印制要报国家领导人审批；这是个极有创造力的行业，不断有新的技术、新的专利问世，人民币上的防伪技术已有几十种；这是个极富生命力的行业，近年来，不断有新的企业诞生，丰富、完善着印钞、造币的行业体系。时下的中国印钞造币总公司，下辖21家企业和一个国家级的技术中心。其中印钞企业6家、造币企业3家、钞票纸生产企业2家、信用卡生产企业1家，油墨、制版、特种防伪安全线企业各1家，高级防伪印刷、银行机具等企业6家，分布在全国12个大中城市，主要从事印钞、造币、钞票纸制造、金银提炼加工、专用机械制造、信用卡、增值税发票印制、安全印务和银行机具八大专业，是世界同行业中规模最大、门类最全、设备相对先进、技术相对领先的大型国有企业；人民币的科技含量、防伪手段与发达国家印制的货币持平，人民币的质量逐步达到了国际可流通货币的水平。

这是一个红色的行业，她从革命根据地瑞金苏维埃政权中走来，经过战争的洗礼。在抗日战争和解放战争时期，陕甘宁、晋察冀、晋冀鲁豫等根据地和边区印钞、造币生产能力的逐步形成、变化，经过东北、华北、山东、华中等解放区印钞、造币、钞票纸生产企业的发展、合并，解放后又与沈阳、北京、天津、上海、成都等城市原有的钞票、硬币生产企业的合并、壮大。中国人民银行成立之初，就建立了印制管理局，对新中国印钞、造币企业实行了统一管理、统一指挥。后来这个行业随着国民经济发展的节奏而起伏，随着改革开放的旋律而发展，随着国家科学技术的发展而提升。

60多年来，这个行业的员工在中国人民银行的领导下，设计、印制了五套人民币，2005年又对第五套人民币进行了全面提升。印钞造币行业的员工努力为中央银行服务，及时、足额地供应着高科技、高品质的人民币，确保了各个时期货币发行的需要，为国家的经济建设与发展作出了特殊的贡献。

这里，我们将人民币是怎样设计，在哪里印制，这个行业的发展演变，以及在人民币设计、生产过程中发生的鲜为人知的故事给您细细道来。

目录

第一章
战争环境里诞生的第一套人民币

第一套人民币的设计、印制和发行是与中国人民银行的成立相伴而行的。伴随着解放战争的节节胜利，伴随着中国人民银行的酝酿、筹划，第一套人民币开始了它的设计、印制。第一套人民币的印制与发行对解放战争的推进，对解放区的货币统一，对新中国的经济恢复与建设，对人民群众的日常生活起到了重要的作用。

第一套人民币共有12种面额，62种版别。它于1947年秋天起在晋察冀边区及其他解放区开始设计、印制，1948年12月1日，中国人民银行在河北省石家庄市成立，人民币随即公开发行。

第一节
解放战争节节胜利催生货币统一
董必武书行名　确定新币主景内容

新中国国家银行的名称——中国人民银行

1947年春，中国历史处于巨大变动时期，解放战争取得重大胜利，并进入了战略反攻阶段。

1947年7月，在河北省邯郸市冶陶镇召开了华北财政经济工作会议。同月，中共中央发出了《关于成立华北财经办事处及任命董必武为主任的决定》，同时任命南汉宸、薛暮桥、杨立三为华北财经办事处副主任，并责成南汉宸着手筹建全国统一的国家银行。8月1日，华北财办主任董必武草拟了《华北财办组织章程》，在章程规定中的第五项任务是：筹建中央财政及银行。

这便是最早明确见诸于文件的关于建立中国人民银行的文字信息。1947年9月14日，华东局工委书记张鼎丞、邓子恢致电董必武，建议成立解放区统一银行，发行统一的货币，银行名称可以考虑为“联合银行”或者“解放银行”，亦或叫做“全国解放银行”。同一时期，在晋察冀边区银行工作后来也是中国人民银行主要筹备人之一的何松亭，也提出新成立的银行应该取名“中国人民银行”。董必武考虑再三，采纳了何松亭的建议。他认为，新创建的全解放区银行的名称，不仅要考虑到当前货币统一的问题，还要考虑到这个银行有可能成为新中国国家银行的问题，着眼未来，银行的名称定为“中国人民银行”较好。

1947年12月2日，董必武致电中央，建议成立全国统一的银行，银行的名称定为“中国人民银行”，他还在电报中特别提醒：关于银行的名称希望能早定，印钞时要用。电报很快送到当时尚在陕北的毛泽东、周恩来那里。毛泽东说：现在就成立全国统一的银行为时尚早了些，同意先行准备，名称就定为“中国人民银行”。按照毛泽东、周恩来的意见，中央迅速回电给董必武。董必武接到复电以后，立即找到南汉宸，商议筹备工作如何开展。12月下旬，中国人民银行筹备处正式成立，南汉宸担任筹备处主任。筹备处的中心工作就是：为建立全解放区统一的银行和发行统一的货币作准备。

■董必武亲自考察晋察冀边区印制局的生产能力

中国人民银行筹备处成立以后，便开始了紧锣密鼓的准备工作，人民币（注：当时称新币，下同）票版的设计与印刷便是重要的工作。

其实早在1947年秋天，中央批准《华北财办组织章程》之后，第一套人民币的设计、印制工作便开始进入酝酿之中，华北财办曾经让晋察冀边区印刷局局长王文焕、副局长贺晓初前往汇报情况。

晋察冀边区印钞基地——南峪村

南峪村一带是老抗日根据地，距阜平县城20余华里，北面有大沙河相隔，东、南、西群山环抱，地势比较隐蔽安全。从1946年底至1947年底，晋察冀边区即在这里逐渐建立起了设备比较完善、管理比较健全的印钞生产基地。为保密起见，位于南峪村、董家沟口、大小石坊等村的印钞企业对外统一叫“新大公司”。

1947年9月，中秋节的前两天，中央财政经济部部长、华北财经办事处主任董必武在南汉宸的陪同下，从西柏坡来到河北省阜平县南峪村，视察了晋察冀边区印刷局的生产现场，听取了主要领导的汇报，看望了正在紧张生产之中的印钞职工，考察了那里的造纸、印刷设备能力，了解票版设计、制版技术水平以及厂房等相关情况。那天董必武就住在了印刷局局部秘书张恩树的办公室兼宿舍里，第二天，董必武还为张恩树题写了鲁迅先生的名句“横眉那怕（冷对）千夫指，俯首甘为孺子牛”，以此激励大家。

视察期间，印刷局局长王文焕召开职工大会，董必武为职工作了生动的报告，他讲了解放战争的形势和任务，鼓励广大职工积极行动起来，努力生产，为支持全国的解放战争作出应有的贡献。他强调指出，印钞工人文化水平高，政治觉悟高，要为新解放区以及今后新中国的建立培养大批的干部。视察期间，他还和王文焕谈了成立新中国后中央银行、印制新钞票等问题。

各解放区印钞企业生产能力及技术水平

当时，全国主要有东北解放区、华北解放区、西北解放区和华东解放区。四大解放区都发行了自己的货币，都有自己的印钞企业，各企业承担着各解放区货币印制的任务。

四大解放区中，东北解放区最早解放，印钞实力较强，具备凹印机生产设备，技术水平较高。其他各解放区基本上采用胶印机生产，有的还停留在使用石印机生产的水平。随着解放战争的不断发展，新解放的区域逐渐扩大，钞票的需求量也逐渐增加，这些压力和矛盾都集中在各个解放区印钞企业身上，而其设备、技术等方面又得不到发展，钞票的数量和质量很难满足钞票发行的需要。因此，中央财经办只能将目光放在了当时技术条件相对较好的东北解放区的印钞企业和离中央财办较近的晋察冀边区印钞企业，希望从那里先行设计与印制，以保证人民币的及时发行和日后人民币数量供应的增加和质量的提高。

■董必武为新币题写“中国人民银行”行名

行銀民人國中

董必武手书

1947年10月，华北财办副主任南汉宸同董必武商定了关于新币的票面结构、金额、设计图案以及制版选样、纸张选定等问题，还请董必武题写新币票版上的“中国人民银行”行名，董必武一开始拒绝说：我的字不大好，最好请林老他们（指林伯渠、吴玉章、徐特立、谢觉哉、朱德等）来写。南汉宸说，您的书法功底深厚，在延安时您的字就被人们所称道，现在您又是华北财经办事处主任，请您来写，这也是顺理成章的事情。在南汉宸再三请求下，董必武才应承下来，他感慨地说，“中国人民银行”这几个字可是值千金呀！百余年来，中国人民一直深受“三座大山”的压迫，今天眼看着革命就要取得全国胜利了，我们就要有自己的国家银行了，发行全国统一的货币了，这是人民的银行，这是人民的货币，这是一件大事呀。

没过多久，董必武便把写好的字交给南汉宸，并说：字写得不太好，请设计制版的同志去挑选吧。董必武的题字写满了一整张纸，其中有“中国人民银行”，有“圆、角、分”，有大写的“壹贰叁肆伍陆柒捌玖拾佰仟萬”，小写的“一二三四五六七八九十”，有“中华民国”等，其中，“贰”字有两种写法，一种是“贰”，另一种是“贝”字上面的两小横被挪到了大横的上面，当时有人觉得奇特，问南汉宸：同样的字为什么有两种写法，南汉宸说：这两种字体通用。因此，人民币上的“贰”字便出现了两种字体。

■第一套人民币的设计工作最先在晋察冀边区印刷局进行

第一套人民币的设计、印制，按时间上计算可以分为前期和后期。前期大体时间在1947年冬至1948年底，印制单位主要分布在各个解放区；后期大体时间在1949年至1953年，印制单位主要分布在军事接管以后的各大城市的印钞企业。

据史料记载，关于第一套人民币的设计，晋察冀边区印刷局、北海银行所属印钞一厂、东北银行工业处以及后来被军事接管的沈阳造币厂、天津人民印刷厂、北京印钞厂、上海印钞厂等都参与过。但是最早开始设计工作的是晋察冀边区印刷局，最早的人民币设计人员是王益久和沈乃镛。

1947年10月，晋察冀边区印刷局从华北财办正式接受了设计、印制人民币的任务。在局长王文焕的组织下，具有丰富设计雕刻经验的王益久和沈乃镛担负了人民币的正、背面设计任务。

王益久原供职于蒙江新闻社，1945年到晋察冀边区印刷局参加革命工作。沈乃镛原在中央印制厂北平厂，1946年到晋察冀边区印刷局参加革命工作。他们接到任务以后，与其他人员一起在河北省阜平县原新大公司简陋的工房里，开始了紧张且艰苦的设计工作。中央下达的设计任务要在45天内完成，所以他们的工作不分昼夜。工作间是借来的民房，恰逢那年一连下了四十几天大雨，使得房子到处漏雨；设计、雕刻中还要时刻提防国民党飞机的轰炸，警报一响他们就赶紧带着图稿、工具跑进防空洞。这些情况给设计、雕刻工作带来了很多麻烦与困难。当时设计用的照片是由一个人在板凳上拍摄完成，另一个人赶紧打样。新中国第一套人民币最初的票版设计就是在这样艰苦的条件下进行的。

最初的票面设计稿上绘有毛主席像

按照中外钞票设计的惯例，一般都将开国领袖像印在中央银行的票面上，为此华北财办在考虑票面主景内容时，也计划在新币票面上印上毛主席像。华北财办除了请晋察冀边区印刷局设计带有毛主席像的票版外，还在1947年12月20日致电东北局，在嘱其代印钞票的电报中特别强调：票面上要印有毛主席像。11月中旬，王益久、沈乃镛便将几种版别的票样画稿设计出来，通过局长王文焕交到南汉宸那里。南汉宸又迅速交给董必武并转呈中央审定。

毛主席在知晓华北财办计划在新币上印他的像时，坚决不同意这样做。并令中央立即回电给董必武，他说：票子是政府发行的，不是党发行的，现在，我是党的主席，而不是政府的主席，因此，票子上不能印我的像，将来再说吧。

董必武接到回电以后，迅速把南汉宸找来商议，他说："关于在票面上印毛主席像的问题，中央来电了，毛主席不同意印他的像，你先看看电报，咱们再商议。"南汉宸看完电报说："中央的指示，我们一定要坚决执行。但票子的图案如何设计，我们还需要再研究。"董必武肯定地说："是的，中央的指示我们要坚决执行，票版图案设计如何办呢？毛主席像不能用，我在想，是否改用解放区工业生产、农业生产的图景呢？"南汉宸想了一下说："我看可以，目前也只能如此了。"董必武说："好吧，票版设计图案咱们就这样定下来。"

董必武提出：票面要反映解放区工农业生产

南汉宸将原来印有毛主席像的票版草样和董必武书写的"中国人民银行"题字拿到中国人民银行筹备处，向筹备处的同志详细传达了中央电报精神和董必武关于新币票版图案设计的指示。并立即给王文焕写了一封信，派人迅速将信、票版草样及行名题字送到了晋察冀边区印刷局，布置了新币票面设计的新要求：新币先设计1元券、5元券、10元券、20元券、50元券五种，无论正面还是背面，除了必要的阿拉伯数字之外，其他的全部使用中文，不要用英文；花边也要力求朴素大方。同时要求尽快设计出新票版来，以争取时间。

中央的指示精神很快传达到了晋察冀边区印刷局。王文焕立即召集有关人员重新开始人民币票券的设计、修改工作。在1947

50元券正、背面的设计图稿

年底之前，王益久、沈乃镛就设计出了反映解放区工农业生产情景图案的票版，包括：小毛驴驮粪、农民用辘辘浇田、放牛羊和牧马、牛马耕地、农妇经线织布、火车、帆船、工厂等图案，为第一套人民币的印刷做好了前期准备工作。与此同时，边区政府财政处也立即派人准备印钞用纸及油墨等材料，在委托东北银行工业处代购钞纸一万令的同时，又先后在冀中、山东等地调运了大批模造纸和道林纸，为人民币的生产做好了相应的物资准备。

第三印刷局参与了新币的设计、雕刻

1948年5月，董必武主持召开华北金融贸易会议之后，华北银行第三印刷局（由北海银行和华中银行所属印钞厂合并而成）正式接到设计、印制第一套人民币的任务。

第三印刷局参与设计的人员主要有藏文卿、王一凡、张怀正等，主要雕刻人员有翟英、杨琦等。藏文卿原为在上海开业的画家，后来通过中共上海地下党的关系来到胶东，不久就加入了党组织，主要在北海银行从事钞票设计工作，是设计工作的负责人。王一凡，1947年7月到北海银行从事钞票设计工作，1949年进入天津人民印刷厂工作。翟英1948年进入雕刻室工作，1949年上海解放后，调入上海人民印刷一厂，继续从事雕刻工作。杨琦1948年参与10元券花边的设计雕刻。

以上所述为第一套人民币第一批票版的设计、报批过程。之后随着解放战争的深入发展，随着中国人民银行的成立，随着新中国的建立，各大解放区印钞企业相继投入到人民币的设计、印制中来；各个被军事接管的老企业中的设计、雕刻人员，也先后参与了当时人民币的设计、雕刻工作。

链接：第一套人民币上的印章

1948年12月1日，中国人民银行在河北省石家庄市成立，首任总经理是南汉宸，副总经理是胡景沄、关学文。发行的第一套人民币上的印章右侧为“总经理章”，左侧为“副经理章”，尺寸为8毫米正方形，均印在钞票正面，颜色为红色。1949年10月1日中华人民共和国成立后，中国人民银行的体制进行了调整，总行领导的职务由总经理改为行长。因此，1949年后设计、印制的人民币上的印章也随之改变。其右侧为“行长之章”，左侧为“副行长章”，印章的尺寸、形状、颜色均和原来的相同。

（作者：石大振）

委托东北局代印第一套人民币的过程

1947年冬天，中国人民银行的筹备工作正在紧锣密鼓地进行之中，新币的设计也在马不停蹄地进行着。当时，中央为保证刘邓大军在中原出征的需要，加紧组织华北等地区的印钞厂印制中州农民银行票以支援战争，很难再抽出更多的力量承印新币。同时，中央经过前期考察，认为只有东北解放区的印钞能力和技术能够适应新币生产的需要，因此董必武提出了请东北局协助代印新币的主张。征得中央同意以后，董必武迅速发电报给东北局，请其代为印制一批新币。

中共东北局、东北银行大力支持，并将此事交给设在佳木斯的东北银行印钞厂办理。当时，中国人民银行筹备处计划：东北条件好，将大面额票币，即500元和1000元两种交给他们印刷，印制一万令纸，总额为2240亿元，预计7月底可以完成。小面额票币继续在华北印刷。1948年5月，中国人民银行筹备处托付东北交流华北财政经济工作经验的中央财政经济部的吕克白同志代为了解印制情况，并商定所印钞票稳妥运到华北的路线。经商议确定，印好的钞票，由东北局派专人负责送到胶东，再由胶东送到华北。为了防止意外，还商定印刷的钞票上不加印图章和号码。对此，1948年6月6日，在《中央财政经济部中国人民银行筹备处目前工作纲要》第三部分中曾有这样记述：

“三、计划与进行印制新票币

1.新票币数量与面额的印制计划。

2.完成券运输与保管。

3.印制力的调查与票纸的筹备问题。

4.统一印刷的准备工作。”

1948年中，中央发电报指示东北局，500元券停印。

1949年2月，东北银行代印的1000元券途经海路至山东再转运至石家庄。但运回的新币按照事先规定，都是没有裁开的大张，而且只有每一大张的号码，没有每一小张票面的号码。所以新币在运抵华北以后，又在石家庄新成立的中国人民银行直属印刷厂进行了一番加工，再经过中国人民银行发行部门的检查、验收，才完成了钞票的印制全过程。

遗憾的是，这几批钞票最终没有能赶上第一套人民币第一批的发行，而是在日后才陆续发行。

■佳木斯印钞厂与关内地区印钞厂印制的新币有所不同

由于当时处于战争环境，华北与东北间的交通很困难，因此，请东北代印的人民币票版主要由东北银行工业处佳木斯印钞厂设计。设计者为日本籍设计师井原，纸张分别是苏联和佳木斯

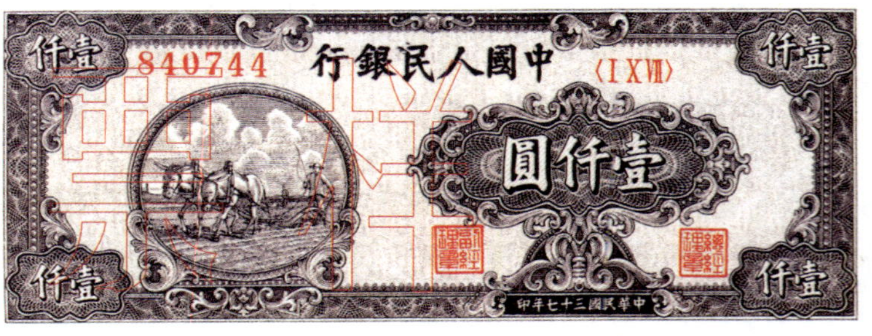

东北银行印制的1000元券票面

生产的水纹纸，油墨是从当地市场采购的。从票币的格局来看，东北银行设计的票版（1948年）与关内印刷局设计的票版有较大的差异。主要区别是：

票面的长宽比例不同：关内设计的约为2∶1，东北银行设计的约为2∶0.8；字体不同：关内设计的票面文字“中国人民银行”、“壹仟圆”等字，均由董必武书写，字体秀丽大方，而东

北银行设计的票面文字则不是董老所书；关内设计的票币背面正上方均有“中国人民银行”字样，以区别于“法币”采用的英文字母，而东北银行设计的票面背面没有“中国人民银行”的字样；关内票券所用纸质较杂，同一版票币前后所用也参差不齐，东北银行票券纸质较好且有菱花水印，可以说人民币的钞纸水印便开始于此；关内各版罗马冠字均在左上方，号码在右上方，东北银行票券的冠字在右，号码在左。

最先确定的新币发行时间是1949年1月1日

1948年4月，根据筹建中国人民银行工作的需要，华北解放区的冀南银行与晋察冀边区银行迁至石家庄中华北大街11号内联合办公。7月，两行奉命合并，成立华北银行，南汉宸为总经理；5月11日华北金融贸易会议结束后，华北财经办事处改组为党中央的财政经济部，董必武任部长，薛暮桥为秘书长；9月26日华北人民政府成立，董必武任主席，南汉宸为政府委员。

1948年9月，中共中央在西柏坡召开政治局扩大会议，中心议题是研究发展生产和统一财经问题，成立中国人民银行的问题被提到了议事日程上来。10月2日，董必武根据中央指示精神，主持召开了财政经济部第一次会议。会议讨论的问题有16个，其中关于成立中国人民银行、人民币的设计、印制问题的内容是：中央既已确定成立人民银行，发行人民银行券，我们即可着手组织，并准备发行。人民银行券定于明年（1949年）1月1日发行。今年的三个月（10月、11月、12月）为准备阶段。在印刷上力求精美，防止造假。

这次会议的第二天，也就是10月3日，中共中央发出《关于印制新币问题的指示》。指示中要求由财政经济部指导人民银行筹备处委托华北、华东印制10元、50元、100元之新币，尽可能于年前完成50亿元。印刷力求精细，应由人民银行派员负责检查票版、票纸，切勿粗制滥造，以防假票流通。

中国人民银行筹备处据此积极进行筹备。除了积极设计新币票版，还从华东调运一批道林纸及印刷器材，同时商请东北局将代印的新币及早运到华北来，以备发行时使用。当时的想法是，尽力多印出一些新币，力争使人民银行券一发行便能够把冀南币、北海币、晋察冀边币、西北农民币等旧币收回来，迅速地使新币成为市场上的本位币。之后，随着解放战争的胜利进展，使新币向北、向南发行，最终成为新中国的统一的本位货币。

从财政经济部第一次会议决议以及中央《关于印制新币问题的指示》内容来看，当时从上到下都没有充分估计到解放战争的形势会在1948年的后3个月发生如此巨大的历史性变化，使得中国人民银行的成立和新币发行日期被迫提前。

第二节
毛泽东关心金融建设作重要指示 人民银行提前成立　新币如期发行

■中央决定提前成立中国人民银行、发行第一套人民币

解放战争的形势发展确实比预料的要快得多，1948年11月2日，东北全境解放。东北野战军举兵入关，平津已处于我军包围之中，解放在即。淮海战役也在顺利进行。这种发展变化的新形势，正如毛主席在《蒋介石已处于全民包围之中》一文中所说：中国的军事形势现已进入一个新的转折点，即战争双方力量对比已经发生了根本变化，人民解放军不但在质量上早已占有优势，而且在数量上现在也已经占有优势……这样，就使我们原来预计的战争进程大为缩短。原来预计，从1946年7月起，大约需要5年时间，便可能从根本上打倒国民党反动政府。现在看来，只需从现时起，再有一年左右的时间，就可能将国民党反动政府从根本上打倒了……这是中国革命的成功和中国和平的实现已经逼近的标志。

战争形势的快速发展，对于筹建中国人民银行和发行人民银行券来说，却面临着极大的挑战。

1948年11月初，周恩来亲自打电话给南汉宸，让他赶紧动员一切力量发行全国统一的人民币。11月上旬，董必武找到南汉宸，急切地询问人民银行筹备工作的进展情况，提出可不可以明天就把中国人民银行的牌子挂出去。南汉宸充满信心地说：完全可以，经过一年来的积极筹备，目前各项准备工作已经就绪。12种面额的钞票版面，已经请中央几位领导同志看过，我们已托晋察冀边区印刷局给印制出一部分，存放在发行准备库里。如果明天挂出中国人民银行的牌子，明天就可以把钞票发行出去。董必武听后把情况向中央作了汇报，中央当即决定：把中国人民银行的成立和发行人民币的时间提前到1948年12月1日。

1948年11月18日，在董必武主持召开的华北人民政府第二次政务会议上，华北人民政府委员、中国人民银行筹备处主任、华北银行总经理南汉宸首先作了成立中国人民银行、发行统一货币的说明。他讲道：现在华北区有4种钞票同时流通，比价不一，人民使用仍感不便。若接管平津，与东北接壤，流入市场的货币种类将更多，而这些票子，名称各异，比价不一且不稳定，使商民折算非常困难。如果使这些票子一起涌入平津市场，势必造成“八国联军大闹北京的混乱局面”，这对社会秩序的恢复，物价、市场、金融的稳定以及人民生活的安定是很不利的。因此，成立中国人民银行，发行人民银行券，使新币成为平津市场上的本位货币，以减少市场混乱。现在，平津解放在即，发行统一货币已是刻不容缓之事。中国人民银行筹备处、华北银行虽已做好准备，但如何进行，仍请核议。最后，会议作出决议：发行统一货币，成立中国人民银行，并任命南汉宸为中国人民银行第一任总经理。

确保新币发行是最重要的政治任务

1948年11月20日，南汉宸将华北人民政府第三次政务会议精神向中国人民银行筹备处的秦炎、石雷同志作了详细传达，然后共同商议如何保证在中国人民银行成立的当天将钞票发行出去。南汉宸从秦炎、石雷同志的汇报中了解到：目前华北银行库房里只有50元、20元、10元三种票子，数量不多，且主要是50元的。原来计划的1元、5元、100元钞票，版已做好，但还没有印制出来。现在，晋察冀边区印刷局等单位主要在印制中州农民银行币，只有一小部分机器在印制新币，而且也有六七天没有送钞票来了。委托东北代印的人民币，虽然中央已经去电催其迅速交货于华北，但是到目前为止一点消息也没有。而且，即使今天交来了，还要经过加印号码、盖章、检查、封包等工序，赶不上12月1日中国人民银行成立时发行钞票。

根据以上情况，南汉宸认为大局已定，只好先发行50元、20元、10元的钞票。并指示：确保新币发行是当前最重要的政治任务，印钞厂所有机器都要转入新币的生产。

1948年11月25日，中国人民银行筹备处发出了《关于发行中国人民银行钞票的指示》，阐明发行人民币的重要意义和对国民经济发展的作用等，同时拟就了《关于发行新币宣传要点》并广泛深入地向群众进行宣传，为人民币的发行造成强大的舆论攻势。

■历史性的时刻：成立中国人民银行，发行第一套人民币

1948年12月1日，在河北省石家庄市，中国人民银行宣告成立，同时，发行了第一套人民币。

在当天上午发出的华北人民政府金字第四号布告中提到：为适应国民经济建设之需要，特商得山东省政府、陕甘宁晋绥两边区政府同意，统一华北、华东、西北三区货币。发行中国人民银行钞票（下称新币），定为华北、华东、西北三区的本位货币，统一流通。

中国人民银行遵照华北人民政府的指示，于1948年12月1日发布了第一号发行人民币的通告。通告内容如下：

本行于本年十二月一日发行五十元、二十元、十元三种票券，特将票券样式通告如下：

一、伍拾圆券

正面：底纹浅蓝色，花边高粱红色，图景黑色，中间花符浅紫色。正上方有“中国人民银行”，中间有“伍拾圆”，底边有“中华民国三十七年”等正楷字样，左边为“水车”、右边为“煤矿”等图景。左右上方分别为罗马冠字与号码。左右下方分别为“总经理章”、“副经理章”。

背面：底纹为黄茶色，背边为深茶色，正上方有“中国人民银行”，中间及左右两边均有“50”等字样。

二、贰拾圆券

正面：底纹为浅蓝色，花边及图景黑茶色，中间花符青黄色，正上方有“中国人民银行”，中间有“贰拾圆”，底边中间有“中华民国三十七年”等正楷字样，左边为“农夫送肥”，右边为“火车站”等图景。左右上方分别为罗马冠字与号码，左右下方分别为“总经理章”、“副经理章”。

背面：高粱红色，正上方有“中国人民银行”，中间及左右两边均有“20”字样。

三、拾圆券

正面：底纹葱绿色，花边老绿色，图景黑色。正上方有“中国人民银行”，中间有“拾圆”，底边中间有“中华民国三十七年”等正楷字样，左边为“灌田”，右边为“厂矿”等图景。左右上方分别为罗马冠字与号码。左右下方分别为“总经理章”、“副经理章”。

背面：老绿色，正上方有“中国人民银行”，中间有“拾圆”等正楷字样，两边及四角均有“10”等字样。

12月1日上午约10时左右，新币发行到石家庄市场，与广大市民见面。人民币的发行，受到了人民群众的普遍欢迎。人们在喜悦之中期盼着全国胜利的到来，期盼着新中国的诞生。

当天晚上，中国人民银行总经理南汉宸在石家庄花园饭店设宴庆祝并发表讲话，他说道：“人民政府不但对人民银行新币负责，而且对一切解放区银行过去发行的地方货币负责。将来我们收回地方货币的时候，一定按照现在所规定的比价收兑，兑到最后一张为止。”

毛泽东对人民银行的建设作出重要指示

1948年12月2日，中国人民银行成立的第二天晚上，南汉宸亲自到毛主席的住处，向他汇报了中国人民银行成立的情况。毛主席说：人民银行是社会主义性质的银行，而非资本主义性质的银行，你们是整个国民经济领导力量之一，要把官僚资本银行没收归我们所有，要把私人银行管理起来。此点，你回去后一定要向银行的同志讲清楚，否则就会迷失方向。当毛主席送南汉宸走出屋外时，还紧紧握着他的手嘱咐说：要紧的是向银行的同志讲清，人民银行是社会主义性质的银行，而非资本主义性质的银行。

中国人民银行成立以后，对其下属机构及时进行了调整。其中，华北银行第一印刷局（原晋察冀边区印刷局）改为中国人民银行第一印刷局；华北银行第二印刷局（原晋冀鲁豫边区印刷局）改为中国人民银行第二印刷局；华北银行第三印刷局（原北海银行华中银行所属印钞厂等）改为中国人民银行第三印刷局。

1949年2月，中国人民银行从石家庄市迁至北平市。

■第一套人民币的发行分为两批

第一批共三种，1948年12月发行。其中有：50元券，棕色，图案为水车，胶版印刷五色，由第一印刷局于1948年11月8日开印；10元券，绿色，图案为灌田，石版印刷四色，由石家庄直属厂印刷；20元券，棕色，图案为运肥，胶版印刷四色，由第三印刷局印刷。

第二批共三种：1949年1月发行。其中有：100元券，棕色，图案为耙地，胶版印刷五色，由第一印刷局于1948年12月16日开印；5元券，蓝色，图案为帆船，石版印刷三色，由第二印刷局于1948年12月20日开印；1元券，蓝色，图案为工农，胶版印刷三色，由新接管成立的天津人民印刷厂于1949年1月17日开印。

沈阳、天津、北平、上海相继解放之后，一座座大型印钞企业转入到人民手中，人民币的印制进入了一个新的阶段。

第三节
军事接管印制企业获得解放
印钞生产能力逐步拓展增强

当时解放大军已经横渡长江，以势如破竹的气势向南方地区、西南地区、东南地区挺进，军费开支浩大；广大的新解放地区急需人民币去占领市场；长期受国民党搜刮摧残的经济烂摊子急需整顿恢复，在这样的经济基础上物价必然要继续上涨波动，因此，加快人民币的发行迫在眉睫，人民币的生产任务更加繁重。

■军事接管沈阳厂

1948年11月2日，沈阳解放。之前，佳木斯东北银行工业处研究决定，由任子敏带领先遣队于10月29日离开佳木斯前往沈

军事接管时的中央造币厂沈阳保管处

阳，接收中央造币厂沈阳保管处。同时，东北银行通知正在长春领导接收工作的陈子良迅速带人到沈阳参加接收工作，两支队伍在吉林车站会合并于1948年11月2日晚到达沈阳。

1948年11月3日，陈子良以东北人民解放军沈阳市特别军事管制委员会财政处军代表身份，从市军管会开具了接收中央造币厂沈阳保管处等八家企业的介绍信，全面组织接收工作。刘世荣等人负责接收中央造币厂沈阳保管处，张志臣等接收协和印刷厂，寇铁民等接收东亚精板厂，刘殿忠等接收兴亚印刷厂，孙东印等接收国民党中宣部纸厂和三友油墨厂，邢忠学等接收生产局造纸厂，申天元等接收国民党中宣部油墨厂，接收工作十分顺利。接收以后，军管会将所有机器设备都集中到了中央造币厂沈阳保管处进行安装。当时的工作目标是将这些机器设备包括接收过来的人员，迅速投入到印制人民币的生产中去。

军事接管后，中央造币厂沈阳保管处更名为沈阳东北银行工业处，处长王纪元，党的组织关系直属中共东北银行总支委员会领导。1950年7月，该处又改名为东北银行造币厂。1953年7月5日划归中国人民银行印制管理局领导，改名为沈阳人民造币厂。

1954年，中共中央政治局批准设计铸造新中国第一套硬币（1分、2分、5分）。根据中央指示，中国人民银行在1954年对沈阳人民造币厂进行了第二次大规模缩编以后，将所有凹印设备全部调入北京印钞厂，沈阳人民造币厂开始转入硬币生产。1955年1月1日，沈阳人民造币厂改名为国营六一五厂。

军事接管天津厂

1949年1月15日，天津解放。当天夜里，解放军天津市军事管制委员会金融处工厂组军代表郭明显带领10余名干部，进驻原日本人小林德二郎开办的天津协和印刷厂，对该厂进行军事接管。

接管组进厂后，首先进行人员登记，当时接到通知来厂报到登记的职工有88人，这些职工成为了以后的天津人民印刷厂的主要生产骨干。随后进行设备调查，当时共有机器18台，其中包括全裁胶印双色机3台，全裁胶印机1台，半裁胶印机1台，全裁靠皮机1台，裁纸机5台，铅印机5台，从油墨厂转来的全裁胶印机2台。

1949年5月6日，市军管会将天津协和印刷厂正式移交给中国人民银行总行管理，同时更名为天津人民印刷厂。中国人民银行任命郭明显为厂长，王真为副厂长。

1949年12月，中国人民银行第二印刷局的500余人和中国人民银行第三印刷局的400余人奉命携带机器设备合并到天津人民印刷厂。此时全厂职工达2800余人。

1956年10月，为适应国家地质工作需要，中国人民银行决定，将天津人民印刷厂移交给地质部领导。

■军事接管北平厂

1949年1月31日，北平和平解放。当天下午，中国人民银行派遣军事接管人员进驻当时的中央印制厂北平厂进行接管。接管组组长秦炎刚刚参与完成了组建中国人民银行的任务，便马不停蹄地来到北平。接管组的其他成员有魏仁斋、王尚明、刘洪波、庞润田、郝振乙等人。

军事接管人员到厂以后，确定了当前的首要任务是以最快速度生产出第一套人民币，支援解放战争。接管人员做了分工：秦炎负责全面工作；魏仁斋负责生产，重点抓好凹印和动力；王尚明负责技术，重点抓好制版；原副厂长黄澍铭继续保留原职，同原生产科科长华国良共同负责生产的组织和调度；其他成员全部下到车间去，参加一线生产。

当天下午，军管组即组织工人开工生产。他们将从石家庄带来的5元、10元、20元原版，以最快的速度翻制成印版，利用当时厂里仅存的4台胶印机、10台凹印机开始生产，于2月2日下午就印制出了人民币，成为当时北平市最早也是最快恢复生产的企业之一。

1949年2月初，华北人民政府主席董必武来厂视察指导工作，鼓励工人们多生产，支援解放战争和未来新中国的建设，他为该厂取名为“中国人民印刷厂”，并题写了厂名。

为了加快第一套人民币的印制速度，该厂为解决人力的不足，在积极组织力量，日夜进行生产的同时，将原来被裁的1000余名工人招募回厂，同时又向社会招收新工人500余名，还从刚刚接管过来的正中书局印刷厂、东北帝国印刷厂接收了部分人员。到4月底，全厂职工总数达到3393人；为了解决生产能力及设备的不足，又添置了一批机器设备。从局部开工发展到全面恢复生产，从两班20小时生产，延长到两班24小时生产。

尽管如此仍然满足不了前方对人民币的需要，离中央提出的“解放军打到哪里、人民币就要供应到哪里”的要求相差很远。为此，该厂经中国人民银行总行和北平市军管会批准，委托了当时的长城印刷厂、大新印刷厂、铁狮子胡同的测绘局印刷厂作为协作单位，赶印人民币。所用纸张、油墨、印版均由中国人民印刷厂供应，并由该厂派专人进行监印。为了确保产品的安全，北平市军管会特抽调3个班的解放军战士，分别前往协作厂实行“军事接管印刷”，各厂印出的产品均未印刷号码，全部运回中国人民印刷厂加印冠字和号码，完成最后的工艺。

1949年10月13日，中国人民银行行长南汉宸、副行长胡景沄发出指示：中国人民银行第一印刷局、第二印刷局、第三印刷局以及原华北银行石家庄直属印刷厂撤销。随后，第一印

20世纪50年代初期的北京人民印刷厂

刷局682人、第二印刷局87人、第三印刷局71人、直属厂224人，并入中国人民印刷厂，原中国人民银行第一印刷局局长贺晓初担任中国人民印刷厂厂长。到年底，该厂职工达到了4800余人。

1950年3月，该厂更名为北京人民印刷厂。

军事接管上海厂

军事接管时的上海人民印刷一厂

1949年5月25日，上海解放。当天晚上，军事接管组相关成员带着几十辆卡车的钞票及12种人民币原版，随解放军开进上海市南京路，住进金门饭店。5月27日，上海军事管理委员会军事接管组杨秉超、张瀛会见了原国民政府中央银行发行局局长高风、中央印制厂总管理处主任凌宪扬和糜文熔以及所辖印钞厂、造币厂的厂长，阐明了我军政策和接管办法。随后，军事接管组迅速开展了接管中央印制厂总管理处、中央印制厂上海厂、中央印制厂制墨厂、中央造币厂和六联印刷所5家企业的相关工作。

1949年5月28日，上海军事管理委员会金融处工厂接管组派出军代表冯锦璋、张腊良等，持上海军管会主任陈毅签署的接财字第一号通令和接财字第二号命令，携带人民币原版，接管了中央印制厂上海厂，并将其更名为上海人民印刷一厂，冯锦璋担任军代表兼厂第一负责人。接管后，厂立即组织生产，开始印制第一套人民币。

工厂生产虽然顺利恢复，但距中央的“人民币生产一定要保证解放军作战计划的顺利完成”的要求还相差很远。为此，中国人民银行努力开展新建厂工作：以华中根据地苏北厂来沪职工为主力，利用原大东书局的印钞设备和技术力量，在江浦路建立了印钞三厂，以济南厂停印后南下的一千多名职工为基础在原造币厂和马玉山路筹建印钞四厂和印钞五厂。同时，为进一步解决生产能力不足的问题，又委托中华书局、京华印刷厂、三一印刷厂等作为协作厂，代印人民币；组织天章（利华）造纸厂、江南造纸厂和嘉兴地区的明丰造纸厂、华丰造纸厂等提供印钞纸，供应各个印刷厂的生产。上海人民印刷一厂在各方面保证原材料的及时供应，帮助协作厂解决原料、资金等困难。在号码、油墨的供应上，也通过采取资助一些私营厂，帮助它们改进工艺、技术等办法，自力更生加以解决。在很短的时间内，在上海及周边地区就形成了一个庞大的印钞集团，从业工人达到了一万多人。

1949年11月，中国人民银行行长南汉宸发出指示：撤销中国人民银行第三印刷局，其中有1083人进入上海人民印刷一厂，100人进入中国人民印刷厂，506人进入天津人民印刷厂，还有部分干部职工分配到银行或银行系统以外的机关工作。1950年6月6日，中国人民银行决定：华东区行发行分处与上海人民印刷一厂、三厂、四厂、五厂合并，成立上海人民印刷厂，改由中国人民银行领导。

链接：铁马冰河入梦来
——访中国人民银行原印制局局长杨秉超

1949年4月，中国人民解放军浩浩荡荡南下。在急速奔驰的队伍中，遮盖得严严实实的40辆大卡车一辆接一辆地于4月23日进入南京总统府——这是中国人民银行为解放南京、上海准备的人民币。

当时任印制局副局长、现已89岁高龄的杨秉超老先生说：仗打到哪里，我们的人民币就要跟到哪里，这是军事斗争的需要，也是统一全国发展经济的需要。记得朱老总曾经到印钞厂说，现在我们什么都准备好了，就等人民币印出来就过长江。

5月25日，中国人民银行运钞车在瓢泼大雨中徐徐进入上海市，住在先一步解放的南京路金门饭店。当时上海地下党的力量非常强大，进驻第三天，人民银行就与地下党一起组织力量进行紧张的人民币印刷工作，以配合我军挺进西南、西北，解放全中国。

第一套人民币是在解放战争即将取得最后胜利的形势下诞生的。1947年，中国人民银行筹备处就着手这套人民币的设计、制版和印刷工作，“中国人民银行”几个字和数码文字是董必武同志写的，有5元券、10元券、20元券、50元券。第一套人民币的券别品种和版别很多，从1947年到1953年，共印制12种面额、60多种版别。同时，由于第一套人民币是战争环境和恢复时期特定条件下的产物，所以版样多、版面乱、质量参差不齐。但它适应了解放战争和战后恢复国民经济的需要，取代了旧中国市场上流通的五花八门的货币，初步统一了新中国货币。

……

杨秉超老先生十几岁就在上海接受了地下党的教育，21岁参加新四军，战争时期有时穿军装，有时穿便服，人民银行成立后一直负责人民币的印制工作。

采访结束，杨秉超老先生还沉浸在过去那风风雨雨的日子里。他说：“我常梦见过去。”

（作者：书琴）

第四节
支援大军南下加班多生产
建设新中国印制人保发行

第一套人民币的设计与印制主要由两大部分力量组织完成，一部分是解放区各印钞企业，属于设计与印制的前期；另一部分是军事接管后的各印钞企业，属于设计与印制的后期。

■解放区各印钞企业的原版设计、制作及生产

各解放区印钞企业在解放战争中作为印钞方面的主力军，承担了第一套人民币大部分票券的设计和制作任务，在1元至50000元面额中，有10个面额35种版别的原版是由他们设计、制作的，占了全部原版的61.4%。其中：

佳木斯东北银行工业处：5个品种、6种原版。

晋西北光华印刷厂：1个品种、1种原版。

苏北印钞厂：1个品种、1种原版。

中国人民银行第一印刷局：2个品种、2种原版。

中国人民银行第二印刷局：2个品种、2种原版。

中国人民银行第三印刷局：10个品种、18种原版。

中国人民银行石家庄直属厂：5个品种、5种原版。

另外，还有北海银行印钞厂为南下进入上海而准备的12种原版（9种胶版、3种凹版原版）。

■军事接管后的各印钞企业的原版设计、制作及生产

军事接管后的印钞企业共制作原版22种，主要有：

北京人民印刷厂：12个品种、12种原版。加上为天津人民印刷厂制作的原版2种，共计14种原版。

上海人民印刷厂：3个品种、3种原版。

中原汉口印刷厂：4个品种、4种原版。

重庆印刷厂：1个品种、1种原版。

■主要生产企业的生产组织情况

沈阳人民造币厂

当时，全厂印钞设备共计149台，包括凹印设备、胶印设备、铅印设备、裁切设备、排版装订设备、制版设备等。

1949年2月和6月，为适应解放战争和解放区经济建设的需要，企业两次招收钞券检查员、印刷工人200多人，同年11月，佳木斯东北银行工业处230名职工合并到沈阳厂，到年底，职工总数达到1666人。这些工人技术水平较高，思想觉悟较高，在支援解放战争、加紧生产的过程中，发挥了主力军作用。该厂还及时召回了部分老技术工人，他们在生产中起到了承前启后的重要作用，不仅为恢复生产发挥了重要的作用，而且为下一步恢复硬币生产包括制造银币起到了传、帮、带作用。

在解放初期接收各印刷企业的过程中，还十分注重招录当地印刷界知名的技术高、有威望、有影响的，包括印刷、设计、制版等方面的技术人才。这些技术骨干，在东北解放战争期间印钞厂转移中，保证了全套印钞设备的拆卸安装快速到位，对每到一地迅速恢复印钞生产发挥了重要的作用。

1950年以后，该厂印钞任务减少，生产任务量不足，遵照中国人民银行指示精神，他们自行对外承揽印刷业务。该厂在1950年和1954年，先后进行了两次规模较大的缩编并逐步完全向营业性生产转变。

天津人民印刷厂

军事接管组在紧张进行各项接管工作的同时，立即安排恢复生产的各项工作。他们将从解放区带来的1元券原版迅速翻制成印版，并组织好人员，调整、检修好机器设备，在1月23日便生产出天津解放后的第一批人民币产品——1元券。以后，根据中国人民银行的安排，又陆续生产了人民币20元券、50元券、200元券、1000元券、2000元券等产品。

1950年4月，根据全国印钞总任务量减少的实际情况，中国人民银行决定天津人民印刷厂停止印钞，完全转向对外经营。5月1日，将天津人民印刷厂与其附属的印字馆正式合并营业，并改名为中国人民银行印制管理局天津人民印刷厂。

1951年，中国人民银行决定该厂恢复部分印钞生产。

1953年4月，为适应多品种钞票生产，新建了检封工房，招收了新职工250余人。同年8月，该厂改名为国营五四三厂，并调整了组织机构。

1955年5月，中国人民银行再次决定：该厂停止印钞生产。

北京人民印刷厂

1949年2月该厂生产的20元、10元、5元产品均为全胶品。以后，根据中国人民银行要求，该厂利用能够生产凹印产品的良好条件，加快速度设计出了原版8种，其中有胶印品3种：50元券（主图为火车）、500元券（主图为起重机）、1000元券（主图为秋收）；单凹品4种：100元券（主图为工人）、500元券（主

北京人民印刷厂设计印制的10000元正面

图为农夫）、5000元券（主图为拖拉机）、10000元券（主图为军舰）；双凹品1种，50000元券（主图为新华门）。参与设计、雕刻的人员主要有吴锦棠、商伯衡、林文艺、张作栋、刘观润、李昆普、刘玉山等28人。

链接：铺印“要命蓝”

1949年4月2日，我成为北钞厂平台凹印机一名铺纸学工。大概在机台旁看了一两天操作，就上岗了，当时印的是100元。我们机台还印过500元、5000元和50000元面值的钞票。

平台凹印机是半自动、半手动的机器，每分钟印21中张，铺纸工靠手和眼的灵敏，在走动的版台上对准底纹纸和印版的三个丁字线，才能印出好票。如果对不准，就都是废品。这对于凹印品质量来说属于举足轻重的岗位，让我这个刚进厂才两天的小青年上岗顶班，可见票子太缺，印票子的人太少了。

那时淮海战役已经结束，我军又开辟了淮北、苏北、豫东大片解放区，解放大军雄兵百万饮马长江，渡江战役如箭在弦。“捷报！捷报！歼灭了黄伯韬”、“打到南京去，活捉蒋介石”的歌声从厂钟楼上广播喇叭里唱出来。解放了的地区渴望使用人民自己的钞票，即将解放的地区自然也在等待钞票。北钞厂当时是解放区唯一的印钞大厂，赶印钞票责无旁贷。

这时，军管会号召工人努力生产，多印钞票，支援解放军南下，做到人民军队打到哪里，保证钞票供应到哪里。我们热烈响应。各个机台你追我赶，多次刷新生产纪录。车间严把质量关，要求各个机台在突击产量的同时必须保证质量，我们机台的产量和质量从来没有落在别人后头。遇着顺手的产品，如赭石色的500元券，能多超点产。碰到不好干的深蓝色的50000元券，擦版打版都很困难，我们都叫它“要命蓝”，也要想方设法完成任务。领机张凤岭师傅从不挑肥拣瘦，不管好干不好干的品种，接下来活儿再琢磨解决办法，难干的活儿完成之后心里特滋润。

在支援大军南下的时期，凹印车间规定上下班时间是日、夜各从7点到5点，每班10个小时生产时间。可是到点大家都舍不得下班，各机台互相观望，总想比别人多干出点活儿来，一直干到7点，就成了日夜两班各上12个小时。

当时刚刚获得解放的工人们政治热情和生产热情空前高涨，他们不计报酬，努力工作，生产纪录一再刷新，到4月统计生产数字时，同2月相比就增加了19.5倍。大批的人民币源源不断地送到全国各地，取代了国民党政府的纸币，使人民币在解放全中国的关键时刻发挥了重要的作用。

（作者：白廷元）

链接：我们都想报恩

在北平刚刚解放的日子里，印制人民币的各项条件是很差的，当时从军管组携带来的小原版，用起药纸的方法拼成若干二原版，利用起药纸将二原版拼版、过版、上胶，完成胶、凹印的制版还是采用粉浆版、蛋白版，使用的版材是锌皮版。当时的设备只有残旧的手续机6台，石印机7台。到了1949年底，也只有单色手续机26台，双色机2台，厂房是利用原有的破旧厂房，我们当时使用的纸张是从社会采购的各种型号的道林纸、平版纸、胶版纸，也有从老企业接收过来的美钞纸等。油墨也不十分考究。当时的技术人员是从四面八方汇集起来的，技术水平、熟练程度有高有低。为了解决货币需求量大的难题，军管会和厂领导大力进行思想动员，还采取措施重点解决工人的基本生活问题。以前的工人受尽了苦，解放了，共产党给安排了工作，比起旧社会来，不挨骂、不受气、不挨打，要强上不知多少倍。因此我们都怀着报恩的思想，克服一切困难，不分昼夜地赶制人民币。当时昼夜两班连续生产，吃饭在机器旁。当时的工人吃得也简单，有的带两个玉米面窝头，买包花生米；有的带一张大饼，买个大薄脆往饼里一夹就“吹起了喇叭”。

就这样，一批批钞票印制出来了，源源不断地运往前线，支援了大军南下，推动了解放全中国的历史进程，我们感到非常自豪。

（作者：陈家栋）

上海人民印刷厂

在军事接管以前，厂内的地下党组织已经领导职工清理、整修好机器，腾出了专门的库房，选派了优秀的技术人员，做好了一切生产准备工作。军事接管以后，接管组人员立即将从解放区带来的钞票原版交给制版部门，工人们立即翻制成印版。按照生产工艺的要求，迅速开动机器，进行生产。1949年5月29日，200元券（单凹品）正式开印并很快生产出成品。

厂里在进行超常生产组织的同时，还开展了各种形式的宣传教育活动，向广大职工进一步明确了：超额完成生产任务、支援大军南下是当前第一位的政治任务。

上海人民印刷一厂设计印制的50000元

链接：解放军打到哪里　人民币就送到哪里

工厂被接管后，全厂职工热烈欢庆解放，在军代表的组织下立即开始了第一套人民币的准备工作。军代表从解放区印钞厂带来了一部分胶、凹印的原版和印版。经过技术人员和印刷工人的连夜奋战，第二天，5月29日，胶印机就投入了生产。3天后，凹印机就印出了单凹品人民币200元券。该券正面主景是长城，由绿、茄紫两种颜色组成。背面花边、文字是深紫色，看上去非常庄重。职工们看到从自己手里印出了盼望已久的人民币既兴奋又自豪。

当时，人民解放军继续南下进军，需要大量人民币支援解放战争，支援新解放区开展工作。为此，全厂职工都以强烈的翻身感和主人翁精神投入到“解放军打到哪里，人民币就送到哪里”的生产劳动竞赛中去。

那段时间，各车间分成日夜两班，每班工作12小时，生产竞赛搞得轰轰烈烈、热气腾腾，纪录不断刷新。由于广大职工的积极努力工作，我们胜利地完成了印制第一套人民币的任务，为支援解放战争的胜利和解放初期的恢复经济工作作出了自己的贡献。

（作者：范国光　王成伟）

自1949年至1954年，该厂共生产第一套人民币8种面额、11个品种，其中，全胶品有6个品种：50元券（主图为工农）、100元券（主图为轮船）、200元券（主图为钢铁厂）、500元券（主图为收割机）、1000元券（主图为钱江大桥）、10000元券（主图为骆驼群）；单凹品有4个品种：200元券（主图为长城）、1000元券（主图为农民割麦）、5000元券（主图为工厂和拖拉机）、10000元券（主图为牧童放牛羊）；双凹品有1个品种：50000元券（主图为收割机）。

第一套人民币的印刷工艺以及使用的物资设备

在激烈动荡的解放战争年代，虽然人民币的印制与发行是在中国人民银行筹备处及中国人民银行的统一领导下进行的，但是在具体的技术层面以及操作问题上，特别是在票版的设计和工艺技术的管理上，还不可能做到统一规划和统一要求，制定出完全统一可行的标准。尤其是解放区各个印钞企业的广泛分布，交通和通讯不便，只能是由中国人民银行授权各个区行和印制企业，在当地组织力量进行设计与印制。又由于各地区、各印钞企业技术力量强弱不一，使用设备不尽相同、原材料就地取材采购，也造成了印刷工艺的多样性和产品质量的参差不齐。

在印刷工艺上可以归结为石印（5种版别）、凸印（2种版别）、胶印（41种版别）、凸胶凹合印（3种版别）、胶凹套印（7种版别），其中有比较精美的双胶双凹两种版别。

在纸张的选用上，本着就地取材的原则，既有解放区造纸厂生产的桑皮纸、麻纸，也有从市场上采购的各种型号的道林纸、平版纸、模造纸，还有从老企业接收过来的美钞纸等。因为纸质不一，所以印出的同一票券在外观上也不一样。

在油墨的选用上，也是本着就地取材的原则，既有自制的简单粗糙的油墨，也有从市场上采购来的质量不一的油墨，又有从老企业接收过来的进口油墨。由于油墨牌号杂乱不一，印出同一票券的颜色也深浅不一。

在号码机的选用上，有六位号码的、有八位号码的，有大小号码机拼凑的。号码笔画有粗的、有细的。甚至有的票面上只有罗马冠字、没有印号码等。

到了第一套人民币印制的后期，随着各军事接管老企业的恢复生产，先进的技术力量特别是凹印印刷设备、工艺派上了用场，发挥了重要作用；加上企业管理不断地走向规范化，印刷工艺开始讲究起来，对产品质量的要求日益强化，第一套人民币的印制才有了质量的不断提高。前后期相比，第一套人民币就呈现出了印刷工艺、纸张、油墨的多样性和印制质量差异大的特点。

第一套人民币的主要特点

明显的战时性、过渡性。第一套人民币产生于烽火硝烟的解放战争年代，因此，它在性质、主题思想、印刷工艺、原材料使用以及印刷质量上都表现出了明显的、突出的战时特点，具有了明显的战时货币的性质。这一特点使第一套人民币同时具有了过渡性的特征。关于这个问题，董必武在1947年12月11日关于华北财经办事处向中央的报告中说：中国人民银行新币“是一种暂时过渡的货币，因为我们处在战时，发行必然是带有适应战争需要的性质，本位值不能定，票面太大（也不好发行小票面额，因影响各区币值，老百姓经济受波动，印刷费太大等），均与永久通用货币不适。这说明我们将来要发行的纸币，在货币史上还是一个闰位，还要准备下一次的币制改革。”

主题思想的多样性。第一套人民币按照中央及董必武的指示精神，以反映解放区工农业生产为主要内容。从票面看，主题内容呈多样性：既有反映工农业生产方面的图景，也有反映交通运输方面的图景，还有反映北京等风景名胜方面的图景；从表现形式上说：既有事物、建筑方面的反映，又有人像方面的反映。这主要是由于战争急需钞票而带来的紧迫性，加上设计单位的分散，主管单位只能提出一些大的原则，没有在设计内容上作出更细致、更统一、更规范的规定和要求。

种类多、版面杂、面额差别大。印制第一套人民币时，印钞企业遍及各大解放区，同时还有各大城市被接管老企业分布在各地，加上战争进展异常迅速，形势变化很快，因此一个票种一般只由一家企业承担；同时也出现了同一种面额的钞票，分别由几家企业设计、生产的现象，使用的图案各不相同，这就造成了票版种类多、版面杂的情况。再有，由于国民党旧政权给新中国留下来的是一个烂摊子，特别是解放前夕的连年通货膨胀，已经使中国经济走到了崩溃的边缘，国家百废待兴，货币贬值速度也快得惊人，所以钞票的面值也只能是随着市场的变化而不断增大，北京、天津解放时，最大面值的钞票是100元，而到1950年时，便出现了50000元。

第一套人民币的重大作用

及时地、有力地支援了人民解放战争的胜利进展。1949年10月中华人民共和国成立以前印制发行的人民币，有力地推动、支援了人民解放战争的顺利进行。陈云同志在1949年8月的一次谈话中讲道："解放战争还在广大地区进行，作战经费和六百万脱产人员的费用，很大部分是依靠发行钞票来解决的。现在，决定一切的是部队打胜仗，我们所有的工作都必须是为了战争的胜利。现在是大兵团作战，需要发的票子很多……可以说，在中国历史上两种命运、两种前途大决战的关键时刻，印钞战线的职工作出了重要的贡献。"

强有力地促进了解放区及全国的经济建设。第一套人民币首先在统一各个解放区的货币、以人民币逐渐代替地方货币方面发挥了重要作用。其次承担起了为社会主义经济建设服务的光荣任务，保证了新中国成立初期经济恢复与发展的需要，保证了社会主义商品流通的需要，保证了人民生活的需要。

完成了新旧货币的更替，奠定了新中国本位货币的基础。经过多年武装斗争，我们终于取得了货币的印制与发行权，并用人民币逐步取代了各个革命根据地创立的分散性、地方性的区域货币，取代了旧政权的货币，从而在根本上彻底结束了中国货币制度紊乱的历史，实现了全国货币制度大统一的历史性转变。

实现了独立自主的对外货币政策和对外汇价政策。对外汇率不以任何外国货币固定比价随其升降，而是独立自主地根据我国政治、经济等方面的需要自定对外汇价。

中国人民银行的成立和第一套人民币的发行在中国历史上特别是中国金融史上是一个划时代的历史事件，它标志着新中国国家银行的诞生，标志着我国社会主义性质的货币制度的建立，具有极其重要的现实意义和深远的历史意义。

第二章 奋发图强精神中的第二套人民币

第二套人民币是在新中国成立以后，为适应不断发展的社会主义经济建设的新形势和新要求而设计印制的，整个设计印制过程都是在党中央、国务院的领导下，特别是在周恩来总理的亲切关怀下完成的。第二套人民币的成功印制与发行，在促进社会主义经济建设、保证城乡人民生活需要等方面发挥了重要作用。

第二套人民币于1950年开始设计，1955年3月1日起公开发行。第二套人民币包含纸钞和金属硬币两种形态，其中纸钞共有11种面额，13种版别。第二套人民币金属硬币共有1分、2分、5分三种面额，与纸分币混合流通，有力配合了主币的兑换与找零，改善了因纸分币的流通寿命短而导致的资源损耗，节约了国家建设资金，缓解了流通领域对辅币的大量需求而产生的压力。同时1分、2分、5分这组金属硬币的铸造发行也结束了近现代中国没有统一的流通硬币的历史，揭开了中国印钞造币崭新的一页。因此，本章及后续的第三章、第四章、第五章介绍各套人民币时均分为印钞篇和造币篇来进行叙述。

印 钞 篇

第一节 第一套人民币光荣完成使命 第二套人民币设计提上日程

人民政权的建立，标志着旧中国货币关系的结束和新中国社会主义性质的货币关系的开始。作为新政权象征的人民币在社会主义建设中发挥着越来越重要的作用，并随着全国的解放，不断地扫清了各种伪币，统一了各地区的货币市场。

作为具有强烈战时特点和临时特性的第一套人民币，因为各种历史条件的限制，因为战争的紧迫性，因为当时技术条件的欠缺，它在设计、印制以及内外质量上均与新时期社会主义经济建设越来越不相适应。如票面复杂，有12种面额，62种版别；票券面额差异过大，下至1元，上至50000元，给会计、结算工作造成很大不便；敌人的破坏致使假钞猖獗，也是由于钞票自身的防伪性能有限，给不法分子以可乘之机。

为此，设计、生产一套高质量、高水平的新版人民币便在新中国成立后很快提到了各级领导的议事日程上来。

第二节
陈云明确新版人民币研制指导思想
人民银行进一步制订具体实施方案

■陈云对中国人民银行最初设计方案——《为请示新币印制计划由》的批示

1950年，全国范围内有计划的经济建设已经开始，作为国家货币印制管理部门也明确提出“以凹印为主、按计划生产”的工作方针。3月，中国人民银行行长南汉宸、副行长胡景沄召集各印钞厂厂长会议，专门就按计划生产货币以及设计印制新币问题进行研究。会后，中国人民银行很快拟出《为请示新币印制计划由》的请示报告，于4月26日上报政务院中央财政经济委员会。报告称：执行3月印制厂长会议，通盘计算了全国凹版机印钞能力，全国可生产1.6亿小张。按照1950年的发行计划，7月即可全部印制完成而有余，同时物价稳定，将来货币需要再改一次。为使印制力量不闲，而且有充分的准备，特拟定新币印制计划，从7月开始印制。

请示上报中财委以后，立即引起了有关领导的高度重视。陈云经过认真分析作出批示：此事应该准备，但仅仅准备，不能

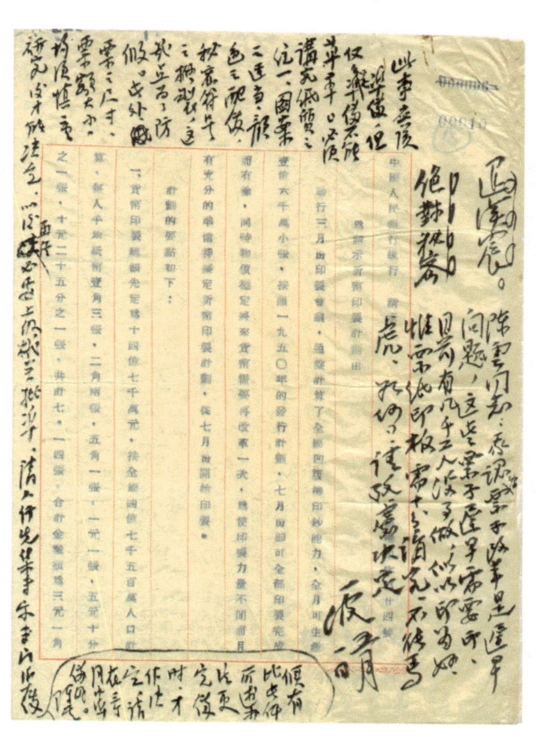

陈云等领导对新币印制的批示

草率。必须讲究纸质之统一，图案之适当，颜色之配备，秘密符号之拟制，这几点为了防假。此外，票面之尺寸，票额大小，均须谨慎研究后才能决定，以后再须必要上级机关批准。请人民银行先召集专家专门听取意见，俟有此件所述办法更完备时，才作决定。请在3个月中准备好。

在随后3个月的时间里，中国人民银行印制管理局依据陈云同志的意见，对请示报告进行了认真修改和完善。

■陈云对新币印制进行分析，中国人民银行再次提出新版人民币设计方案——《新币印制计划书》

1950年6月6日，毛泽东主席在中国共产党七届三中全会上发表了《为争取国家财政经济状况的根本好转而斗争》的重要讲话。讲话指出："我们现在在经济战线上已经取得一些胜利，例如财政收支接近平衡，通货停止膨胀和物价趋向稳定等，表现了财政经济状况的开始好转，但这还不是根本的好转。”“全党和全国人民必须一致团结起来”，“巩固财政经济工作的统一管理和统一领导，巩固财政收支的平衡和物价的稳定”。毛主席的重要讲话实际上为金融战线上正在酝酿开展的，适应新形势发展需要而进行的币制改革指明了方向、提出了要求，加快了这项工作的进程。

7月10日，中财委主任陈云在给毛主席、党中央写的《关于筹印新币的方案》中首次提出了印制新版人民币的问题。从报告中可以看出，陈云计划印制新币的心情也是十分迫切的，希望尽快准备，在保质保量的前提下，争取1年后将新币印制出来，以满足社会主义经济建设和人民生活的需要。

在这个方案中，也从中财委的角度，分析了新币产生的条件，设计、印制的有利条件和不利条件以及解决的办法。方案认为，现在物价已趋向稳定，预计1年后，对长期稳定当更有把握；现在流通的票子，因限于技术条件，很难防假。近来，蒋匪有计划地伪造我币，以破坏我金融的事业，日益严重；现行人民币的票面价值过低，且在国际市场尚未规定固定价值。因此我们认为，应立即筹印新币，以备在一年后提高票面价值，以代替现行人民币的可能与必要。这种可能与必要估计在1年以后，将更显著而迫切。而新币的印刷过程，至少需1年时间，故目前应迅速进行筹备。

8月，按照陈云等中央领导指示精神，中国人民银行积极组织力量，本着对新形势下印制生产新一套人民币的全面认识和理解，特别是对于陈云提出的委托苏联代印钞票的建议进行了认真分析，提出了《新币印制计划书》。

《新币印制计划书》主要谈了关于新版人民币印制的5个方面的问题，货币改革、新版人民币应及早准备的问题。文中提到，为了适应国内外的经济情况，一两年内币值必须改革，因此，应及早进行新币的印制；现行流通币（第一套人民币）与新形势的不适应问题；目前生产状况问题；印制计划问题（包括苏联代印问题）；技术设备问题。《新币印制计划书》的提出，可以说较为系统地、全面地就第二套人民币的印制问题进行了详尽阐述，并把第二套人民币印制问题列入了计划之中。

■票面主题、表现形式、设计风格的明确意向

在1951年1月召开的中国人民银行新币制作会议决议中，又对第二套人民币的设计思想、设计主题、设计形式、设计风格提出了明确要求：新币整个图案规格，要推翻旧有的样式，打破固定的四框，而采用我们以前未有的新图样规格（参考苏联及各新民主主义国家货币式样）；内容意义方面，应象征新中国的新生力量，并表现出中国古代文化，及含有各民族字体；绘制图景花边、装饰等，必须细绘精刻，使阴阳光线显明，线条清润精密。总之要符合质量高的要求，在技术上要有新创造。在原版制作上，计划将全套原版制作安排在北京印钞厂，另设制作工房。

3月30日，中国人民银行作出决定：建立新币设计组织，聘请中央美术学院专家参与新版人民币的设计工作；研究分析我国钞券设计特征，借鉴世界各国现行货币的特长进行新版人民币的设计；充分发挥印钞企业广大工人和广大技术人员的劳动生产积极性，积极研制各种防假新技术等；初步拟定新币设计方案，上报政务院。

决定作出以后，中国人民银行印制管理局（以下简称印制管理局）迅速行动，组织各方力量开展设计、攻关工作，特别是美术专家的参与和一系列技术难题的突破，使第二套人民币的设计工作进入了一个新的阶段。

第三节
国徽现身票面　马文蔚重写行名
美术专家参与设计水平再提高

■美术专家与企业技术人员精诚合作、团结一心，共同完成设计创作任务

为了提高新版人民币的设计、印制质量，中国人民银行从中央美术学院聘请了专家罗工柳、王式廓、周令钊3位教授。1951年3月，他们正式来到北京人民印刷厂，开始同企业技术人员（手工雕刻技师、机器雕刻技师、制版技师等）精诚合作，进行第二套人民币的设计工作。北京人民印刷厂的钢版雕刻、美术设计人员张作栋、林文艺、吴彭越、刘观润、商伯衡、王益久、沈乃镛、刘玉山等都参与了前期的设计工作。

能够把握好创作的主题构思，画素描讲究运用构图，画人物讲究运用解剖学原理，画风景讲究运用透视原理，此外，如何使整个票面美观精细、协调一致，这些都是美术专家的特长所在。在一张小小的票面上要层次分明地区分出主景、辅景、人像、花边、花幅、角花、文字，还要使用手工雕刻、机器雕刻、照相、腐蚀、过版、淬火等多种工艺，将大大小小几十块零件版拼接为一个整体，使其符合机器化工业生产的需要，这一复杂过程都是企业专业技术人员的特长所在。

北京人民印刷厂的三座专家楼

可以说，一张钞票的设计、雕刻工作，必须依靠集体的力量，发挥各自的优势，才能最终完成。在这方面，美术专家和企业专业技术人员实现了很好的配合，他们之间经过不断地交谈、了解、切磋，慢慢地对要开展的工作有了一个从初步到深入的了解。以后，经过细腻的磨合，他们都

本着相互尊重、配合、协作的原则，本着设计出有新中国特点的钞票，为祖国争光的目标，将设计工作向前推进。

时任印钞造币总公司党委书记刘世安（左），中央美院原副院长、教授罗工柳（中），印钞造币总公司总经理贺林（右）

当时确定的工作思路是，由美术专家负责新版人民币的主图的构思、负责到全国各地去采集资料，完成画稿。由企业专业技术人员负责根据美术专家的画稿和印制工艺的要求雕刻钢凹版，并配合票面的总体设计雕刻团花、花边、角花等装饰艺术图。由于相互间的有力配合和积极协作，设计工作进展得十分迅速，仅用了两三个月的时间就完成了全部票面的票样设计工作。

链接：罗工柳与人民币设计

罗工柳，20世纪30年代参加革命的艺术家，曾经参加过著名的延安文艺座谈会；他是一位油画教育家，担任过中央美术学院的副院长，曾在前苏联进修油画。他的主要作品有大型油画《地道战》、《整风报告》等收藏于国家博物馆，《玉碑》、《紫衣少女》等多幅作品被中国美术馆收藏。罗工柳从1950年开始参与第二、第三、第四套人民币设计，是美术专家组的负责人。谈到他以及周令钊、王式廓、侯一民、陈若菊、邓澍等人先后参与人民币设计的往事，他激情犹在：那还是新中国刚刚成立不久，党中央考虑到第一套人民币大多是在解放区印制的，带有“战时货币色彩”，规格、质地不统一，票种较多，不能适应经济建设的需要，提出要设计一套高水平的货币。为了保证设计水平和钞票质量，中央领导同志明确指示：要请美术专家担任设计工作。因为抗日战争时期我在《新华日报》工作时，曾为解放区的合作社刻过仿钞票形式的“流通代用券”，所以1950年，时任印制管理局副局长王显周和北京人民印刷厂厂长贺晓初就找到我，请我参与设计人民币。当时，我知道设计人民币这项任务的分量，就毫不犹豫地答应了。但我是中央美术学院党总支副书记，工作也很繁忙，就提出请搞图案的周令钊一起参加，因为我们在武汉三厅一起做过革命工作，后来他一直跟着周总理，政治上没有问题。从此以后，我就成为第二套、第三套、第四套人民币设计工作重要的参与者和组织者。那时每到周末，我和周令钊就由印钞厂的汽车接到工厂，干上一天一夜，星期日很晚才回家，我夫人杨筠也在美术学院工作，她一直以为我是在外面开会。尽管后来“解密”了，我也很少向人提及此事，因为这是党和国家交给的任务。

罗工柳在每套人民币主题思想的确定、票面结构的设定、设计任务的组织等方面都起到了决定性的作用。

罗工柳前后三十多年参与人民币的设计，对钞票的主题思想、设计风格、表现形式有着深刻的思考，在《罗工柳艺术对话录》中对人民币设计提出：世界性、永恒性、艺术性、民族性、防伪性是货币艺术的基本规律。这是独到的、前所未有的总结与提升。

（作者：朱继红）

将国徽图案用在人民币的票面上

毛泽东在第一届全国政协会议上手持国徽图案

在第二套人民币的设计过程中，美术专家和企业专业技术人员根据新中国、新形势的需要，建议将刚刚在中国人民政治协商会议第一届全国委员会第二次会议上一致通过的中华人民共和国国徽放在第二套人民币的票面上，理由是：国徽，它象征着新生的人民政权，象征着具有蓬勃生机的人民共和国，它体现着中国自“五四运动”以来我们在新民主主义革命中取得的伟大胜利，是中华人民共和国的象征和标志，并且，中央人民政府已于1950年9月公布施行。此时，将国徽图案运用在新版人民币的票面上，更具有鲜明的政治意义和强烈的现实意义。

建议上报给印制管理局局长王文焕，王文焕向行长南汉宸汇报，再由中国人民银行向中财委主任陈云请示，并很快得到批准。

马文蔚书写“中国人民银行”行名

为设计好第二套人民币，从1950年初，由中国人民银行行长南汉宸负责，在全国范围内征集新版人民币上的行名题字。征集工作进行了数月，南汉宸对征集上来的题字并不十分满意。此时，他想到了时任中国人民银行金融研究编辑处参事、研究员的马文蔚先生，南汉宸知道他一直攻于书法，在这方面有很深的造诣，因此，决定一试。

1951年的一天，南汉宸从故宫博物院借来一支宫廷用笔，利用中午休息的时间，将马文蔚请到自己的办公室。马文蔚看到这支宫廷用笔，赞不绝口。南汉宸随即请他试试笔，书写几个字。马文蔚询问写些什么内容，南汉宸说：就写咱们银行的行名吧。这时，马文蔚已经注意到书案上早已经摆好了端砚、白宣纸和各色虎皮宣纸，便猜到了几分。他略微思索了一下，便提起笔来，一气呵成地在纸上写下了几套“中国人民银行”和“壹、贰、伍、拾、分、圆、角、佰”等，白宣纸写完了，他就继续在各种虎皮宣纸上写，有黄色的，有绿色的，直到写完为止。他谦虚地笑笑说：写得不好，如果有哪个可用，可以剪开来挑一挑。南汉宸仔细筛选后，挑了一幅好的放在了一边。马文蔚走后，南汉宸将他刚刚写好的字同其他征集上来的字进行了认真的比较，最终还是选择了马文蔚写的字。不久，由马文蔚书写的魏碑“张黑女”碑体“中国人民银行”6个大字以及部分金额字全部用在了新设计的第二套人民币的票面上，得到了专家的认可，也得到了广大人民群众的喜爱。

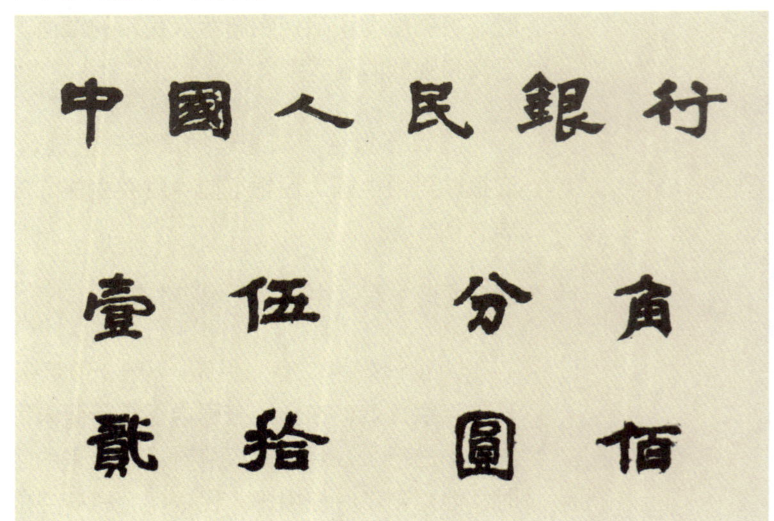

马文蔚书写的行名和金额字

在当时，人民币的设计工作是在极其秘密的状态下进行的，人民币上的题字也成为了国家不可泄露的机密。马文蔚对此几十年守口如瓶，从未向人提起过此事，作为一名国家公务员，他很好地履行了职责，保守了国家机密。

中国人民银行第三次上报印制新版人民币的请示报告——《新币准备工作报告》

1951年5月29日，中国人民银行第三次上报中财委《新币准备工作报告》。报告说，根据1950年4月中财委对准备新币的指示精神，即先后建立了新币设计组织，并聘请中央美术学院技术干部协助工作。关于票样设计，是研究分析了各国现行货币，吸取了苏联及东欧新民主主义国家先进货币的特长，结合祖国特征，设计、绘画，贴成草样，已两次呈送中财委审查修正。最后根据批示意见，角券可制原版，其他券仍继续研究、修正。

在《新币准备工作报告》中，中国人民银行对新版人民币全套票样的设计特征和风景进行了说明：

设计特征

规格、样式完全突破了以往旧的形式，废除了四边框，采用了新式样，尺寸大小均有固定比例，正、背面全部采用满版底纹。

风景：表现出新中国之风度，并含有丰富的政治意义（随文附上各版图景）。

墨色：根据风景配置适宜墨色，保证鲜艳美观，有光泽，人民喜爱，使用方便，各个票面之间有显著区别，便于群众识别。

背面设计有四种民族文字。汉、维、蒙、藏，并用深浅线纹加彩带连串在一起，正中悬有国徽，象征民族大团结。

花边装饰：采用了中国古典花饰，描绘精致，表现了伟大祖国的文化艺术。

黑白线花符及各种新式底纹，是技术上的新创造，装饰美观，并能防假。

券面图景说明

分券有两种。第一种，1分券：民用汽车；2分券：民用飞机；5分券：民用轮船，以上3种主景表现了祖国运输事业的发展。

1分券、2分券、5分券正面图

第二种，1分券：空军；2分券：陆军；5分券：海军，以上3种主景表现了新中国强大的国防力量。

1角券：农场拖拉机耕地图，标志着新中国农业发展的方向——由落后的锄犁生产逐渐走向机械生产；2角券：毛泽东号火车，指在毛泽东英明领导下，发展交通事业，促进城乡交流；5角券：小丰满水闸，展现了祖国工农业建设成果。

1角券、2角券、5角券正面图

1元券：天安门，标志着中国人民在共产党、毛主席的英明领导下，取得了革命的伟大胜利，诞生了新中国，象征着祖国的政治文化中心；5元券：延安宝塔山；10元券：井冈山，表现了中国革命的起源以及共产党领导革命斗争的圣地，指明了革命历史，以示纪念；50元券：农夫农妇，100元券：煤矿工人，表现了新中国农业生产机械化之生产丰收，工业化人民生活幸福。

在附录中还提出《新币用纸计划表》，规定了各种面额所用纸张的种类：1分券、2分券、5分券：采用西洋道林纸；1角券、2角券：采用苏联五星钞票纸；5角券：采用苏联卢布钞票纸；1元券、5元券、10元券、50元券、100元券：采用苏联卢布钞票纸。

12月4日，中财委就《新币准备工作报告》做了批示：所呈印制新币计划经审核后决定如下：批准筹印新币11种，其正面图景如下：

1分券：民用汽车，2分券：民用飞机，5分券：民用轮船；

1角券：拖拉机耕地，2角券：毛泽东号火车，5角券：小丰满水闸；

1元券：天安门，5元券：延安宝塔山，10元券：井冈山，50元券：农夫农妇，100元券：煤矿工人。

新币按照上项规定图景绘成精图后，在未制版前，须送本委作最后审核。就现制草样中，以下各点须加改正：

印制年度应为1953年；票边上标示金额的数字，应由中间移至四角；辅币概不用阿拉伯数字标示金额，但1元以上主币则均应加阿拉伯数字，以免混淆误会；1元券的天安门，仍以采用移动“华表”后的现在形式为宜，以便与国徽一致；行长签字改用图章。

同意用汉、蒙、维、藏四种文字，但蒙、维、藏三种文字的译文必须经当地政府最高负责人及民族事务委员会主任审核并签字证明，以免错误。

新币的印制，分以下3类办理：1分券、2分券、5分券3种，用胶版印刷，由人民印刷厂自印；1角券、2角券、5角券、1元券4种，用凹版和胶版印刷，由人民印刷厂自印。

5元券、10元券、50元券、100元券4种，应委托国外代印。委托国外代印部分，应即详细开列种类、张数、需纸量、交货期，经外交部向国外交涉订货。除图案轮廓自定外，其余制版、造纸水纹[1]等需借助国外技术，力求复杂精细，以求防假。

①水纹，即水印，一种纸张上的防伪技术，在20世纪50年代~60年代称之为水纹、水银等。

链接：采访周令钊、陈若菊

周令钊：我至今对北京印钞厂的三座小楼还很熟悉，当年我们就住在那里，开始了第二套人民币的设计工作。

中央美术学院教授周令钊、中央工艺美术学院教授陈若菊在家中接受采访

1950年，印制管理局找到中央美术学院的罗工柳，要他参加设计第二套人民币。罗工柳又找到我说："这可是件大事情，是一项十分光荣的任务，为国家设计货币，这是开创性的工作，也是非常保密的，不能告诉任何人。"

陈若菊：要做好这项工作，他就要住到厂里去，可是人走了总要跟你说一声，他就说："给你说个事，我要参加国家指派的一个任务，这个任务很重要，是个绝对保密的任务，除了组织上知道这件事，在学校里（中央美术学院）就是我知道了，你不要问我去做什么，知道有这么件事情就行了。"我说："好吧，可以。"我就再也没有问过他一个字。那时国家的保密工作做得好，我们彼此之间都遵守规定，互相守口如瓶。

周令钊：第二套人民币是在北京印钞厂开始设计的。这是国家十分重要的任务，为了保证质量，组织上邀请到了张光宇、张仃、王式廓等教授，请他们到厂里来，共同研究、商量第二套人民币应该怎么设计。他们一致认为，我们的钞票应该反映人民钞票的性质，人民币反映的是国家的政治，这是主要内容。至于它的形式，毛主席一直强调要探索民族形式，我们就应该有中国的文化传统和表现形式，这是首先要考虑到的。

动手前要收集资料，要有新的面貌、新的内容。为了使新钞票彻底摒弃带有殖民色彩的图案装饰，我们与北京印钞厂的设计、雕刻人员到故宫、颐和园、云冈石窟去临摹古建筑、石雕、石刻、铜器以及长廊里的彩画中的花纹和图案，还对敦煌壁画进行了潜心的研究，速写本画满了十几本。这些激发了我们的创作灵感，2元券背面景框源自故宫的窗棂，3元券背面的边框取自敦煌壁画中飞天的飘带。我还把面额数字用纹样围了起来，外形如同中国传统的灯笼，这些都赋予了第二套人民币富丽典雅的气息，具有浓郁的中华民族特色。为了寻求延安宝塔山的最佳角度，我与北钞厂雕刻师宋凡一起采风、收集素材，我们才能看到2元券背面宝塔的巍峨、山的雄浑。由于3元券、5元券、10元券是在苏联印制的，当把票样送到苏联财政部长手中时，他惊讶并高兴地说：“这才像中国的钞票，非常美丽。”

2元券、3元券背面

北京印钞厂设计室里有一个本子，里面有角花、边饰、底纹，我们就去挑，但全是美元的样式，也有一本本的法国的、英国的、德国的钞票，设计时都可以参考，但那些资料里唯独没有我们中国的。现在，经过我们这么一搞，集中了很多的中国图案。至于外国的图案，我们主要就是参考它的实用价值，例如，怎么防假，文字怎么配，框架怎么配。外国的钞票在设计方面走在前面的，我们也得学习、参考，但是钞票的图案一定要完全使用中国的，我们就这样进行设计，努力探索民族化的艺术表现形式。

第二套人民币的设计主要是我和罗工柳两人负责。

刻苦钻研，在关键技术上取得明显突破

黑白线图案花纹技术

第二套人民币的设计，防伪是关键，如何能够在票面上体现出更多的、先进的防伪措施，便成为衡量这套人民币质量优劣的一个重要标准。当时，我国在一系列防伪技术手段上还处在落后阶段，许多先进的防伪措施特别是苏联卢布上的众多防伪技术我们还不具备，对于世界上的先进技术我们还不太知晓。

为了尽快实现人民币票面上防伪技术的突破，从整体上提高第二套人民币的防伪性能，北京人民印刷厂专门成立了以副厂长王尚明为首的技术研究组，就急需解决的技术问题进行攻关。

他们从中国银行等部门找来外国的钞票，仔细分析研究。厂长贺晓初甚至跑到中国人民银行外汇管理局，请他们协助兑换了美国、英国、法国、苏联、德国、奥地利等国的有代表性的外币数十张，供大家研究设计、雕刻技术。美术专家、专业技术人员手持放大镜，长时间地研究着一张张精美的外国钞票，大开眼界，受益匪浅，外行人从票面上很难看出其防伪特点和先进技术，而在这些专业技术人员经过精心分析、对比之后，不仅找到了我国同这些国家在钞票设计、雕刻方面的差距，而且差距有多大都心中有数了。大家增强了信心和勇气，一定要研究、突破技术难关，使我们的钞票设计、雕刻水平赶上世界先进水平。经过他们齐心努力，忘我工作，终于用不长的时间在关键技术上取得了明显突破，主要有：

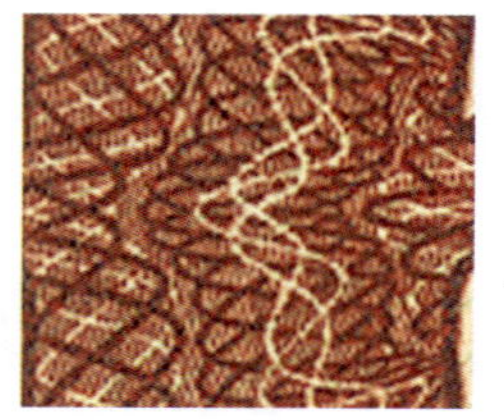

黑白线图案花纹技术

黑白线图案花纹技术：1951年由商伯衡、刘观润等研制成功，改变沿用了40余年的钢凹版机器雕刻几何图案全部用黑线组成的传统的工艺制版。但是，凹版印刷改用轮转凹印机后，上述工艺又不太适应生产所需，1964年，又由张作栋、贾续丰等采用万能雕刻机雕刻双线为白线，辅以涂描白线的方法制作原版，改进了黑白花纹技术。此后，印制新版人民币一直采用的是这种制版工艺。

钢版雕刻暗花技术

钢版雕刻暗花技术：1952年由商伯衡、刘观润、张作栋等借鉴多国钞票上的暗花图案研制而成。其工艺是用雕刻机在钢版版面雕刻底纹，然后进行深浅腐蚀，使之出现不同的纹线，呈现出暗花效果。

钢版雕刻变点技术

钢版雕刻变点技术：1952年由张作栋、李鲲普、符崇辉等研制成功。这种技术应用于凹印产品，可以使其具有更加美观和防伪的功效。

以上这些新技术全部应用在了第二套人民币的设计、制版当中，极大地增强了这套人民币的防伪性能和艺术审美性能，成为第二套人民币的亮丽风景。

第四节
主题思想鲜明　风格统一
七条创新举措　特点突出

第二套人民币的设计是在党中央、政务院的直接领导下进行的，整个设计工作有美术专家的指导和参与。与第一套人民币不同的是，第二套人民币具有完整的设计思路、鲜明的主题思想、统一的设计风格和全面的艺术创新，主要具体体现在以下几个方面：

■在票面图景的题材方面

反映了新中国的国家性质，体现了社会主义新的精神风貌和我国悠久的历史和传统文化，可以说，每一个券别的票面设计都体现出了政治性和艺术性的统一。

■在整套票面风格以及艺术样式方面

破除了固定的四边框格式，采用了对称式的新图样。这样从根本上改变了从清末就一直沿袭下来的固有的、传统的美式风格，开启了民族化道路的新的探索。

■在防伪技术方面

经过广大技术人员不断的刻苦研究和摸索，取得了突破性进展。商伯衡、刘观润等试制成功了“黑白线图案花纹技术”，张作栋等试制成功了“钢版雕刻变点技术”、“钢版雕刻暗花技术”、“浮雕花纹技术”等，最后试制成功的“黑白线圈线”和“多色接线技术”，也成功地运用在了改版后的5元券上。

■在背面构图方面

以深浅粗细线条纹样和彩带烘托中华人民共和国国徽，摆列汉、蒙、维、藏四种民族文字，象征新中国各民族大团结，重新书写了“中国人民银行”行名和面额。

■在图纹花边设计方面

体现了装饰精细、线条流畅、阴阳光线显明的特点。

在钞票的颜色选定方面

充分考虑国情，考虑广大人民群众的喜爱和欣赏习惯，主色分档调配，使各个票种具有明显的区别，方便群众使用，便于群众识别。同时，按照各个票券面额的不同和流通时间的不同，对油墨的防伪耐酸、耐碱、耐晒、耐磨等物化性能进行了调配。

在印制工艺技术方面

为了提高防假水平，按照票券面额的大小，采用了不同的印刷工艺，即分券全部为胶版印刷，角券由胶版和单面凹版印刷，元券则为胶版和双面凹版印刷。

在印章的应用方面

在设计中，根据中财委“行长签字改为印章”的指示，还对印章的位置、大小也进行了调整。

链接：人民币印章的变化

第二套人民币，除1分、2分、5分辅币上没有印章外，其他的1角、2角、5角，1元、2元、3元、5元、10元上面的印章，仍印在票面的正面，颜色仍为红色，印章规格尺寸缩小为6毫米正方形，两枚印章的位置排列也作了调整。其原因是在上报第二套人民币设计稿时，经党中央、政务院领导同志审阅后，周恩来总理转达了毛泽东主席的指示：要将设计稿上的“中国人民银行”文字的排列由原来从右向左改为从左向右排。因此“行长之章”和“副行长章”两枚印章的位置进行了调换。

（作者：石大振）

第五节
各级领导认真审查作出批示
毛泽东坚持不上钞票作主景

从1952年2月开始，第二套人民币纸钞进入按年度、分券别审批阶段。在此期间，设计方案和票券设计稿经过了党和国家领导人毛泽东、周恩来、邓小平、陈云、李富春、李先念、薄一波等人的仔细审查，他们作出了重要批示，特别是周恩来总理针对设计方案和票券设计稿提出了许多带有方向性的、指导性的重要意见，保证了整个第二套人民币设计工作的顺利进行。

审批6种辅币——1分券、2分券、5分券、1角券、2角券、5角券

1952年2月20日，中财委副主任薄一波呈文给周恩来总理，提交中国人民银行上报的1分券、2分券、5分券、1角券、2角券、5角券6种辅币设计样张。

周总理对设计稿进行了认真审阅，并转达了毛主席提出的两点意见："一、中国人民银行字的排列由左向右。二、钞票上不要放我的像①。"

经修改，政务院审定通过了第二套人民币6种辅币的票样。

审批1元券

1951年在美术专家和企业专业设计人员共同进行的新币设计过程中，大家有一个共同的想法，就是想在第二套人民币的票面上放上毛主席的画像。他们提出：从外币看，许多国家都是把本国的总统、女皇设计在票面上，苏联卢布100元票面上就印有列宁的画像。从革命历史上看，这样做也是表达了人民群众对领袖的热爱。为此，主持设计工作的美术专家罗工柳也以素描的形式画了带有毛主席画像的票样。

①指2角券原设计稿上火车头前毛泽东主席画像。

1952年2月初，中国人民银行呈文中财委并转政务院，上报新版人民币1元券票样。周总理认真审阅了稿样并请示毛主席。毛主席意见：天安门上不要摆放我的像。周总理迅速将毛主席的意见通过政务院、中财委转达给中国人民银行。中国人民银行随即根据周总理的意见对1元券票样进行了认真修改。

3月4日，中国人民银行再次呈文上报修改后的新版人民币1元券票样，票样在制版时遵嘱去掉毛主席像。周总理批示道：南（汉宸）、胡（景沄），望将天安门上的红旗、墙上画像（毛主席像）及标语去掉，其他同意。至此，政务院审定通过了第二套人民币1元券票样。

审批5元券、10元券、50元券、100元券

1952年3月，周总理办公室来电转告总理指示：同意伍元券、拾元券票样；关于50元券，中华民族大团结图案可以用，不要把主席的像绘上，背景可绘天安门。关于100元券：票版图样绘得不如照片图案，其中：农妇太苍老，要画得健美一些。工人还好些。军队战士形象不够英勇，手里拿的还是美式卡宾枪也不妥当。3个人的模样像一个人，希望此图重绘一下。另外，上次看到的1分券图样中有美式汽车一图，虽系美国型，但是在国内装配的，周总理指示：还是改一下为妥，免得外界误会。

4月2日，中国人民银行向中财委主任陈云、副主任薄一波呈文《为报请批示新券图景之标语文字由》，谈到了关于新币50元券横幅标语的请示意见，呈文说：关于新币向国外定制的50元券，所设计民族大团结图景中，有横幅两面：一面标语为“中华人民共和国万岁”，另一面标语考虑有三种词句为：“中华人民共和国各族人民大团结万岁”、“中华各民族大团结万岁”、“中华民族大团结万岁”，以上3种究竟哪种比较适合，或另有妥善词句，为慎重起见，呈请核示。中央批示：采用“中华各民族大团结万岁”为妥。

1952年，根据周总理指示，除了100元券需要重新绘制以外，5元券、10元券、50元券设计图案均通过了审定。

第六节
经济建设金融秩序遭假币干扰
陈云提出暂不印制大面额钞票

第二套人民币的设计，防伪是关键。党中央、政务院领导多次指示，要把加强人民币防伪作为提升质量的重要手段。国家在新币印制时，之所以经过再三考虑把5元、10元、50元、100元4种大面额的钞票（后来改成3元、5元、10元3种）下决心拿到国外去印制，也是考虑到国内印制条件（主要是防伪技术）不具备。同时，反复强调防伪的重要性也是基于对严酷现实的分析的结果。

■经济建设、金融秩序遭假币干扰

当时，人民政权刚刚建立，人民币作为新中国唯一的法定货币，在社会主义经济恢复与建设中发挥着越来越重要的作用。但是，被赶到台湾的蒋帮对我经济与金融事业的破坏和捣乱一天也没有停止，他们的主要手段之一就是制造假钞，千方百计输入到大陆，扰乱金融，破坏刚刚建立起来的货币制度。据中国人民银行印制管理局上海人民印刷厂保卫科的调查材料显示，仅在上海周边地区，自解放以来至1952年就曾破获假钞案件72起，而且，嫌疑的和未破案的还不包括在内。主要伪造的金额为：100元、200元、1000元、5000元和10000元。由此看来，造假主要集中在大面额上。现实是触目惊心的。

■陈云提出更改票券印制计划的设想

1952年10月27日，中财委主任陈云在写给毛主席、周总理并党中央的《关于新币的发行与印刷问题》一文中，就更改各种主币面额的问题谈了重要意见：鉴于台湾尚未收复，港澳与我国陆地相连，美蒋不断利用空投与经由港澳走私向我国境内散播假票，以破坏我人民币信用，同时台敌在美国帮助下，可以在技术上把假票印成与真票完全近似，老百姓不可能区别真伪，单靠银行少数干部用显微镜来观察票子的真伪，是不能阻止假票流通的。在上述情况下，我们发行的票子票面越大，则空投与私运入口同一体积与重量的假票其金额数目也就越大。为求减少假票的影响与损失计，经再三考虑，拟在新币发行时暂不发行5元券以上大票，但只发1元券又嫌太小，故拟增发3元券一种以资调剂。

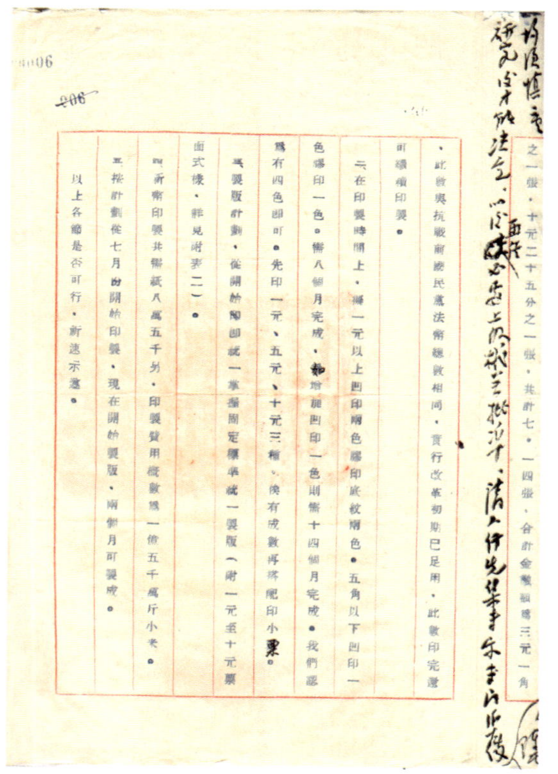
之一張，十元二十五分之一張，共計七．一四張，合計金額為三元一角

・此數與抗戰前國民黨法幣總數相同，實行改革初期已足用，此數印完還可繼續印製。

三、在印製時間上，每一元以上凹印兩色膠印底紋兩色。五角以下凹印一色膠印一色。需八個月完成，如增雇凹印一色則需十四個月完成。我們認為有四色即可。先印一元、五元、十元三種，俟有成數再[illegible]印小票。

三、製版計劃，從開始製凹版一套整固定標準版一製版（附一元至十元票面式樣，詳見附表二）。

四、新幣印製共需紙八萬五千令，印製費用概數為一億五千萬斤小米。

五、按計劃從七月份開始印製，現在開始製版，兩個月可製成。

以上各節是否可行，祈速示遵。

陈云批示文件

陈云根据对形势的分析，为防敌人造假，果断提出暂不发行大票，这是根据当时的历史现实作出的一种特殊决定，是完全正确的。这个事实道出了长期以来传闻甚多的，关于第二套人民币里出现了一种并不符合中国人使用习惯的“3元券”的真正来历。这个事实也告诉我们，“3元券”确实是在商谈由苏联代印人民币时由我们提出来更改印制计划，即取消100元、50元，而只印10元、5元、3元，而不像有些传闻中说的，“3元券”是由苏联人提出来让我们印制的。

这只是根据特殊情况作出的特殊决定。在第三套、第四套、第五套人民币的设计中，就再也没有出现过3元面额的钞票。

■更改后各种主币票面的金额及主景图案

1952年12月11日，更改后各种主币票面的金额及主景图案是：10元券（原100元券）：主景内容——工农兵图案，后来改为工农图案。5元券（原50元券）：主景内容——中华各民族大团结图案。增加3元券（原10元券）：主景内容——井冈山龙塬口图案。增加2元券（原5元券）：主景内容——延安清凉山图案。1元券主景内容依然为天安门图案。

以上即是1955年3月1日中国人民银行公开发行的第二套人民币各种面额的主景图案。

■新币2元券在设计上的几次调整

新币2元券是在更改各种主币票面的金额及主景图案以后新加上去的，是由原来的5元券改变而成的。

虽然当时的5元券贴样已经在1952年经过中央批准，但是为慎重起见，中国人民银行于1953年6月30日重新向中财委上报了《为请批示新币“贰元”券贴样及色样由》的呈文。呈文阐述了更换2元券色样的理由是：按照目前四种主币中有三种带有红头的色泽，如1元券为红色，2元券为金黄色，3元券为绿色，5元券为枣红色，尤其是前两种之间，色泽接近，在广大劳动群众的习惯上容易造成混淆，给老百姓的生活带来极大不便。根据党中央作出的新版人民币票面“色泽上应以明显区别，便于群众识别为原则”的指示精神，中国人民银行认为可以利用这次更改各种主币票面的金额及主景图案的机会彻底解决这些问题。

原5元券贴样因为委托苏联代印一直由苏联保存而没有归还给我们，所以中国人民银行对2元券色样进行了必要的调整，由金黄色改为深蓝色。这符合党中央关于便于人民群众识别的精神，而且深蓝色在流入市场后还会起到耐脏的作用。1元、2元、3元、10元将来可以简称为“红票”、“蓝票”、“绿票”、“大票”。

中国人民银行关于2元券的上报方案随即得到批准，开始进入制作原版阶段。

10元券的曲折审批过程

第一次报批

1954年10月7日，中国人民银行呈文，将苏联制作的新版人民币10元券图案样张上报给中财委主任陈云，并说明这套票样是根据中央1951年秋和1952年初审批的100元券设计图样改制而成。设计是根据中央领导指示，工农兵图案所代表的政治性和整套规格上没有变动，仅仅在工农兵3个人像的造型上稍加变动，使其更加显得精神充沛有力。

陈云经过了慎重地研究和考虑之后，当天对票样作出批示：现在是和平建设时期，作为钞票票面，最应该突出反映的是社会主义经济建设的主题，更加需要强调的是工农联盟的主题思想，因此，建议10元券正面主景图案由“工农兵”改为“工农”图案或者类似的主题。

根据陈云的指示精神，中国人民银行迅速组织力量对10元券票面主景进行修改。其间，他们经过考察、研究，共设计了4种正面主景图案。对各个方案的优、缺点也进行了明确的分析。

第一种方案是：以工农人物为主体，表示工农联盟，与全套设计稿相配合很好。但问题是现在中国还没有已经定型的工人、农民的雕塑可依据。

第二种方案是：以这次全国人民代表大会会场大门作主体，用代表进入会场的形象，人物只表现背面。为什么呢？因为如果用人物正面，则人物的面貌实在不好安排，用背面从设计构图上来说好处理一些。

第三种方案是：突出工业化主题。这个题目虽然好，但是图景不好处理，如果以鞍钢采景，虽有代表性，但它的旧基础（主体部分）是日本式的。如果采用鞍钢某一种高炉或者是薄板厂的某一种工序，则对于鞍钢的代表性又不突出。

第四种方案是："和平"的主题，题目很好，但是构图却不好定，如果单单以一只和平鸽放上去不太妥当，也很难表现出我们国家的特征。

第二次报批

1954年10月16日，中国人民银行副行长曹菊如呈文给周恩来总理，陈云、李先念副总理，上报修改后的10元券四种正面主题设计方案，并提出参考意见——以第一种为宜，请中央审批，然后再开始设计。

10月20日，周恩来总理批示：同意陈云副总理意见，10元券正面主景主题以反映社会主义经济建设和新中国政权性质为好。

第三次报批

接到周总理指示后，中国人民银行再次组织力量对10元券票样主景图案进行修改。经过认真、紧张的分析、比较、综合、取舍，将原来的四种方案集中为两种方案，并于1954年12月呈文上报中央。

呈文附上了两种方案的说明：一是工农图景画稿系由中央美术学院同志重新绘制，工人、农妇的形象较为真实、健康，但农妇的神情尚不够愉快，并感觉年纪稍大些。工人的目光及手指着前方的姿态也感觉注意力不够集中。如采用此方案需将画稿上述各点加以适当修改，于明年一月下旬即可完成设计稿送请批示。二是全国人民代表大会会场外景（怀仁堂），因拍照时为门外的照壁所限制，无法拍照正面全景。虽经设计人员多方努力，但限于环境及绘制技术，所以效果不能满意，感到现在贴样上所用的偏景与整个图案的设计显得不协调，即用正面全景与工农联盟图

10元券正面主景图

相比并不强。如必须采用此种图景，需请中央美术学院同志到现场进行写生，（那样的话）需用时间较长，（此时）正值严冬，（存在）不少困难，效果也难以预料，更将影响苏方付印计划。因此，我们意见以采用工农联盟图景为宜。

1954年末，国务院副总理李先念在莫斯科访问期间，苏联财政部长再次提出要求，希望中国方面尽快将10元券图样送到苏联，尽快投入制版，以免影响印制计划。

李先念回国后，见到12月25日中国人民银行上报的两种设计方案稿，经过与有关方面深入研究，于12月30日写信给周恩来总理、陈云副总理，向他们说明了需要尽快将新币10元券主景图案定下来的理由，并提出："我同意用工农图样为好。"

当天，周恩来总理便批示给陈云等中央领导，请他们并转中国人民银行：同意用工农图样，并照菊如报告所请，加以适当修改，力争早日送出。

周总理对10元券正面主景图案的工农形象的修改意见主要有：农妇的神情不如工人精神，眼神要改，尤其是左眼，眼皮要往上撩；图章位置较原样高些，标准位置是否可以下来1厘米，将来最高位置达到样张那样；正边墨色发灰，较背边色浅，正面下方花边看起来好像发花；水纹下边单线花边两边浅得少些。

第四次报批

根据周恩来总理的指示精神，中国人民银行放弃元旦休息时间，再次组织力量，按照工农联盟的主题要求，对10元券正面主景图案进行修改。

1955年1月19日，中国人民银行再次呈文上报周总理，说明已将工农画稿进行了正式修改，其中农妇的神情已年轻愉快，工人手指远方的姿态也较有力，请求周总理审批。呈文并说明：为了增强钞票的防伪功能，参照苏联卢布50元和100元钞票的水纹格式，在10元券票面中增设了国徽水银（水印）图案，这个贴样经过了中国人民银行苏联专家的审查，认为整个布局是好的，花纹是精细的，苏联会印制得好。

1955年1月20日，周恩来总理批示：同意。

1955年2月1日，10元券版样正式交付苏联。

1955年3月1日，第二套人民币公开发行。当天发行了1分券、2分券、5分券、1角券、2角券、5角券、1元券（红色）、2元券、3元券（苏联代印）、5元券（苏联代印），而此时作为第二套人民币最大面额钞票的10元券正在苏联进入紧张的制版阶段。

第七节
部分券别国内印制质量可靠
1元5元改版确保金融稳定

西安人民印刷厂厂区（左）
上海人民印刷厂厂房（右）

东河五〇一厂鸟瞰图（左）
国营七一二厂大门（右）

在长达20多年的时间里，共有10多家印钞企业及协作企业参与了第二套人民币的生产印制，其中以北京人民印刷厂（1955年改为国营五四一厂）、上海人民印刷厂（1955年改为国营五四二厂）、西安人民印刷厂（1955年改为国营五四四厂）、天津人民印刷厂（1953年改为国营五四三厂）为主要印制企业；其他如成都印钞公司原东河五〇一厂、国营七一二厂、国营一四五厂、地质部国营五四三厂等也参与了第二套人民币纸分币的印制生产。在20世纪80年代三线调整搬迁前后，石家庄印钞厂、南昌印钞厂也继续参与该套产品纸分币的印制生产。

生产第二套人民币的机器设备主要有凹印设备、胶印设备和印码设备。凹印设备：这一时期主要有手搬凹印机，这是最早的凹印机；半自动电动凹印机、半自动四版平台凹印机，这两种均为单色凹印机；三色接线凹印机、四色接线凹印机、三色轮转凹印机。胶印设备：这一时期主要有单色手续胶印机、单色全裁胶印机、双色全裁胶印机、民主德国产全裁四色胶印机、全裁双色胶印机、半裁双色胶印机、145甲型四色胶印机等。印码设备：铅印机、圆盘机、中张印码机（米力机）、半裁凸印机、三色版机、联邦德国凸印机等。

生产第二套人民币的专用纸张主要有：国产钞票纸（1分券、2分券）、国产103-3号纸（1分券、2分券、5分券）等。进口钞票纸：美国钞票纸（5分券）、苏联钞票纸（3元券、5元券）、苏联特制国徽固定水印纸（10元券）、苏联特1号小五星水印纸（1角券、2角券、5角券、1元券、5元券）、苏联特2号小五星水印纸（2元券）等。

生产第二套人民币使用的油墨：有从美国或英国进口的，有从香港购进的，还有我国自己制造的油墨，比较混杂。

国内制墨生产的情况

当时从事油墨生产的主要是北京人民印刷厂的制墨科。1949年1月，天津、北京相继解放后，北京人民印刷厂、天津人民印刷厂使用的油墨主要是由天津油墨厂供应。1949年8月，天津油墨厂部分职工调入北京人民印刷厂。据当时从事制墨工作的安庆福回忆：当时是一边建设一边生产，条件十分简陋，工艺也很简单，制作油墨也非常简单，黑的、白的、黄的都是自己做，甚至连原料都是自己运输、自己制作。当时盛油墨的容器主要是一个梧桐做的小木头箱子，里边铺上纸，把墨倒在里头，油用的是核桃油。制作油墨的机器比现在的要小得多，有七根棍子。制作出来的油墨要先经过自己试验，然后才能拿出去正式上机投入印刷。

1952年4月，根据中国人民银行印制管理局指示，北京人民印刷厂取消制墨科，将大部分制墨设备、50多名管理干部、技术工人并入天津油墨厂。1958年，根据生产形势需要，特别是国家货币发行的需要，北京人民印刷厂将原来凹印车间的一个工段恢复成立了制墨车间，先是30多人，后来发展到60人左右，制作出来的油墨主要供应北京等各印钞企业。

20世纪50年代初期，苏联专家在油墨检测手段包括检验指标等方面对我们给予了帮助和指导，从凭经验检测到有了一套科学的检测标准，使油墨的生产与管理逐步迈入正规化、科学化。

借鉴苏联管理经验，推行苏联管理模式

20世纪50年代，印制企业的管理主要是学习苏联的管理经验。50年代初期，苏联专家索克里尼果夫应邀到北京、上海等企业指导企业的管理工作。同时也针对生产管理经常提出一些建设性的意见。

据北京人民印刷厂老干部王慧诚回忆：索克里尼果夫在生产过程中，重点解决了生产程序单和封皮及温湿度管理等问题。不久，另一位苏联管理专家康诺罗夫来厂，他也是搞管理的。还有一位苏联专家叫米洛诺夫，是油墨专家。他们都不是每天在厂，尤其米洛诺夫，他经常去天津油墨厂，进行专业方面的交流与沟通。他们在几个印钞企业之间来回奔波，指导工作。

由于当时主要实行的是计划经济，虽然苏联专家的指导对生产起到了一定的促进作用，但由于照搬苏联模式的结果也产生了不少问题，有些引进的东西没有切合中国的实际，有些带有盲目性、机械性。

1元券的红与黑

第二套人民币公开发行半年之后，即对1元券进行了改版。改版的主要原因是1元券在流通过程中出现了严重的质量问题。

发现问题　1955年3月1日，第二套人民币发行，但是在当

红1元券正、背面图样

年7月初，就从南方各地陆续传来信息，红色1元券（天安门图案）在流通过程中发生了严重的变色、掉色、掉墨以及油墨溶化变黏等现象，同时发生类似质量问题的还有其他券别的钞票品种。问题很快反映到中国人民银行。行领导认识到问题的严重性，责成印制管理局尽快查找原因，同时将情况上报国务院领导。周恩来总理专门对此作出批示：尽快查明原因。此事也惊动了公安部门，他们主要针对当时的蒋匪、敌特对于人民币的造假现象分析查找，以确定其中是否有蒋匪、敌特进行破坏捣乱的行为。总之，此事在全国特别是在南方引起了较大反响。

查找原因　鉴于此事局限在江南地区，印制管理局马上责成上海人民印刷厂负责此事的调查工作。该厂派人到江苏、浙江等地进行深入调查了解，收集到了大量的第一手资料，为后期的技术研究、查找原因创造了有利条件。

1955年8月，中国人民银行将上海人民印刷厂等各方面收集到的有关资料提交给中国科学院，请专家进行技术研究，分析查找原因。中国科学院指派中国科学院石油研究所两位专家经过两个多月的精心试验，找出了新版人民币票券变黏的真正原因。

1956年7月11日，中国人民银行正式向周恩来总理、李先念副总理提交了关于试验结论的报告。报告分析认为，钞票表面油墨发生溶化变黏是由于钞票放在柏木的容器里。柏木含有挥发性香精油（或称柏油），在一定温度、湿度的条件下，香精油即挥发并接触钞票油墨的表面薄膜，油墨即溶化变黏。较高的温度、湿度助长柏木中香精油的挥发，加速了油墨溶化变黏。至此，曾经轰动一时的1元券油墨溶化变黏的原因属于纯粹的技术问题得以明确。

重新设计　1956年9月29日，中国人民银行上报李先念副总理并转周恩来总理新版人民币1元券图稿。呈文说明，此1元券设计图稿是由中国人民银行和中央美术学院专家共同拟定、由苏联专家审定的。为了尽快开始试印新版1元券，此次呈送的是画稿（过去多次送审的都是刻制的贴样），由于画稿系手工绘制，各种花纹不能细致表现，刻版后要比画稿精细得多。

呈文在新1元券票版和油墨的颜色上，提出了需要请示审批的3个问题：关于天安门的图景有两种图案。一是仍用原来1元券的图景，二是天安门图景加两旁巨幅标语和城上的八根旗杆，去掉灯笼，是平日天安门的景象（附样1），或如附样3，是按照节日的景象又添上8面红旗、8盏灯笼（根据以前中央指示未刻毛主席像）。

中国人民银行的意见是采用原来1元券的图景较好。关于票券的印制年份。中国人民银行的意见：采用1956年更符合实际。

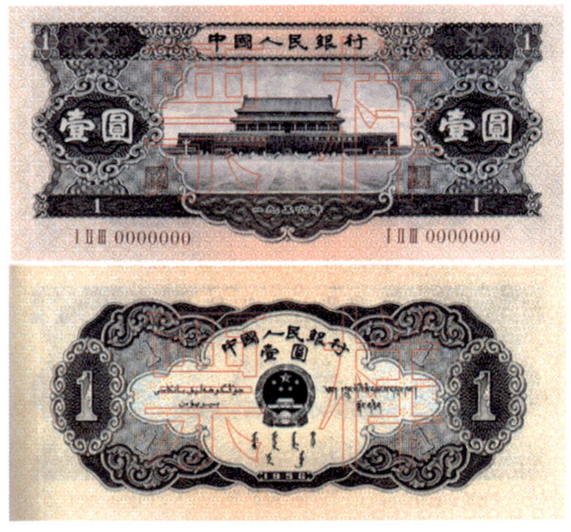

黑1元券正、背面图样

关于票券的墨色问题。这也是一个十分重要和敏感的问题。中国人民银行意见：鉴于现在流通的1元券所用的红色油墨存在着严重缺点，经过对各种颜色的钞票进行试验，感到黑色油墨的性质最为稳定，具有耐酸、耐碱的性能，较其他钞票墨色均匀，因此建议将新版1元券用黑色油墨印制（另以暖色底纹衬托），以便票券能经久耐用。采用黑色油墨虽与天安门现有的朱红色不相符合，但苏联100卢布券的克里姆林宫景色也是采用黑色印制的。

9月30日，李先念副总理将中国人民银行的请示报告转呈给周恩来总理、陈云副总理，并提出自己的意见：对报告提出的前两个问题基本上表示同意，对第三个问题——关于新票的颜色，提出可责成银行继续做些试验，并把各种样品送来后，再最后确定。周恩来总理批示：同意。

遵照中央领导指示精神，中国人民银行本着实事求是的原则，又进行了若干次试验，同时就钞票颜色问题向各个层面广泛地征求了意见。1956年2月3日，中国人民银行行长曹菊如再次呈文给李先念副总理并转周恩来总理。呈报了新版1元券新配墨色样两种请予审核，并客观地、实事求是地提出了两种色样所各具有的优缺点：

黑色样张　优点：油墨耐酸、耐碱、耐光等性能均较其他色墨好，结膜牢固耐磨，使用时间可以较长；此次所配油墨均系国产原料（性能不低于进口原料），可以节省外汇、降低成本，从防伪上讲也有好处。缺点：原来1元券为红色，现在改为黑色，与天安门实际颜色不符，群众可能有意见，如提出询问时不便解释；票券主色与10元券重复，这与发行新币时向群众宣传的“各种票券在色泽上有显明区别”不符（但实际上两券大小悬殊，且10元券另有水印，流通中不致造成差错）。

红色样张　优点：我们根据专家的建议，符合天安门的实际颜色，符合我国群众喜欢大红大绿的习惯，在红墨中增加了连接料，比现行红色1元券耐磨得多。缺点：油墨的化学性质耐酸、耐碱稍次于黑色；同时发行两种红色1元券，图案又基本上相同，如发行前宣传工作做得不够，在农村中容易引起误会。

上述两种色样经与苏联专家研究，专家认为现行的1元券为红色，改版后1元券仍为天安门景，而改用黑色如群众有意见时不便解释，他们表示仍采用红色。我们意见黑色虽也有缺点，但利弊相较，优点仍较多。因此，以改用黑色印制为宜。

1956年2月6日，李先念副总理写信给陈云副总理，把中国人民银行上报的新版1元券红、黑两种色样之事作了说明，并提出：我考虑也是采用黑色的好些。2月10日，陈云副总理将信转交周恩来总理，并在信上写道：总理，我以为黑色较好，主要理由是油墨耐磨，请批示。2月14日，周恩来总理批示：同意采用黑色。

5元券的改版与印制

1955年3月1日发行的5元券（主景为民族大团结，正面绛紫色、背面橙黄色）是由苏联代印的。

由于历史的原因，1956年1月，中国人民银行提出将5元券改版印制，并提出技术要求：改版印制的5元券正面主景不变，保留民族大团结图案，另制原版，颜色改变为深棕色，由我们自己设计、雕刻，在花边、花幅、装饰、底纹等方面增加新的防伪技术。

印制管理局迅速下达研制计划，提出于1958年完成改版5元券的制版任务。但是，由于市场的急需，中国人民银行指示对制版计划进行调整，要求提前一年在1957年完成5元券的制版任务。

接到任务以后，印制管理局很快组织设计人员与美术专家通力合作，在很短时间内便完成了设计任务。雕刻师吴彭越充分展现了他的雕刻技艺，在短短几十天内出色地完成了雕刻任务。吴彭越1922年出生于天津，中国共产党党员，高级工艺美术师，中

钢版雕刻大师吴彭越

吴彭越小传：高级工艺美术师，获印刷界最高奖——毕昇奖，人事部批准为享受政府特殊津贴专家。从1949年参加第一套人民币票版雕刻后，又参加了第二套、第三套人民币票版的雕刻，其中“炼钢工人”等成为人民币的代表作，他的许多作品是国内外同行公认的大师级水准。

国第一代钢版雕刻大师吴锦堂之子。他是我国最优秀的手工钢版雕刻艺术大师之一，中国钢版雕刻界德艺双馨的楷模。他于1938年进入北京财政部印刷局艺术传习所学习凹版雕刻技术，1944年考入国立艺专（中央美院前身），毕业后回印刷局。1948年，调中央印制厂上海厂任雕刻技工。1949年5月27日，上海解放以后，吴彭越夜以继日雕刻出三块第一套人民币的原版，迅速投入印制。1950年，他从上海调回北京人民印刷厂。1952年，国家设计第二套人民币时，吴彭越承担了2元券、5元券（改版后）的正面主景雕刻任务。

链接：5元券民族大团结人像和雕刻

由于多种原因，我国紧急停止使用由苏联为我国代印的第二套人民币5元券，中国人民银行决定自行印制5元券，并订出了倒计时的生产计划表，其中，留给吴彭越所在雕刻班组完成原版制作的时间是24天。就是吴彭越这样技术精湛的师傅，以往刻一个细小人像也需要一天多时间，而5元券上各民族人像多达20余个，形象各异，而且一张钞票上还有众多的纹饰和文字，还需要有其他人员共同合作，24天不全由他来支配。

吴彭越一心一意利用好分配给自己的每天几个小时中的每一分钟。作为正面主景图像的雕刻者，吴彭越眼睛里只看到原版，心里无时无刻不在琢磨原版。他夜以继日，不停不息，创造了当时钢版雕刻的奇迹。而印刷的效果显示，我国自行印制的新版5元券明显比旧版立体感强，人物线条优美，形象鲜明生动，用放大镜观看其中的维吾尔族姑娘，就会更加清楚这么一个事实——我们的雕刻、印刷技术并不亚于外国。

（作者：贺伟华）

■新5元券的主要技术特点

改版后的5元券既保留了流通中的5元券的优点，又克服了其中的不足部分。最关键的是，改版后的5元券充分发挥了新研制出的凹印机及四色胶印机的技术特点，采用了当时最先进的印刷技术，极大地增强了钞券的防伪能力。正、背面花边均采用凹印印刷，其中正面花边按照双色凹印设计，背面花边按照一色凹印设计；正面底纹用四色胶印机印刷，设计三色或四色底纹，分别采用变化底纹相似色的分色套印或接线底纹两种方法来印刷。背面底纹和套花，采用新凹印机一次印成三色套花和二色底纹，即设计凸版二色变化底纹相似色的分别套印和中间套花。采用凸版、凹版相结合的三色分色套花技术。

整个改版5元券的设计印制效果，经过努力在某些方面特别是在正面主景雕刻艺术方面已经大大超出了当时流通中的5元券。

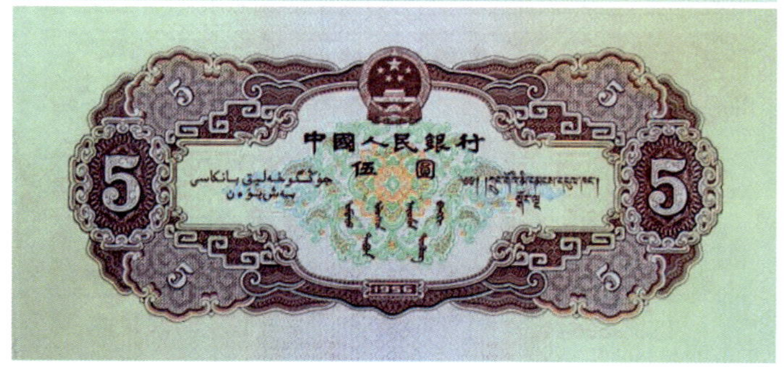

改版后的5元券正、背面

这是一幅表现我国各族人民大团结、祖国欣欣向荣的图画，画面人物众多，场面宏大，雕刻者充分把握了画面的主题思想和气氛，运用高度精细的雕刻手法和多变的点线，使众多性别、年龄、民族各异的人物栩栩如生。为使画面色调明朗，各种人物形象明显，雕刻者在深浅和黑白色调的把握上，适当减少灰调，有力地增强了人物形象的鲜明性。在线条运用上，根据不同的对象和服饰各异的特点，采用刚柔相济、曲直相应的手法，增强了画面的对比度和动态感，使整个气氛与主题思想相符，达到主题内容和表现形式的完整和统一。在人物表情的刻画上，以精湛熟练的刀法，准确地刻画出人物的面目表情，充分展示了雕刻者高超的技艺。

——引自《当代中国货币印制与铸造》

第二套人民币相比第一套人民币，在技术上有了显著的提升，也可以说自此人民币才有了真正的防伪措施。在研制过程中，印制行业众多技术人员有理想、艰苦探索，在许多技术领域里取得了突破，实现了他们报效祖国的夙愿。除了设计、雕刻人员外，还有设备、油墨、印刷等方面的人员， 柳溥庆就是其中的佼佼者。

链接：印制专家柳溥庆

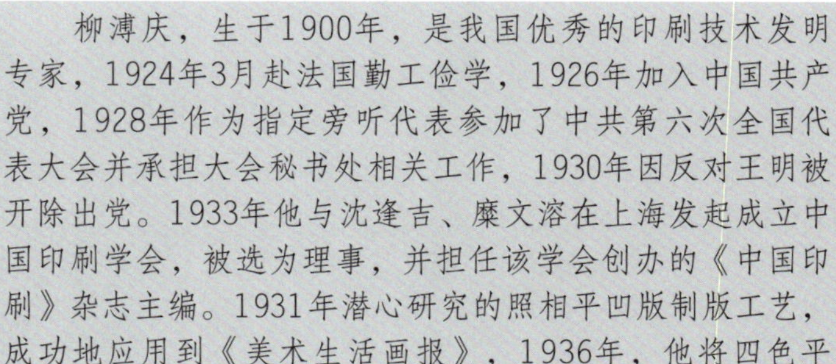

柳溥庆，生于1900年，是我国优秀的印刷技术发明专家，1924年3月赴法国勤工俭学，1926年加入中国共产党，1928年作为指定旁听代表参加了中共第六次全国代表大会并承担大会秘书处相关工作，1930年因反对王明被开除出党。1933年他与沈逢吉、糜文溶在上海发起成立中国印刷学会，被选为理事，并担任该学会创办的《中国印刷》杂志主编。1931年潜心研究的照相平凹版制版工艺，成功地应用到《美术生活画报》，1936年，他将四色平

印制技术专家柳溥庆

凹新工艺又成功地应用到《中国印刷》杂志插页，代表我国印刷水平上了一个新高度。在此期间，他还成功研制了我国第一台手动式照相排字机，其构造极为精巧，可以排印各种书报杂志，可以说该机是现代手动式照相排字机的雏形。在抗日战争和解放战争时期，他长期从事我党我军根据地印钞和国统区地下革命工作。他还是我国欧体、颜体、柳体书法间架结构标准习字帖的编著者。

新中国成立后，柳溥庆担任中国人民银行国家二级总工程师，兼任中国人民银行印制技术研究所第一任所长。长期以来，柳溥庆在印制科技事业方面进行了一系列科技创新活动，取得了显著成绩。

发明多种制版技术。1949年6月，他研究试验成功用胶印平凹版制版技术印制钞票，并在上海人民印刷厂第四分厂采用了此种技术。1950年调到北京人民印刷厂以后，在他的指导下，该厂也采用了此种新技术印制第一套人民币。

改革凹印烘票工艺方法。新中国成立初期，北京人民印刷厂的票券烘干一般采用木框铁丝托盘，每盘放凹印品100张，然后放入50摄氏度高温的烘干室。工人们要进入该烘干室操作，劳动条件十分艰苦。柳溥庆在1953年设计了一种“前进后出、整进整出、循环通风、自动调温”的烘票工艺方案。当时曾遭到苏联专家反对。苏联专家也提出一种方案，但经过实践对比证明，柳溥庆的方案大大优于苏联专家的方案。主要优点：（1）可以大大缩短票券的烘干时间，功效可提高5倍。（2）自动调温，有助于提高票券的使用寿命。（3）工人们可在烘箱外操作，大大改善了工人的劳动条件，体现了以人为本的精神。最后，厂领导决定采用柳溥庆的方案。

发明凹印多色接纹逆转擦版原理和方法。1953年5月，柳溥庆作为中国人民银行验收小组组长赴民主德国验收轮转凹印机。验收中发现这种机器试印的印张两色接纹处颜色模糊，并且张张式样颜色不同。他经过认真研究，找出了原因，原机采用的是顺转擦版原理，属设计上的错误。于是，经过缜密论证，他提出了逆转擦版原理，几经周折，终被民主德国有关人员接受。1953年11月，采用逆转擦版原理的轮转凹印机试车时，才真正实现了一次印成多色接纹的凹版印样。1965年2月，柳溥庆获得了由国家科委颁发、聂荣臻主任签发的107号发明证书。

试制水印钞票纸新工艺获得成功。1961年，柳溥庆领导和组织实施了《水印工艺试探性研究计划》。在各方配合下，制造出了可抄出五星、古钱水印钞票纸。1963年，又领导组织实施了《水印新工艺试探性研究计划》，在各方配合下特别是在造纸专家陈彭年的合作下，“自制成功一种不但能够抄出满版水印，还抄出了天安门固定水印的圆网造纸机，为大面额钞票的印制用纸创造了条件。”这种钞票纸应用在了第三套人民币10元券的印制上。

（作者：梁建）

第八节
中央决定委托苏联代印人民币
几经变更3、5、10元终印成

■中央决定请苏联代印人民币，贺晓初等人来到莫斯科，与相关部门商谈，研究、解决一系列技术问题

中央决定将新币中的四种大面额钞票5元券、10元券、50元券、100元券委托苏联帮助印制。1952年3月底，贺晓初、张作栋、周令钊、陈达邦四人随中国经济贸易代表团到达莫斯科，开始了委请苏联代印人民币的谈判过程。

4月5日，苏联财政部副部长在莫斯科财政部部长办公室亲切接见了贺晓初等人。

4月7日，双方进行了第一次正式谈话。将委托苏联代印钞票

中的原则性问题包括印制要求谈清并确定了委托苏联代印钞票的数量、质量，要求完全按照我方送去的原版设计样和钞票纸的各项数据印制，因为这是经过政务院批准的标准，不能有丝毫的改动，这一点一定要在合同中列明。钞票的制版、印成的产品质量一定要达到卢布的水平。

4月11日下午2时，双方进行第二次谈话，涉及印制过程中一系列技术性问题，并就这些深入地交换了意见。

4月17日，苏联方面拿出了5元券正、背面原版印样，我方感到整个制作并不理想，如黑白线圈线制作层次很少，模糊不清，几乎成了印秃的深线花纹；变点花纹制作简单、平排、无错综奇异变化，一目了然，无防伪功能；暗花制作平淡，光线明暗深浅不分；背面两侧“5”字下面未作黑白线圈线，而改用深线花纹，与共商原则不符；正背面四角暗花“5”字大小不规矩等，均与我国要求相差甚远。我方当即提出修改意见。

4月18日，中苏双方进行了第三次谈话，除了将前两次谈话中没有解决的问题进一步协商以外，重点还谈了钞票的封装问题，研究了号码机字体问题。4月20日至5月15日，双方进行了第四次、第五次谈话，我方看了修改后的5元券印样，初步定稿。

7月，为了解决谈判中遇到的问题，贺晓初提前回国，向中国人民银行领导全面汇报了在莫斯科的工作情况。

高层会谈，中国驻苏大使张闻天会见苏联财政部部长，解决关键问题，委托代印工作进展顺利

7月29日，中国人民银行向政务院汇报了同苏联谈判代印人民币的情况。中国人民银行提出：令贺晓初返苏继续商谈，并带上国内1元以下面额印样1份，借以说明我国内产品质量大为提高及质量的尺度，要求苏方承印产品应该比我方水平更高。

9月19日，中央决定由中国驻苏联大使张闻天与苏联财政部部长兹维列夫商谈原则问题。

9月22日下午5时，张闻天大使与苏联财政部部长兹维列夫举行谈话。张大使说：此次系受总理委托而来。由于中国近年来物价稳定，财政收支平衡，及今后有计划经济建设的需要，我国不久将实行货币改革。由于今后新的人民币的比值，1元将值旧人民币10000元，约等于卢布一个半，故提高新币质量、防止伪造极为重要。特别由于我国东南边疆、台湾的蒋匪及美帝国主义常以伪钞输入捣乱，因而防假要求更为重要。苏联的技术及印制条件都比我们高明，我们要求将卢布上的奇异技术用于我们新币上。过去这一段工作，苏联专家们已花了很多时间，做了很多工作，我们很感激！但我们要求还要高些，要像卢布5元、10元上的花纹那样好。这当然不是要将苏联卢布上的花纹照样搬到我们新币上。

9月24日，双方进行5元券、10元券的技术性问题的谈话，我方提出以下意见：5元券正面下边有一道白痕，请加点线盖掉；正面两侧花幅稍靠中移；正面两侧花幅，能大一线为好，与贴样一样大为准；凡白花圆字，有两笔连在一起，要改为分开；背面国徽要再加一层线才能突起。10元券背面的多色花的轮廓还要稍微提深些；正面花幅和风景周围白框，要稍加光线；正面花幅框与变点间的浅线花不能色白了，把底纹少挖掉些；浮雕望做密些（指角度）。苏方同意上述各项全部改做。

10月4日，张闻天大使会晤了苏联财政部部长兹维列夫。兹维列夫拿出了改做以后的版样，他说，这次改做以后的版样，所有的花幅都改成了黑白线圈线，变点、暗花就是按照上次会议决定的要求做成的，希望这次能够有个结论。张闻天仔细看后说：可以按此做版。对暗花的做法，望在50元券、100元券上还要求复杂、精细才好。

此后，中苏双方又进行了若干次谈话，就许多技术性问题达成了一致意见。

国内改变印制计划，取消了大面额钞票的印制，张闻天等继续斡旋，贺晓初等继续参与谈判工作以及3元券的由来

1952年10月27日，中财委主任陈云根据当时形势和人民币防伪斗争的需要，提出改变新币印制计划：取消100元券、50元券、10元券，5元券可印起收存暂不发行，增印3元券。此计划经过党中央、政务院慎重研究后批准。

中央于10月29日电告我国驻苏联大使馆，责成张闻天大使同苏联政府财政部领导进行沟通，向他们讲明货币的各种票面的具体张数和交货期限以及采用不超过3元和5元的票面的原因。关于3元券、5元券图案，即刻派人送去。

3元券正面图

11月4日，我国驻苏使馆代办戈宝权与贺晓初、陈达邦等人在苏联财政部部长办公室与财政部部长兹维列夫会谈。

戈宝权首先讲到此行是受张闻天大使委托，向苏方说明印制计划变更情况。他说：接到国内指示，鉴于台湾尚未收复，香港、澳门两地又与我国大陆相毗邻，美帝国主义和蒋介石匪帮利用空投及走私办法，向我国境内散播伪造的人民币，借此破坏我国人民币的信用。此类伪币不易辨别，因此我国政府决定，暂时

不印大面额之新币，而将原有计划改变，即取消印制10元券、50元券及100元券的委托；5元券仍按原计划印制；并请增印3元券一种，计30亿元，希望能在1953年10月交货。

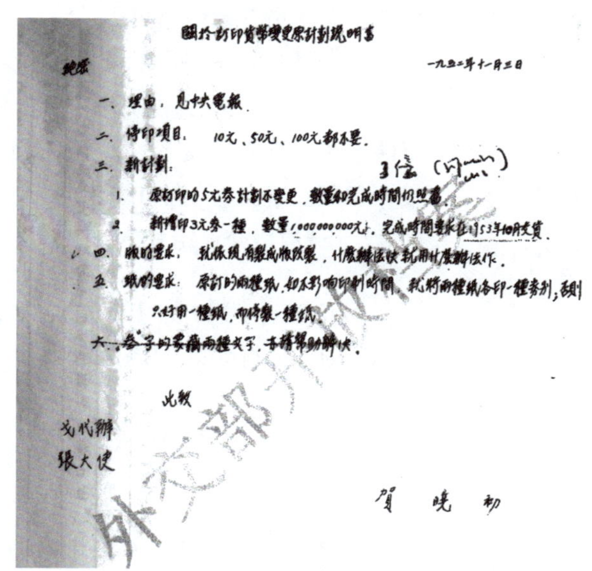

關於訂印貨幣變更原計劃說明書

一九五二年十一月三日

一、理由，見中央電報。

二、停印項目：10元、50元、100元都不要。

三、新計劃：

1. 原訂印的5元券計劃不變更，數量和完成時間仍照舊。

2. 新增印3元券一種，數量1,000,000,000元，完成時間要求在1953年10月交貨。

四、版的要求：就依現有製成版改製，什麼辦法快就用什麼辦法作。

五、紙的要求：原訂的兩種紙，如不影響印制時間，就將兩種紙各印一種券別；否則只好用一種紙，而停製一種紙。

此致

戈代辦

張大使

賀曉初

贺晓初拟定的《印制计划说明书》

至于5元券及3元券的图样，采用原有10元券及5元券的图样，即将原10元券改成5元券，原5元券改成3元券。3元券的四种民族文字，等国内寄来，收到后即可奉上。

之后，贺晓初将谈话结果报告中国人民银行。中国人民银行向中央作了汇报。

苏联方面也迅速行动，对原版进行修改。

就合同问题、交货问题举行会谈，我方对3元券、5元券票样提出修改意见，最终签订3元券、5元券代印合同

1953年1月20日，中方代表同苏方代表协商交货地点问题和签订合同问题。中方提出：交货地点既可以在北京，也可以在满洲里，具体的交货办法请苏联方面提出来，同时希望苏方能够提

供印制说明书。合同的交换意见希望在签印5元券之前准备好。

1月23日，双方商定：交货地点在内蒙古自治区满洲里市，双方接交人员要遵照一定手续清点箱数。此外，苏方提醒，我方的搬运人员、武装押运人员和秘密保卫人员，均应妥为计划。关于印制说明书，苏方说将采用机密的方法，直接送到北京交给南汉宸行长。苏方还提出：希望在3月初签订3元券印样，以便顺利投入印刷。确定3元券为绿色，5元券为枣红色。同时讲明3月初将原5元券原版交还给我方。

4月30日，我方收到苏方提供的3元券票样，经过认真审定并请示国内，征得同意。3元券正式投入印刷。

8月17日，中苏双方正式签订了关于委托苏联代为印制人民币3元券、5元券的合同。

为了保密的需要，合同中提到交货方名称为：全苏木材进出口联合公司。接货方名称为：中国化工杂品进口公司。合同规定：供货者遵照本契约内所述各项规定，承受印制与供应所列票面额和金额的币券。

合同对于价格的规定：3元券票面——每千份计68卢布69.5戈比。5元券票面——每千份计82卢布68戈比。本契约的总额约为1.1亿卢布。这里所规定的价格是指中苏边界——奥托帕车站的交货价格。

12月16日，我方收到苏方提供的5元券票样。经中央审查，同意中国人民银行提出的意见：整个规格在全面布置上大效果很好。其中的问题是第一个小孩的上衣不亮，影响到主题中的人物形象不突出，希望将上衣修改得白一些；靠小孩后面的汉人（扬帽子的人）如将轮廓线稍微加深使之与左右人的深浅有别，效果会更好些；天文线望能稍稍淡些；背面外周围的深线花及背面的中国人民银行、5元等字的油墨不够，应将原版上该处的版纹加深。

1954年3月3日，苏方拿出了遵照我方意见修改的5元券印样。改后的5元券印样，天空色彩、少先队员上衣等人物的轮廓及银行字样，均比原样更加清晰。我方表示同意。至此，委托苏联代印的3元券、5元券均经过了审样阶段，开始进入印刷阶段。

3元券、5元券于1953年9月至1954年底由苏方全部交付给中方

1953年1月，张闻天同苏联财政部部长谈话，谈到了交货地点、交货方式等问题。

9月，苏方通知中方第一批3元券交货的人员、时间和地点等事宜。

1954年1月6日下午，苏方通知中国驻苏使馆第二批3元券交货的人员、时间和地点。

2月12日上午，苏方通知中国驻苏使馆最后一批3元券交货的人员、时间和地点。

6月22日上午，苏方通知中国驻苏使馆第一批5元券交货的时间、地点和人员。通知还说，承印的3元券产品虽然已经完成了合同中规定的任务，但是最近发现有一家工厂超额印出了95万张产品，因为数量较大，考虑还是运交中方为妥。中方表示同意。

12月14日，苏方通知中方：装载着5元券的最后一批产品已经于12月11日运出，抵达满洲里车站时间为12月21日至23日，请通知人民银行的接收代表在此期间等候。

经济形势发展，我国提请苏联代印10元券

1954年3月30日，政务院总理周恩来亲自打电报指示中国驻苏联大使张闻天，提出续印5元券4亿张和新印10元券2亿张的任

务，希望与苏方商妥并签订合同，同时要求10元券拟仿照苏联50卢布或100卢布券式样设计，即票面的一端留些空白，在纸张上设置天安门图景。样张预计可于第三季度送交苏方。

4月12日，张闻天大使、温宁参赞会晤了苏联财政部部长兹维列夫，就续印5元券和新印10元券问题进行磋商。兹维列夫当即表态，为了中国的需要及苏方印刷的方便，续印5元券4亿张可于1955年内全部交齐，新印10元券2亿张可于1956年内全部交齐。

7月，印制管理局向中国人民银行呈送10元券设计样一种。中国人民银行经过审查，提出了部分修改意见，并确定使用国徽水印图案。

9月30日，中国人民银行呈文中央财委并报中央：委托苏联代印新人民币10元券的设计是根据中央在1951年秋和1952年初审批的100元券设计稿（原稿正背面各一张附后）改制而成。设计的主要原则——如工农兵图景所代表的政治性和整套规格上没有变动；仅在工农兵三个人像的造型上稍加变动，更显得精神充沛有力。此外，并为加强防伪作用，参照苏联50卢布和100卢布的格式，增设了国徽水银纹（水印）图案。10月16日，中央财委审查后认为，10元券稿样需要重新进行设计。

10月下旬，张闻天大使致信苏联财政部部长兹维列夫，讲明原定于第三季度交给苏方的10元券设计稿样，因需要进行修改，要延至12月方可交给苏方，考虑到这些实际情况，原定的交货期限也可相应顺延。

1955年1月19日，中央批准了经过反复修改后的10元券设计稿样，其中有两处重要改动，一是主景图案由原来的工农兵图案改为工农图案，二是确定使用国徽水印。

1月20日，国务院总理周恩来打电报给温宁参赞，告诉他中国人民银行已经派贺晓初携带批准后的10元券贴样赴莫斯科，请予以领导并请刘晓大使代签合同。同时提出印制要求：在新制10元券原版的制造上，对几种主要花纹的技术要求应比5元券的要高些，以增强防伪作用。

2月1日，温宁参赞带贺晓初等人会见了苏联财政部部长兹维列夫，亲手交给了他10元券贴样。兹维列夫仔细看后表示：一切均可照设计要求做，唯国徽水印困难，且不可能做得那么细。温宁参赞表示还是希望能够做上水印。兹维列夫说：我们做一种水印、一种印刷的样张给你们。他也希望尽可能将水印做得好一些。谈到合同的签字和交货日期问题，兹维列夫表示，等初样做出来以后再谈。

2月11日，周恩来总理打电报给刘晓大使并温宁参赞，指出10元券设计中国国徽水印问题，经研究认为为增强防伪作用是必须要的，务请向苏方协商解决，如技术上实有困难，可粗略些。刘晓大使随即将周恩来总理的指示转达给了苏联财政部部长兹维列夫。

■10元券原版印样的修改和印刷合同的签订及成品收交入库

1955年6月，苏联方面经过多次试验，初步设计出国徽水印纸张的设计稿，根据设计稿来看，大体轮廓似像国徽，双方研究后暂定下来。苏方决定制作一批带有国徽水印的纸张后再正式定稿。在这期间，苏方初步雕刻完成了10元券正面主景工农人像，经专家研究认为，还需修正后才能初步定稿。

7月，中苏双方商定9月底在莫斯科签订10元券的原版印样。11月24日，温宁参赞约见苏方代表，询问10元券票样的事。苏方代表说：10元券票样到现在还没有拿出来，主要原因是纸张的问题，目前还在进行研究和试制。估计要到12月初才能做出来。

12月23日，中苏双方审查了10元券原版印样。12月24日，刘晓大使打电报向周恩来总理汇报了谈话及审看票样的情况。刘晓说：苏方拿出的10元券原版印样，和中央批准的原设计稿对照比较，整体效果好，其中主要防伪花纹都比5元券好，人像中女人的神气虽不很足，但年轻喜悦的表情还有。苏方认为能修改得好才动，否则不动。苏方催促我们在本月27日签订印样。根据谈判结果，质量已经得到了一定的保证，为了保证明年下半年前能有少量的成品运交国内，准备就此签字，当否，请示。

1955年12月27日，周恩来总理回电指示：整个效果处理上认为满意，农妇的神色如能修得神气足一些更好，颜色在坚固和防止变黏方面既已有一定的保证，可不再重找色。交货日期在充分保证修版时间的前提下，能于明年六七月间少量交些则更好，否则迟一些交货亦可。根据中方提出的要求，苏方对10元券原版印样再次进行了修改。

1956年6月14日，中苏双方签订了委托苏联代印人民币10元券的补充协定。协定规定：7月供应7000万小张。12月供应1亿3000万小张。订货人须向供货人交付16747318卢布。

1961年，根据国内形势和市场的需要，中央决定继续委托苏联帮助续印人民币10元券。3月至7月，中苏双方又进行了多次联系和磋商，商谈续印10元券的有关技术、商务问题。8月26日，中苏双方在莫斯科签订了委托苏联代印人民币10元券的印制合同。1962年8月4日，我方全部接收并完成人民币10元券入库工作。

链接：使命在身的贺晓初

1952年，党中央批准由苏联代印第二套人民币中的大面额钞票。人民银行选派贺晓初、张作栋、周令钊、陈达邦四人赴苏联工作，工作小组于1952年3月随同中国贸易代表团去苏联谈判。

贺晓初等人到达莫斯科以后，即通过叶季壮团长、中国驻苏大使张闻天的安排，与苏联财经人民委员会印制管理局、莫斯科印钞厂进行了联系接触。

在苏联一年多的时间里，贺晓初始终处在紧张的工作状态之中，很少出去观光。他把每天的工作进度记下来整理成文，把每次谈判的情况作纪要，并及时向国内汇报；同时还与使馆保持密切的联系，协调许多相关的问题；还把将要在谈判中解决的问题整理清楚，以便下一步工作的开展。

由于谈判不十分顺利，代印工作一拖再拖，大家都很着急。

一天，贺晓初在大使馆内看《人民日报》时，一行大字映入眼帘："周恩来总理率中国政府代表团访问苏联。"这时他的眼睛一亮，随即一个想法涌上心头。他鼓起勇气，将来苏后双方晤谈进展情况写了一个简要的报告，在报告最后直截了当地向周总理提出，恳请总理在中苏会谈中把我方的委托代印要求提出来，请苏方给予大力支援。报告写好后，贺晓初通过工作人员交给了大使，由大使转呈给周总理。在告别宴会上，周总理和莫洛托夫碰杯时，莫洛托夫问："中国同志还有什么事情要办，尽管提出来。"周总理抓住时机向莫洛托夫说："中国有个印钞代表小组，到莫斯科已经6个月了，在和苏联印钞厂洽谈委托苏方代印部分人民币的事情，进展不够顺利，请莫洛托夫同志过问一下，给予支持。" 莫洛托夫当即要秘书记下来，"告诉苏联有关部门，要无私地支援中国同志，搞好代印人民币的工作。"在周总理亲自过问下，由苏方代印人民币的事情才得以顺利地进行。

贺晓初是1938年加入中国共产党的老革命。1942年后，就到晋察冀边区印刷局工作并担任副局长等职。1949

年北京和平解放，军事接管了中央印制厂北平厂，更名为“中国人民印刷厂”，贺晓初出任第一任厂长。1953年后，他开始担任中国人民银行印制管理局副局长，1965年任东河印制公司党委书记。1979年回到人民银行总行任科教局局长。1981年他被调任中国农业银行任副行长、党组副书记。钞票印制是他一生中从事时间最长的工作，他也将自己的青春、激情、智慧、忠诚交给了他钟爱的印制事业。

（作者：苏乃捷）

第二套人民币的设计、发行，在新中国货币印制史上具有重要的地位和意义

由于第二套人民币的人民政权性质，使其在设计思想和形式上完全区别于过去的货币。

第二套人民币的发行，使我国的货币制度进一步得到完善。通过对币制的有效改革，进一步稳固了人民币作为我国唯一合法的、稳定的、高信誉的货币的地位，促进了我国社会主义经济建设的稳固发展，同时更加方便了人民群众的使用和货币流通。

第二套人民币的设计主题，强调了新中国的政权性质，反映了革命斗争历史和社会主义经济建设的相关内容，强调了钞票的防伪功能，强调了人民币的质量。

第二套人民币的整个设计过程都是在党中央、国务院的直接领导下进行的，特别是周恩来总理给予了极大的关怀，他在票面的思想性、人物表现方面都提出了许多指导性甚至很具体的意见。票面反映了中华民族优秀的文化传统，并具有强烈的民族特色和艺术风格，使得票面设计的政治性与艺术性得到有机的统一。

第二套人民币的设计、印制过程，也体现出我国独立自主的

精神，在寻求货币设计具有中华民族特色方面进行的艰苦探索，为第三套人民币的设计、印制工作奠定了基础。

造 币 篇

在世界各国货币的流通领域中，辅币总额一般只占到流通货币总额的20%左右，而辅币的实际使用数量（张数或枚数）却要占到货币发行总数的80%左右，因此，小面额辅币的使用频率很高。同时，由于纸钞特别是小面额纸钞流通寿命相对比较短暂，因此，从某种意义上看，金属币是充当辅币的首选。

5分、2分、1分硬币正、背面

20世纪50年代初，中国人民银行关于第二套人民币的筹备方案中拟采用硬币作为辅币，且规划了角币与分币两个系列，硬币面额拟采用1-2-5制。但由于各方面原因，中央人民政府政务院财政经济委员会对于采用硬币作较大的辅币（如5角）有所顾虑，后硬角币未能按规划方案发行。为配合第二套人民币主币在流通领域的兑换、找零，先行设计纸分币印制发行。50年代中后期，1分、2分、5分三种硬辅币发行后与已发行的纸分币混合流通，发挥了重要的作用。随着经济的高速发展，虽然1分、2分、5分硬辅币的兑换、找零功能已削弱，但仍未完全退出流通领域。

第二套人民币1分、2分、5分硬币的设计与铸造是在中央领导关怀支持下，在克服了技术、设备、材质选择等诸多困难，在国家经济实力比较薄弱，抗美援朝及国内外政治形势不断变化的情况下制造出来的。

第一节
形势变化最初设计方案搁浅
1分和5分硬辅币先行研制

■印制管理局局长王文焕提出：硬辅币的铸制早晚要做，肯定要做

1950年2月16日至3月2日，印制管理局局长王文焕召集东北银行工业处吕凤文、刘世荣，西南区行炼金厂缪以渊，上海人民印刷厂、上海区行炼金厂等造币相关企业的技术骨干和管理人员召开了辅币计划准备研究会议。会议主要是根据国家对财经工作的要求，对新币的策划及硬辅币的铸造进行准备，会议分析了各企业现有设备规模、生产能力、人员及各种原料的供应等情况，初步拟定硬辅币的种类、规格、成色等问题。作为新币筹备工作的一部分，王文焕在会上指出："硬辅币铸制任务，早晚要做，肯定要做。依今天形势来看，时间不会太久，日期尚难决定，目前应从思想上认识这一工作，一切计划准备工作做好，就应抓紧时间，抓紧不要放松。"就是在这次会议上，参会人员研究了各造币厂的情况、硬辅币的种类和规格之后，提出了合金材质配比的初步设想，概算了硬辅币数量、原料、成本及所需增添设备的品种和数量。

■缘何硬辅币暂不能着手铸造

1950年8月，时任中国人民银行行长南汉宸主持起草《新币印制计划书》，对于硬辅币暂不能着手铸造的问题加以说明：其一，辅币用硬币比纸币合算，但购置原料与制造的时间均非三五年内能解决，而且主币含金量未确定前，对辅币的质量和重量都不能定，不能着手进行铸造。其二，以接收的上海伪中央造币

上海伪中央造币厂

日伪时期沈阳造币厂

50年代的501印花机

厂满负荷的生产能力测算，每日可出成品百万枚，如要生产预计发行的枚数，共需16年的时间才能制造完成。把当时全国如沈阳、重庆、昆明、广州、桂林等地的造币厂全部集中起来，也难以满足流通需要。为此，在新币印制工作中，辅币先用纸币，待把全国各地的造币厂的情况调查了解清楚后，再行筹划，详做计划进行铸币，将来再陆续换回已发行的纸辅币。

1951年3月末，硬辅币铸制计划意见书拟就，30日《为呈送硬辅币计划书由》呈报中央人民政府政务院财政经济委员会。时值抗美援朝期间，硬辅币计划书中涉及的铜料为军用物资，来源缺乏，因而方案未获批准。但是为节省国家在钞票印制费用的过多支出，便利人民币的流通使用，硬辅币的筹铸工作并没有停顿。

根据国家在过渡时期总路线和总任务，20世纪中叶国家的主要资金力量集中在重工业建设方面，筹备恢复造币机构只能相应开展。为此，新中国的造币工作在“以最少量的投资，恢复生产，利用现有设备，不作扩大，平衡内部生产能力，适当组织劳务工作，发挥设备存在潜力，达到能够生产质精量多的成品”这一方针下开展。

经济发展，中央同意将1分、5分硬币同时研制

1953年11月3日，政务院财政经济委员会呈送给毛泽东主席并中共中央《关于发行新币问题的请示报告》提出：“用硬

币作较大的辅币（如5角）目前尚有顾虑。如硬币本身价值较高，而又遇市场缺乏此种金属时，有被不法商人收集熔化而造成辅币不足的危险。如硬币本身价值过低，则又容易假造（假造硬币比假造纸币容易）。因此，新币发行时，基本上拟全部以纸币作辅币，但可研究用适当金属先铸造一部分壹分、伍分辅币同时流通。”

1954年3月20日，中国人民银行向中央人民政府政务院财政经济委员会上报筹备铸造1分金属辅币的请示并测算了发行硬辅币将节约国家基础建设资金的情况，拟选用的硬辅币合金的生产情况，分析了拟选用的硬辅币是否会被不法私商收集熔化作为原料的问题，以及恢复和重建造币企业需要的经费和人员情况，并上报了3枚合金辅币实样、1本辅币设计规范摄影样、1份研究辅币可用原料参考资料。

1954年4月3日，时任中国人民银行副行长曹菊如在写给王文焕、贺晓初、杨秉超的亲笔信中通知他们，关于铸造1分金属辅币的问题已在1954年4月2日召开的中央政治局会议上通过。同年5月25日，中国人民银行总行党组呈请中财委并核转中央，“原计划先铸造壹分币，现在拟将壹分币及伍分币同时铸造，将来亦拟同时发行”。

第二节
硬分币图案的确定与试制
联手攻关合金配比再改进

硬币所用图案的选择、变化与确定

硬币的设计研制工作是新币印制计划的一部分，1951年，中国人民银行聘请了美术专家，在参与纸钞的票面设计的同时，中央美术学院周令钊教授也主持了硬辅币的设计。硬辅币的创作思路主要受苏联与当时几个东欧社会主义国家货币图案的影响，同时兼顾政治上要有严肃的原则性和图文清晰美观、具有优秀艺术传统的民族风格的设计思想，最后确定了正面图案选取中华人民共和国国徽、国名，背面图案选取面值和麦穗的初步方案，以体现工农联盟的思想。

据参与第二套人民币硬币图稿手绘工作的原北京印钞厂高级工艺美术师刘延年回忆：1953年底，领导找到刚从中央美术学院毕业分配到北京人民印刷厂的他，让他根据部分画稿与示意草图，用素描稿以写实的手法绘制出来，最终要通过黑白灰的渐变效果将硬币的浮雕效果表现出来。他和执行另一项绝密任务的商伯衡躲在一间小屋里，手绘了几种方案。随后手绘图稿由北京人民印刷厂拍照洗印后送往中国人民银行印制管理局。

现存较早的分币报样册首页标注“北京人民印刷厂票样”，上报时间及样币图样上标记的时间均为1952年，此次上报的设计方案有两种，设计元素为中华人民共和国国徽、国号、面值、麦穗，图中的麦穗没有交织，对称地分布两侧。两种设计方案的最大区别是年号在正背面的位置、面值是否使用阿拉伯数字这两点。图稿上的文字均为繁体字，且从右往左书写。

1953年的分币报样册，增加了分币的规格尺寸图和边部丝齿的图纹，增强了立体感，设计方案中的文字改为从左往右书写。图稿为写实风格，绘制精良。此次上报的设计方案仍然是两种，这两种方案中的麦穗均交织，主要的区别在于背面图案，其中一种设计有阿拉伯数字的面值，另一种则没有。1953年年号的两套摄影样中的其中一套已经有了现行流通分币的雏形。1954年年号的图稿与1953年的比较而言，黑白灰的层次更丰富一些。

1954年5月27日，李先念签发电文，呈送1分币、5分币的摄影样，请中央审核批示。图案样式正面中央为我国国徽，国徽上方为“中華人民共和國”字样；背面分别以汉文及阿拉伯文书以“伍分”、“壹分”及年号（正式铸造时拟改为1955年），周围为麦穗。

分币原模的雕刻试制

分币设计图案获批后，1954年夏季，分币原模的雕刻试制工作由沈阳造币厂、上海造币厂（以下简称沈阳厂、上海厂）的技术人员在沈阳厂制模车间的1号、2号室分头研制。沈阳方面的制模人员采用机雕的方法试制，试制工作主要由宋怀林负责；上海方面的制模人员采用手雕的方法试制，试制工作主要由董益谦技师负责。

5分币阳文石膏型图

图案主要参照一套胶片和黑白照片制作，照片上的图稿直径约为10厘米，绘有麦穗、面额、年号。其中分币正面图案中的国徽参照从国务院借来的国徽原稿和直径30厘米左右的阳文石膏型制作；“中华人民共和国”的字样参照中南海新华门外的“中华人民共和国万岁”字样制作。因为沈阳的制模人员制作出的模具立体效果好，被选定雕刻子模。但是在翻压产品印模时出现了浮雕图文高的地方印不足，图文低的地方却露出了地的情况，这在硬币产品大批量生产中是绝对不允许的，对此，当事人宋津民十分感慨地回忆说：“这是我一生中最难受的时候，当时没有制作经验，就知道越立体效果越好，只注意效果却忽视了工艺，而和工艺不吻合就只能返工，如何确定图文高度与如何确定模具压印弧度，这在模具设计制作中是至关重要的，整整经历了1个多月的反复调整，问题才得到解决。”1954年底，美术专家周令钊到沈阳了解原模雕刻情况，并现场绘制麦穗图具体指导制模人员。经过一次次的返工、试验，制模人员终于摸索出一套切实可行的工艺操作规律，1954年底试制铸模取得成功。中国人终于依靠自身的力量创作出了中华人民共和国的第一组硬币原模，从此我国也第一次拥有了自己的原模雕刻技术人员。

硬币所用合金材料的选择

1950年2月中旬，在辅币计划准备研究会议上，印制管理局和东北银行、华东区行及西南区行等处的造币专业技师研讨后，就硬币的规格（直径、厚度、重量）、成色（合金配比）初步拟定了甲、乙两种方案。

1951年，第二套人民币纸钞确定印制后，印制管理局曾呈请筹备铸造金属辅币计划与试制分币、角币的设计样品。但因硬辅币所需数量较大，当时的设备生产能力很难满足，同时因金属辅币的原料大多采用贵重有色金属，抗美援朝期间，军需供应迫切，为此，国家对采用哪种合金配比未作定论。

综合国情、国力等多方面的因素，辅币合金研制初期，中国人民银行的倾向性意见是分币采用铝铜合金，配用金属希望能达到比例均匀，无明显杂质的目的。1953年11月17日，中国人民银行正式通知："恢复造币（辅币）生产，沈阳厂担负雕刻原模、试制可用合金、研究辅币规格等任务。"其间，沈阳人民造币厂多次委托沈阳金属研究所代为分析、检测合金性能，加工室主任张作梅为联系人之一。

20世纪50年代初，中国人民银行向中国科学院去函了解辅币合金的情况，1954年2月18日，中国科学院正式函复中国人民银行：因保密关系，硬辅币所用合金的资料很少，众所周知，除以铜镍为基本金属外，还有用铝合金的。铝合金的主要缺点为缺少响亮的声音，色泽也不是很好，而且我国在铝的供应上，恐怕也不太充裕，所以为了符合辅币的三大要求——色泽、声音和坚固耐磨，建议用铜镍锌合金、铜铝合金、铜锡合金，除了上述的三种主要合金外，还可以使用铜锌合金和铝合金，如硬铝（含铝、铜、镁、锰）和铝镁合金等。1954年4月16日，成都人民造币厂副工程师缪以渊提交的"铸币合金之概述"也阐述了铝铜合金在航空工业上广为采用，第二次世界大战以后日本曾采用铝铜合金做壹分辅币的材料，这一材料较轻，携带方便，耐腐蚀性能也较好。我国采用此种合金制作辅币亦可。

镁、锰等有色金属的来源是个瓶颈，是否能找到一个不添加镁、锰也能符合硬辅币流通要求的合金配比呢？另外，能否采用以往的硬币作为一部分的原料进而节约国家资金呢？根据技术资料，最后选定了几种合金配比，同时也熔化旧币作为原料进行了对比试验。

国营六一五厂生产现场
（熔炬、热轧、酸洗）

1954年6月底，上海人民造币厂参与合金试制工作，试验内容涵盖合金熔炼、合金的热处理淬火、压延、洗饼、印花等内容，试验结果随即报送印制管理局。同年6月，按华东办事处党委会指示，中国科学院上海冶金陶瓷研究所接受上海厂委托代做金相、硬度等检测及部分辅助生产设备的设计，并派专家分别解答了相关问题及进行了试验工作。

1954年11月，成都人民造币厂撤销，人员分流到沈阳、上海两厂，充实了两厂的造币技术力量。

1954年下半年，沈阳厂通过大量的试验验证了在不添加其他有色金属的前提下，铝合金中含铜量越多，耐腐蚀性越差的理论。同时，在实际的试制过程中，最初拟定的合金易被压裂不便加工，耐腐蚀性也差。为此，1954年12月3日，中国人民银行行长曹菊如批准发送改变金属辅币分币所用合金比例的报告上报国务院（五办）并转中央。经反复研究并试验铝基合金若干种，并经科学院沈阳金属研究所鉴定，认为以铝为主的辅币合金，降低含铜量比含铜量高好，含微量铜的铝基合金在硬度方面的差异不大，因此中国人民银行决定调整合金配比并开始试制。更改合金比例后的1分币与5分币虽同采用铝铜二元合金，但合金配比却是分别依据沈阳厂、上海厂两厂提供的方案确定，两者的合金配比有所区别。

1954年底，印制管理局已有供应镁的渠道。同期沈阳厂提交铝铜合金中加入微量镁后，耐蚀率、硬度等均有增加，12月24日，印制管理局指示上海厂根据中国科学院和沈阳厂提供的资料，将铝镁合金作为下一步的合金研究的重点。

1分币、5分币先后投产

1955年1月，国营六一五厂（前沈阳人民造币厂）制成1分币样，印制管理局经审查核对原报设计稿样无误后，于14日批复同意按所送1分币实样生产。3月，国营六一四厂（前人民造币厂）制成5分币样，印制管理局经审查核对原报设计稿样无误后，于4月2日批复同意按所送5分币实样生产。

尚未发行，1分币出现问题

硬辅币生产半年后，中国人民银行为了了解成品的质量，对入库的产品进行检查时发现1分币的表面有局部氧化腐蚀的现象。1955年11月24日，中国人民银行向国务院五办呈报新铸铝币氧化腐蚀以及拟采用的措施。若改用其他金属制造辅币，按当时国内原料的供应情况来看，在制造技术上较有把握的，只有铜一种。当时国家工业需铜很多，国内铜的产量也少，同时，由于铜是国家管制的物资，铜辅币在市场上自由流通，就有可能被不法资本家熔化作其他用途，从中牟取暴利，因此改用铜制辅币有困难。用铝制造辅币，虽然容易氧化腐蚀，使用期限较短，但比用纸币方便经济，因此仍主张以铝制造硬辅币。拟采用的措施为：造币企业继续关注铝币氧化腐蚀情况，收集相关资料，进行多方试验，如置于受碱、受酸、受潮、受酒、醋侵蚀，埋在土里，储存在箱柜或钱袋内等，查明其所以腐蚀的详细原因和条件，从而加强预防措施，改进加工技术和保管条件。试制铝和镁的合金已在进行，约在11月底以前制成。同时，中国人民银行建议在试制铝镁合金的过程中，继续请科学院和有关工业研究部门协助。另外中国人民银行还向国务院申请：向苏联聘请技术合作专家来华协助工作。

多部门联手成立攻关小组，对硬币材质进行研究

国营六一四厂条片生产场景

国营六一四厂印花生产场景

随后中央指示由重工业部、中国科学院、中国人民银行成立辅币合金小组。1956年1月28日，印制管理局通知国营六一五厂、国营六一四厂根据重工业部苏联专家丘巴诺夫的意见以及辅币合金小组研究的结论，开始试制新合金。合金性能的分析鉴定工作由重工业部和科学院等单位负责，试制工作由中国人民银行下属企业承担。4月，改进分币合金的研究工作告一段落。6月，国务院同意更改合金成分。6月25日，印制管理局指示国营六一五厂、国营六一四厂、国营五四四厂（前西安人民印刷厂）采用新合金投入生产。

1957年，苏联专家郭洛文、茹尔金来华分别在国营六一五厂和国营六一四厂实地考察并给予技术指导，他们建议微调合金的配比，这一配比用原来的工艺及设备很难实现，通过反复试验，技术难题得以解决。1958年6月经中国人民银行批准投入生产，这种合金一直沿用到1981年。

20世纪70年代，随着国民经济的发展，铝分币不能满足市场流通需要，中国人民银行印制管理局要求国营六一五厂、国营六一四厂分头研制新的造币铝合金的材料，缩短工时，提高效率。经过广大技术人员的反复试验摸索，1980年，国营六一五厂赵孝经等人试制的新型造币铝合金，经过中国人民银行批准，1982年起用于造币生产。迄今为止，上海造币厂1分币的生产还在使用这一材料。

第三节
适应国家货币发行需求
造币技术生产能力重组

造币技术力量的重组

新中国成立前的半个多世纪里，战乱不断，政权更迭，造币机构的开设、停产与关闭非常频繁。我国造币企业虽从国外进口了许多当时非常先进的机器设备，聘请了外国工艺技师，完备了整个工艺流程、工艺路线，却改变不了数度更名，时常停产或转产的命运。

新中国成立后沈阳厂开始恢复造币生产筹备工作前夕，主要的生产任务是印制纸钞和贵金属熔炼等。与造币工作的性质最类似的银币生产已于1951年4月停止，熟悉造币工作的人员仅留用19名技艺较高的造币老工人和4名管理人员。接受筹备铸造1分币的任务后，从1954年4月15日起，胶印、铅印、装订3个车间的407人转为造币工人。1955年成都造币厂撤销，100名技术熟练的工人调入沈阳厂。

链接：从成都到沈阳

清晨，翻揭日历：2月18日，跃入眼帘，好难忘的日子。1955年的今天，成都造币厂撤销，我随工友们转迁东北沈阳造币厂。

李榆厂长作完动员大会报告后，大家就要离开家乡了，应做点啥子难以忘怀的事呢？不知谁最先想到赶紧去离厂不远的打金街王麻子饭店再吃一顿最具四川特色的回锅肉吧……

1955年2月18日，第一批职工和家属50余人启程。头一次坐火车又赶上夜车，很觉新鲜。在不断摇晃的咣当声中，大家都处在难以入眠的兴奋之中，摆起了“龙门阵”。不知不觉火车到达绵阳，因前方铁路还没修成，只好改乘两台吉姆西大汽车继续向宝鸡进发。汽车负重翻爬秦岭，背阴处不时可见到白胡须似的冰溜子，这对少见冰雪的成都人又是一番新奇。次日午后在宝鸡我们又上了火车。23日中午在郑州换车，24日中午在丰台换车。在京沈列车上，头一次品尝到东北大米饭，味道可真香。

2月25日，历时7个日夜，跨越5个省区，经过5600里奔波，终于到达了白雪皑皑的沈阳，站在国营六一五厂主楼前，吸一口凛冽而又极清爽的北方空气，那欢快而又惊喜的心情，真是难以言表。

（作者：肖相成）

恢复造币生产之初，整个生产线主要是依托从旧政权接收过来的厂房和设备重新建立的，熔铸工房设在原造币工房东部，其他工序的工房设在原造币工房的中部和西部。

原国营六一五厂副厂长刘世荣在回忆文章中写到：工厂成立了造币生产指挥组，由生产副厂长袁益兴任组长，下设新产品试制、造币技术工人培训、管理制度建立这三个职能小组。造币生

国营六一五厂旧厂房

产车间设熔化、冲、光、洗、制模、化验、库房小组。各工种操作人员培训由新中国成立前入厂、有实践经验的老造币工人讲技术课，并结合擦洗维修机器时的实际操作进行造币技术传授。张仁（熔铸）、侯振东（轧片）、周玉珍（冲光洗）、于会滨（压印）、宋怀林（制模）等言传身教起到了“种子”的作用，培养了新一代造币工人。工程师吕凤文负责组织制定各工序规定并写入造币技术教材，从理论上武装新一代造币工人。那时制定的硬分币生产工艺规程，成为国营六一五厂首次制定的技术文件。

要恢复造币工作，国营六一四厂面临重建工作。解放前夕，中央造币厂的主要设备、技术骨干、重要图纸、重要造币生产物资多被带往台湾。1949年5月28日，中国人民解放军上海市军管会金融处派军代表陈镇泰接管中央造币厂后，厂名改为上海人民造币厂。

链接：军代表回眸“接管事”

当年的军代表陈镇泰，离休前任中国银行澳大利亚悉尼分行总经理。谈起接管工作，陈老回忆说，军管组进厂接管的地点设在办公大楼二楼西侧的房间里。接管仪式很简单，当他宣布了由陈毅、粟裕签署的接管令并宣传了党的有关接管政策后，就与当时的伪中央造币厂负责人办理了交接手续。在场的一百多位职工静静地目睹了造币厂这一新旧交替的历史时刻。虽然没有敲锣打鼓、大声欢呼的场面，但职工眼神中闪烁着兴奋的光芒，脸上流露出对即将开始的新生活的向往。

钱金林是当年接管组的联络员，他说，根据上级指示精神，军管组宣布了机构原封不动、人员原职原薪，取消搜身制，取消保单，取消职工食堂等级制等决定，接着开展访贫问苦，提高工人的阶级觉悟，这一切措施很得人心，稳定了职工队伍，团结了很多同志。

方奇是接管组中的女性，是当时专门负责财务接管的联络员。她满怀激情地说，那时候的职工真好！虽然当时中央造币厂没有地下党组织，但是广大职工的心还是向着共产党。他们自觉看管好物资，不让外人搬走，并积极配合财产清点工作。

（作者：舒舒）

国营六一四厂旧厂房

10月，原造币厂的修理间、电气间、物料库等与上海人民印刷一厂修理股合并建立上海人民铁工厂，原厂区一分为三，分别从事印钞、机械修理等，原技术业务骨干仅留下64人。1952年12月，中国人民银行华东区熔炼工厂并入。为筹备铸造5分币，后陆续从上海印钞厂调入干部和生产骨干195人，上海轻工业系统调入35人，在上海初中毕业生中招收121人，从隶属中国人民银行的苏州银行学校分配77人，1955年下半年成都的造币厂撤销后相继调入57人，连同人民铁工厂职工和原中央造币厂留下的技术人员构成了六一四厂重建后的第一批职工。人员到位后就组织恢复生产，按照生产流程分设熔轧、冲光、压印、成品、总库五个基本生产车间及相应的辅助车间，利用中央造币厂遗留下来的设备，经过约半年的设备整修、技术业务培训和生产试验，于1955年4月正式投产分币。

链接：国营六一四厂恢复造币生产的准备

1954年，我们这些初中毕业生经考核被上海人民印刷厂招收，其中的120位学员，被分配到正在筹备恢复造币生产的国营六一四厂，有40名左右被分配到三车间（印花造币车间）。

车间抽出专人对青工进行钳工技术知识培训，并布置实践操作。经过两三个月的培训和实践操作，大多数青工掌握了钳工基本知识，具备了独立上机操作的条件。学得好的青工，先分配上机开空车，在空车运行的过程中，大家还要认真学习并熟悉印花机联动的原理、定时定点加油等设备保养知识。

为做好分币的联动试生产，厂部为印花车间练兵专门设计了一对“样品”印模。印模正面上方为手写体“中华人民共和国”字样，下方的国徽稍微小一点；背面左右两边为麦穗，中间的“伍分”位置改为“样品”字样，下方年号为1954年，“样品”直径为24毫米。这对“样品”模具在试用了两三个月后即被销毁。

根据当时国家经济的发展和人民币改版发行的需要，硬币需尽快投产，尽快发行。1955年4月，根据上级指示，伍分铝制硬币正式投入生产。

（作者：袁忠明）

抗美援朝后，根据时局的变化，造币机构的规划和布局也作了相应的调整。20世纪50年代中后期，国营五四四厂被确定为造币生产厂。1956年1月20日启动生产1分币的筹建工作，3月派出62名工人赴沈阳厂学习，4月中旬各工序陆续转入试制。

第四节
加强生产管理和技术创新
努力提高生产能力与水平

■各面额分币首次生产的时间不一

铝分币前期的生产主要是依据印制管理局布置的生产计划进行。国营六一四、六一五厂是分币生产的主要企业。其中1分币由国营六一五厂开工铸造，首批年号为1955，国营五四四厂、国营六一四厂分别于1956年、1958年首次生产1分币；5分币由国营六一四厂开工铸造，首批年号为1955，国营六一五厂于1969年首次生产5分币；国营六一四厂、国营六一五厂分别于1956年、1957年首次生产2分币。

1957年5月22日，中共中国人民银行党组决定整编印制企业，下放国营五四四厂。1958年1月1日，有关移交接管及印刷地图问题的协议生效，19日举行移交仪式。至此，国营五四四厂结束造币工作，交由地方管理。

■硬币的生产依据经济变化而起伏

根据国家对经济工作的总体部署进行，依据货币发行的需求，硬币生产不是连续的，生产的品种、数量每年不一。如1965—1969年造币企业全面停产，20世纪80年代，随着国民经济的发展，硬币的需求量显著增加。1982年10月25日，中国人民银行印制总公司（原中国人民银行印制管理局，1980年国务院批准更名）经请示中国人民银行批准后，委托兵器工业部所属沈阳三二一厂和重庆七九一厂协作铸造硬币。1991年2月，中国人民银行批准结束加工事宜。组建于80年代的国营六一三厂生产出的第一枚铝制分币就是2分币。

80年代末，随着市场经济的发展，铸币成本日渐高涨，分币使用范围逐步缩小，1988年8月中国人民银行决定陆续停铸硬分币，从1989年开始陆续停产。2000年7月1日，纸分币退出流通领域。其后根据流通需要，中国人民银行决定恢复1分硬币的生产，到2007年底，上海造币厂还在继续1分硬币的生产，粗略算来，铝合金分币已有了半个多世纪的铸造史。

链接：铝币生产50年

沈阳造币厂的铝币生产从1953年始到2003年止，整整50年。当时整个生产线作业条件十分艰苦。例如，熔铝使用的设备是8孔地坑式坩埚炉，只要开工生产整个工地就全是烟尘，呛得人直咳嗽，工人浑身上下全是油和灰，其他工序的条件也都很差。后来厂成立了技术革新小组，针对造币设备、工艺、材料等进行攻关，使生产环境有了一

原检查封包现场

现检查封包现场

定改善，提高了产品质量、生产效率，也减轻了职工体力劳动强度。如地坑式坩埚炉，先后被改为固定式油炉、可倾式油炉，熔铝量提高了两倍。铸造模由原来的斜铸型，先后改为可动铸型、水冷可动铸型。冲饼由原来的日式偏心式冲饼机改为美式冲饼机，并加宽了窗口宽度。光边机由原来的卧式光边人工续饼机，改为离心盘续饼。验饼机由日式人工铺饼机，改为自动铺饼机等。当时产品检查，采用的是晃板检查，包装采用手工搓卷、手工装盒，因全是手工劳动，生产效率极低，原材料消耗也大，包装成了很多年困扰造币生产的瓶颈工序。1980年以后，陆续从德国引进微机控制自动计数包装机，情况才得以改观。印模车削当时是将印模装夹到车床四爪卡盘上，以模边平面为基础找平，以模边坡面为基础校正，每加工一件印模都需要进行重复找平和校正，效率很低，1975年从美国引进卧式雕刻机后，条件大大改观。

压印机从1954年至1975年一直使用日式压印机，结构落后，操作笨重，生产效率低，故障率高，经多次改造，续料由抱板改为推板，生产效率有一定提高。1972年我国著名数学家华罗庚教授来厂推广优选法，对压印机立轴转速进行了优选试验，立轴转速由每分钟120~130转，提高到每分钟170~180转，使压印机效率有了明显的提高。

（作者：张国良）

严格的数字管理

手摇计数工具——钱板

在过去的岁月里，国家财富来之不易，因此，我国造币企业有着国外造币企业所不具有的严格的数字管理制度。这种数字管理制度主要是产品经过一个工序就要通过人工计数的方式核对一次产品的数目，当时数字管理的要求是“袋袋清”，百分之百的准确率，数以亿计的产品都要求“袋袋清”，为此，需要配置许多的人手。在人工计数称量交换产品的数字管理模式下，生产效率低的现实情况很难扭转。

1983年开始建造的封闭式硬币车间

原国营六一四厂副厂长严阳生在回忆文章中说，在最初5年，是使用手摇钱板进行硬币计数。1959年广泛使用硬币计数机，这是继手摇钱数数后的重大发展。60年代后的20多年又逐步形成了计数、称量、复数结合体系的固定模式来进行硬币交接的数数管理，这也束缚了生产力的进一步发展，最能说明问题的是两次联动化革新都因这个数管模式的存在而失败。通过学习国外造币厂的管理经验，国营六一四厂于1983年开始建造新的封闭式硬币车间，并采用安全门、检测棒、电视监控及报警等系统，全部取消车间内部当面交接的数数手续和中间库房，从而大大解放了生产力，提高了工作效率，有效地利用生产场地，也稳定了产品质量。

这种采用封闭式检测控制数字管理方法在国内造币企业中得到推广，它彻底放弃了以往的“造数”的工作方法，改外松内紧为外紧内松，管理重点集中在产品的安全和出厂产品的数字绝对准确上，提高了工作效率，节约了人力物力。更重要的是采用新的数字管理模式为后来的大规模技术和设备联机自动化改造创造了先决条件。

YB78型压印机

造币生产所用设备——压印机的不断进化、发展

半个多世纪的铝分币生产见证了我国压印机的发展。压

印机是造币生产的主要设备，截至20世纪80年代前期，我们使用的压印机，主要是接收旧政权的设备，设备存数与完好率极低。

1978年11月，国营六一四厂和东河印制公司五〇三厂共同设计了YB78型压印机，1980年下半年，东河印制公司五〇三厂开始试制， 1982年投入批量生产。继而YB78型压印机成为生产铝分币的主力机型。

链接：回忆造币设备的研制（上）

20世纪50年代，国营六一四厂只生产铝质分币，设备大都是解放前留下的30年代水平的造币设备，生产效率低下。

进厂初期，我在压印车间搞机修，与工人跟班劳动，一起工作一起搞革新。60年代初，我参加了制造印钞机大会战。“文革”期间，我支内到四川，参加了东河公司五〇三厂的筹建直至建成投产，并在山沟造出了造币生产所需的YB78压印机。

粉碎“四人帮”后，国内经济形势发生很大变化，市场硬币短缺。1980年，印制总公司在国营六一四厂召开设计制造造币设备会议，提出了要加速造币设备的更新改造，扩大铝质分币的生产能力，满足发行需要。并确定了以效率高、性能好的YB型压印机，更新原有的日式机、英式机、75型机和76型机，由国营六一四厂和五〇三厂成立联合设计组，负责造币专业设备更新改造项目的研究设计工作。我作为五〇三厂成员被任命为副组长，和研制组的同事们承担了YB78型机批量制造的技术准备工作和技术服务工作。1981年10月，五〇三厂试制出了样机并投入批量生产，至1984年完成了对造币所用压印机的第一次更新改造。

（作者：陈国良）

近代中国积贫积弱，清朝政府和国民党旧政权虽然引进了近代机制金属币的工艺技术与设备，但却没能在全国范围内发行采用机制币工艺铸造的统一的金属货币。新中国成立后，铝制分币的铸造与发行终于揭开了中国造币业崭新的一页。作为新中国货币史不可或缺的一部分，它是新中国造币业风雨历程的最好见证。半个多世纪以来，铝制分币在流通领域承担了辅币找零的职能，为中国经济良好有序的发展与货币流通作出了应有的贡献。

第三章
自力更生思想下的第三套人民币

印　钞　篇

第三套人民币是在我国全面确立了社会主义制度，开始社会主义经济建设的新形势下设计、印制的，是完全依靠我们自己的力量完成的，设计、印制过程中充分体现了独立自主、自力更生的时代精神。

第三套人民币纸钞于1959年开始设计，1962年4月公开发行，流通30余年，是五套人民币纸钞中流通时间最长的一套。

第三套人民币纸钞共有7种面额、8种原版（1角券为2种原版）、11种版别。

第一节
形势发展呼唤新制钞票出炉
自行印制节约外汇有利防假

第三套人民币的产生有着深刻的历史原因和现实原因，包含着多种因素，有内容、题材方面的，也有形式表现方面的，还有防假技术方面的，这些在1959年6月中国人民银行上报国务院的请示报告中有详细阐述。

形势发展的需要。目前正在流通的第二套人民币是1950年新中国成立初期设计，1952年生产，1955年公开发行的。它只能反映一定历史时期的技术和文化艺术水平，与当时我国大跃进形势比较，则显得很不适应。因此，有必要重新设计和印制一套能够反映我国大跃进形势和科学技术与文化艺术水平的新版人民币，提高人民币的印制质量，使它更加耐用和美观，便利使用，又能降低成本，节约印钞开支。由于我国科学技术的发展，当时我们已有可能设计和印制一套技术和艺术水平较高的新版人民币了。

防假斗争的需要。自1958年起，国内已经发现多起1元券假人民币。防假斗争主要依靠发动群众，但在一定程度上也决定于技术水平的高低。不断提高钞票印制水平，不法分子造假就会更加困难。现在流通的人民币（指1元券、2元券及辅币）是在我国技术条件较困难时期设计和印制的，如果流通时间过长，对防假斗争极其不利。

新技术应用的需要。现在流通的3元、5元、10元券都是当初苏联帮助我们代印的，考虑到这些大面额人民币迟早要由我们自己来印制，现在我们既然有了条件，就应当争取自印，既利于我们逐步提高技术，又能节约外汇支出。

方便群众的需要。流通中的人民币1角券和5角券颜色区别不明显，老百姓日常生活中容易用错，而且10元券票面幅度过大，不便携带和保管。人民群众对这些缺点，已多次提出过改进意见。

鉴于以上原因，设计、印制第三套人民币便势在必行，成为水到渠成的事了。

第二节
印制管理局提出具体技术目标
系统思考、着眼长远逐步形成

正式提出设计、印制第三套人民币是在1959年，但是产生设计新一套人民币（第三套人民币）的设想和思路是在第二套人民币发行后刚刚一年的1956年的3月，印制管理局在呈交给中国人民银行行长曹菊如的一份报告提出：根据中央指示精神，为将我国的货币质量在12年内赶上国际先进水平，表现出我国货币印制

的独特性和要能够防止敌人伪造，需要大力改造我们的印制技术工作。报告详细列出了将在纸币印刷等方面需要改进和解决的主要问题，甚至提出了解决的时间进度，同时详尽地提出了今后的努力方向和具体的措施。

报告提出，应该尽快进行这方面的准备工作，为新一套人民币的设计、印制创造有利条件，奠定坚实的基础。在印刷质量方面，报告重点分析了苏联卢布上的重要防伪特征——暗花技术、黑白线圈线技术、不规律的变化底纹技术、雕刻变点技术、四个色同在一条线上的衔接技术、一条均匀的深浅花边技术等，指出：达到卢布的技术就是我们的方向和目标，只有这样，才能真正起到防假的作用，避免出现被动。在钞纸质量方面，报告提出需要采取的措施是：10元券采用带有国徽水印纹、纵向耐折率指标达到3500次的钞票纸。在钞纸技术人员的培养方面，必须在聘请外国专家指导生产的同时，重点培养我们自己的造纸专家，同时还必须做到设备精良，室内外环境上必须做到高度清洁，以防尘埃影响质量。

在完成以上纸张、油墨和印刷质量等方面的改造任务的同时，印制管理局明确提出：计划在此五年时间，重新准备好一套人民币的设计资料，并雕刻成原版和印样报送中央。在第三个五年计划期间，一旦批准印制，则我国的纸币质量和技术水平，应当说已经赶上国际水平了，如再加上我们自己的凹印“多色接线”，这套人民币的防伪技术将成为我国纸币上的独特技术。

行长曹菊如对于这个报告给予了充分的肯定。

在以后的工作中，中国人民银行以及印制管理局等各级领导在思考问题、编制计划、布置工作时，处处与“为新版人民币的设计做好准备”紧密联系起来，体现了系统思考、着眼长远的战略思想。

第三节
人民银行上报新版人民币画稿
周恩来对票面主图案提出修改

1959年，经过长期的技术准备，结合变化了的新形势，中国人民银行认为，设计印制一套新版人民币的时机已经成熟。

■请示报告的提出

1959年1月23日，中共中国人民银行党组向党中央、国务院提出更换新版人民币的请示。文中提到，随着形势的发展，我们国家急需要印制一套新版人民币以代替现在流通的人民币，希望从现在起就开始新版人民币的设计印制工作。

报告在进行认真分析的同时，也汇报了印制行业为了印制新版人民币而进行的一些必要的技术准备，如在凹版印刷方面，已经研制成功多色凹印（即一次印刷2~3色）；在胶版印刷方面，已试制成四色底纹接线机，在一根线纹上可以印出四种颜色，油墨的耐光和耐磨性能均有提高；高级纸厂已建成，当年即可试产。报告说：有了这些技术条件，再经过努力改进，印制出来的钞票基本上可以达到苏联代印钞票的技术水平。

报告还附上了新版人民币画稿一组，以反映党的建设社会主义总路线为主题，其中10元券反映人民公社，5元券、2元券、1元券分别反映钢铁、机械、农业“三个元帅”（3元券因为不适应我国流通习惯，故决定新版时不再采用），5角券、2角券反映交通和电力“两个先行”，1角券反映农业丰收。

■中央领导对第一次上报稿的批示

2月14日，周总理办公室工作人员李岩通过电话向国务院财经委员会的段云转达了周总理对新版人民币画稿的意见，新版人民币的画稿总理已经看过，并提出如下意见：方针同意；内容还可以，但反映农业的多了一点，应加一张反映教育和生产劳动相结合、干部下放劳动的（最好把1角的改成这样的内容，因为1角票学生们用得多，对他们可起教育作用）；有些要改一下，5元券正面是钢铁，背面是石油，应把背面的石油图案改为煤炭，2元券正面是机械，背面是煤炭，应把背面的煤炭图案改为石油；画占的面积太大，看起来不够轻松。同时，周总理还对人像脸形的绘画、1元拼音字的不准确、文字大小的搭配、人像与画面的比例等提出非常具体的意见。

中国人民银行对周总理的指示高度重视。为了能够正确理解周总理的指示精神，经行长同意，特派时任印制管理局副局长贺晓初到国务院总理办公室找到李岩，并和他进行了长谈。据李岩介绍，周总理在批样时说他对银行在报告中提出的设计方针是完全同意的，对于设计的内容，包括“三个元帅”、“两个先行”等也基本上同意，就是感觉表现农业方面的多了一些；另外，总理考虑到干部下放劳动锻炼是国内较大的改革，教育和生产劳动相结合的教育方针也是国内较大的问题，因此在钞票上应该增加这样一个内容。开始的时候，总理并没有说这样的内容应该体现在哪一种票面上，后来经过考虑，总理认为放在1角券上比较合适，因为1角券发行数量多，青年学生也经常接触，把上述内容放在1角券上对于学生来说教育意义更大。总理建议，上述两个内容用一个图景来表现即可，没必要用两个图景来表现；关于5元券、2元券的背面图景调换的问题，总理是联系起来进行考虑的，钢铁和煤炭的关系最密切，5元券正面是钢铁，应该把背面的石油换成煤炭，反之，2元券正面是机械，背面换成石油，这样设计结合得就更好一些；关于图景占的面积太大，总理认为有点不大像票子，更像是一张画。建议图景应该缩小一些或者放在一边；关于色彩不协调的问题，总理没有作出什么具体的指示，只是感到有的色彩太鲜艳了，如何使其协调一些，对这个问题没有很强调，所以在批示意见中没有谈这个问题。总理意见，设计稿要重新改制，还要送总理看一下。但改是在现有画稿的基础上进行修改，并不是重新再搞一套。

贺晓初回局后，立即作了汇报。之后，美术专家和企业的专业技术人员又对新版人民币画稿进行了全面修改。

第四节
“三个元帅”、“两个先行”是主题
美术专家精心构思　折射时代特征

经过美术专家和企业专业技术人员的精心构思、多次切磋、反复修改，第三套人民币的主题思想、图案结构、防伪技术、色彩的应用逐渐明晰并被确定下来。

整套票版主景是以党的建设社会主义总路线为题材。如钢铁（5元券）、机械（2元券）、农业（1元券），体现了“三个元帅”的思想，交通运输（2角券）、电力（5角券，后来遵照总理指示改为反映轻工业题材的纺织车间图景），体现了“两个先行”的思想等。既以反映我国在党的“以钢为纲、全面跃进”的建设方针指导下，高速度发展国民经济的形势，并以“工农商学兵”互相结合，“农林牧副渔”全面发展的人民公社（10元券图景，后来改为人民代表步出大会堂）象征着我国向共产主义前进的美好远景。

全部图案结构较为活泼、美观、大方。票面正面摆脱了过去的图案装饰以对称边框等呆板形式。背面则以花卉、草木、森林等大地园林化的景象作为主景内容和图案装饰。

色彩鲜艳、富丽，色调柔和，变化有致。票面均依据多色线条（即在一条线上印成数种颜色）的印刷技术进行设计。

防假技术增多。除第二套人民币所用的精细图案（如变点、黑白圈线等）均予保留外，另采用了特制水印纸，以增强防假效能。

第三套人民币的设计依然是在美术专家的参与、帮助下完成的，主要有中央美术学院、中央工艺美院的罗工柳、周令钊、侯一民、陈若菊、邓澍五位专家。

链接：采访记录——周令钊、陈若菊

2007年的初秋，我们采访了参与人民币设计的美术专家周令钊、陈若菊夫妇，近五十年前的往事他们居然清晰记起，与我们侃侃而谈。周令钊说：第三套人民币主要反映的是社会主义生产建设、三面红旗和大跃进这个主题，围绕着这个主题设计整个钞票图案。主体内容实际上就是反映人民当家做主、反映国家发展的时代特点，并没有太多的大跃进的场面，即便是5元券炼钢工人的画面，也没有显示什么红旗，没有什么极“左”的东西，看起来也是挺和谐的。

第三套人民币各个票面也各有各的长处。从形式上看，以前的钞票是对称的格局，后来是上下两条线（第二套人民币），第三套人民币变成一条线。

为了画好主景图案，我亲自到过炼钢厂、石油单位，见到过炼钢工人、车床工人、拖拉机手，这些都是很好的素材。我在画5元券主景图案炼钢工人时，特别注意把握好艺术表现形式。要造成炉火通红的效果，只有把钢钎捅进去，才能出现这个效果，这么一来，手尖往那面一吹，就造成了气氛，总体设计上想到这样一些东西。这样做出来，人家都很喜欢，有了这样一个气氛，票面结构就好画了。

周令钊还说，为什么设计第三套人民币时要叫上侯一民参加呢？因为设计第二套人民币时许多工作都来不及做，忙不过来。设计新币，质量上、数量上都需要建立一个班子，侯一民画人物画得好，所以就找他来了。

陈若菊说，不管设计第几套人民币，我们都是根据当时的国情、当时的形势来进行总体把握的，设计上力求很

丰富。第三套人民币在艺术表现上延续了民族化的东西。因为票面主体内容要表现工农兵，所以除了采用梅花、菊花、牡丹花等装饰，我们还用农作物的东西做图案、装饰，表现农业的有稻子、小麦，林业的有松树、柏树、杉树，经济作物方面的有向日葵等。我们是尽自己最大的努力完成各项工作。

（作者：刘万银）

链接：采访记录——侯一民、邓澍

美术专家侯一民、邓澍先生也清晰地记得参与第三套人民币设计的情况。侯一民先生说，我是1958年开始参加第三套人民币的设计工作的。我去的时候工作已经进行一段时间了，周令钊在我的前面。当时，整套人民币设计的总体构图已经出来了，调我们过去，主要是画具体的，画素描稿，内容上我们没有什么主动权，已经定下来了。第三套人民币的主题内容主要是根据当时国家的政治形势和经济政策。当时确定了“三个元帅”、“两个先行”（钢铁、机械、农业与交通运输、电力等）。当时脑子非常热闹，工作十分主动，根据当时的情况，我们后来又设计了一套，稿子还能找到，不是毛主席的内容，就是大跃进的那些内容（无非工、农、商、学、兵5个人的一个票面），我画过一张，另外几个方案，我们也画得十分起劲，当然，工农商学兵画得更过瘾一点儿。但是这个东西跟中央的提法不是一回事，没有采用。北京印钞厂参与钞票设计的主要有张作栋、石大振、刘延年等人。

第三套人民币最早的1角票子是红色的，主景图案是干部参加劳动，是葛维墨画的，他是中央美术学院毕业的，后来调到了电影学院，是我们的老校友。这张票子的主景图案后来改成了教育与生产劳动相结合，这是周总理的意见，他说这张票子学生们用得最多，可以对他们起到很好的教育作用。

第三套人民币的设计将要结束的时候，当时葛维墨画的那个票子已经付印、发行了，叫“60版”。后来，国家把原来的1角券收回来，重新做了1角券。邓澍从苏联回来以后，她参与到了第三套人民币1角券的设计之中，赶上了一个尾巴。教育与生产劳动相结合那个票子就是邓澍做的。这张票子一直用到了20世纪末。

链接：侯一民与第三套人民币

侯一民的素描作品：炼钢工人

侯一民的素描作品：天山放牧图

侯一民的素描功底深厚，曾得到专家组组长罗工柳的多次推崇。这源于他跟随徐悲鸿先生学习时曾受过严格的训练，坚实的素描基础，使得他塑造的人物造型准确、到位。我们看到第三套人民币正面呈现的人物，职业、性别、所处环境各不相同，但侯一民却让我们看到了女拖拉机手的意气风发、机床工人的精准细致、炼钢工人的爆发力量、人民代表洋溢着当家做主的自信与自豪。1元背面那幅经典的“天山放牧图”，仅是点线、仅是黑白，但观者分明看见树的葱茏、云的洁白，分明听到羊的叫声、牧歌的悠远，这幅浪漫主义气息极强的作品，是画家侯一民、雕刻家鞠文俊艺术气质的充分展现。以致四十多年过去了，我们仍旧会听到业内外人士对第三套人民币的赞美。

（作者：朱继红）

印制企业方面参与设计、雕刻的主要有张作栋、石大振、沈乃镛、刘延年、贾鸿勋、吴彭越、鞠文俊、林文艺、宋凡、高振宇、赵亚云、苏席华、王雪琳、高增基、贾绪丰、张永信、刘国栋等，以及上海印钞厂有关人员，共计39人。

第五节
1角券设计考虑使用者主体
1元券以上用国产水印纸张

第二次上报新版人民币设计样稿

1959年6月6日，中国人民银行将修改后的新版人民币设计稿样再次上报国务院。报告谈到：我们遵照总理指示精神，在专家们的积极协助下，经过反复研究，作了修改：1角券主景内容已改为教育与生产劳动相结合和干部参加劳动图景，图中有学生也有干部，从楼房背景中可以理解为学校，也可以理解为机关；既可理解为教员和学生参加生产，也可理解为干部参加劳动。共同反映智力劳动与体力劳动相结合的政策。

3种角券（1角、2角、5角）的背面图案，修改的时候设计了两套画稿。第一套图案是长方形花框，国徽放在中间；第二套图案由两部分组成，左边是花边图案，国徽放在右上方。我们认为第二套方案除了有上述优点以外，由于国徽不放在正中，可以避免在流通中折破国徽，在形式上又可区别于各种角券，便于辨别。所以认为第二套图案为好。

2元券和5元券的背面主景已经修改。修改后的2元券正面主景仍为“机械”，背面改为“石油矿景”；5元券正面仍为“钢铁”，背面改为“露天煤矿”。

2元券正、背面图

5元券正、背面图

前次送上的10元券图案，正面为“工、农、商、学、兵”，背面为“人民公社化的新农村远景”。鉴于总理曾指示上一套设计稿样反映农业景象太多，我们考虑天安门壮观雄伟，象征着伟大祖国的富强和团结，所以又设计了天安门图景。但是感到作为背面主景似觉欠妥，而且正、背面图景内容彼此不甚关联。预计10元券两三年以后才能投入生产，我们还要继续进行修改。

为了增强防伪效能，计划在1元、2元、5元、10元各券中分别设置防假水印，并且结合图景的结构，安放在各券图景的天纹空白处，务使水印显明，便于人民群众鉴别。

水印图案初步设计稿3种：和平鸽、国徽、天安门。水印制作，在国内还是初试，尚无经验，在生产前还要不断试制改进。但图案内容以何种为好，请在方向上予以指示。

人民币所用“中国人民银行”行名和金额数字，原有蒙文、维吾尔文、藏文3种少数民族文字，民族事务委员会建议，在新币上增添僮（壮）族文字，并且按蒙、藏、维、僮（壮）顺序排列。我们拟予同意。

关于钞券上国徽安放的位置，现在流通的人民币是在背面正中，从新稿的图案结构上看，放在中间不易安排（主要是背面图案形式改变了），因此改放在背面右上方（其他社会主义国家钞票上国徽的放法也不一样，如苏联卢布也不是完全放在正中的）。这样改法是否妥当，请指示。

第六节
周恩来等领导明确5角、10元券主景
确定天安门图案为新10元券专用水印

■周总理对第二次上报新版人民币设计样稿的批示

1959年10月14日，时任中国人民银行副行长黄亚光转达了

周总理对第二次上报新版人民币设计样稿的批示：新十元券背面的天安门，改用新的天安门图景，周总理办公室电话上有此通知，请照办。其余已同意。李（先念）副总理也看过了。

同一天，行长曹菊如传达了周恩来总理关于第二次上报新版人民币设计样稿的另外两点批示：角券中是否可用一个轻工业的，有无困难？换了以后不必再给总理看了；水印采用什么图案不必再给总理看了。

新版5角券

10月14日，周总理在审阅中国人民银行上报的新版人民币设计样稿时曾经提出来：角券中是否可用一个轻工业题材的。根据周总理指示，中国人民银行组织力量，很快设计出一幅5角券样稿上报给国务院。1961年10月31日，周总理对图案设计提出了具体的修改意见。随后5角券样稿交给印制管理局进行修改。

1972年7月24日，财政部上报了关于新版5角券设计样稿。上报内容如下：总理在1959年审批新版人民币设计稿时曾经提出角票中是否用一个轻工业的意见，现遵照总理这个指示，设计了一种新版5角券，送上正背面画稿样。新版5角券的正面是纺织厂的图景，以表现轻工业这一题材。背面采用棉花图饰，与正面纺织图景相适应。图景中的细纱机是当前国产先进设备。样稿系手工绘制，以后经过雕刻制版，印成正式票子比画稿要精细得多。

从1959年起，在中央指示和关怀下，已经陆续印制了各种面额的新版钞票，经发行后，逐步代替了旧版票子。而目前流通中的5角券，还是1959年前后印制发行的旧版票子。1967年以来，曾发现伪造技术较高的5角券多起，估计是港台敌人的破坏活动，因此，现在送呈的新的设计样稿，如中央批准，我们即组织印钞厂从速制版付印，争取早日发行，把旧版5角券逐步收回，予以更新。

5角券图样

1972年7月26日，国务院批复：同意。

根据国务院批准的设计方案，印制管理局迅速组织设计师贾鸿勋等人进行设计、构图，经美术专家侯一民修改、定稿，又组织负责人像、装饰、文字、机雕等方面的人员进行雕刻，他们以娴熟的技术，将手工雕刻与机器雕刻很好地结合起来，发扬连续作战的精神，在很短的时间内，新版5角券就设计、雕刻成功了，并使得票券的艺术性和防伪性很好地展现出来，受到专家与公众的一致好评。

新版10元券

新版人民币全套7种设计画稿，已于1959年报请中央审定。从1959年至1964年的6年中，1角券、2角券、1元券和2元券已先后投入生产，5元券也已进入雕刻制作原版阶段，只有10元券，因为主景题材不很理想，又因其是新版人民币中的最大面额，国家非常重视，也非常谨慎，所以一直没有定稿，始终处于不断的修改之中。

按照中央的要求，在美术专家的参与、帮助、指导下，经过全体技术人员的努力，设计、绘制出了新版10元券多种样稿。

1964年2月12日，中国人民银行精选出三种样稿，连同新版10元券专用钞纸的水印图案、新版10元券的尺寸问题等，以《关于新版10元券设计中几个问题的请示》为题，一并上报国务院。

关于10元券的主景图案问题。请示详列了3种设计方案：第一方案：系1959年报请中央审批的原设计稿，正面为工、农、商、学、兵的题材；背面以天安门为主景图。中国人民银行认为工、农、商、学、兵的人像不能确切地反映我国人民公社、大跃进的新面貌。第二方案：正面系工、农、商、学、兵锣鼓齐鸣全面跃进的雕塑图案，以象征我国的人民公社；背面系天安门的图景。但是，中国人民银行认为正面雕塑图案是农业展览馆门前的工、农、商、学、兵和农、林、牧、副、渔两座对称式装饰雕塑之一，现仅采取其中的一座，同样不能全面反映人民公社的新面貌。第三方案：正面图景以各界人民代表为题材，象征我国广泛的民主制度和我国各族人民大团结的气象；背面以人民大会堂的图景表示我们伟大的祖国。中国人民银行认为，这个方案，正面的图案看来内容比较丰富、协调、艺术层次多，较为完整。不足之处在于，正面的画稿比较粗糙，如果中央批准这套方案，还需要由美术专家再进行修饰提高。

关于10元券专用钞票纸的水印图案问题。中国人民银行汇报说：本来计划在新版10元券上选用国徽水印图案，以增强货币防假性能，但是由于我国制造钞纸的技术目前还尚在摸索提高阶段，经过几次试制，质量效果均不理想，如果勉强使用，在政治上、技术上都可能会产生不好的影响。因此，中国人民银行认为，拟以天安门图景为10元券钞纸专用水印。

2月24日，中共中央书记处批复了意见：关于10元券主景图案问题。正面主景用“人民大会堂”景。整个景和人物要稍小一些；各族人民的形体，大小要差不多；女代表的形象要画得漂亮些，不要塌鼻子，宽嘴巴（比较起来不如1959年上报的工农兵学商景中的妇女美）；拾字的“扌”旁太大，中间的一竖太粗；

“人”字小了些，还要再高些；花边：蓝黑色的中间部分好看（指这次上报的雕塑景的花边）。

背面图景用天安门景。天安门角度和效果按照1959年上报的天安门；城上不要小屋子，城墙上要有标语；广场用1959年后的新广场；增加印刷的国徽图案，位置你们研究，如在中上方，将汉语拼音字母移到下边来；花边以新天安门景的花边比较好。

水印：国徽也不错。

接到中国人民银行转达的中共中央书记处对10元券设计问题的批复意见的当天，印制管理局领导便及时召开会议，表示要遵照中央指示精神，按照总行党组部署，立即组织美术专家和工厂技术人员研究如何改进，使之更加完善，然后拟定工作进度，上报总行。会议提出了需要马上改进的技术问题：10元券正面金额花幅部分，应该表现出三个色的接线效果，颜色方面可试画玫瑰红和灰蓝色两种颜色。3月，中国人民银行再次将修改好的新版10元券设计样稿上报给国务院。

李先念副总理看过设计样稿，表示同意，批示道：送总理阅。3月28日，周恩来总理办公室向李先念副总理书面转达了周恩来的批示意见：新设计的图样比旧的好，无修改意见。只觉得正面左上角第四种（最后一行）少数民族文字印得不够清晰。

3月30日，印制管理局遵照指示，立即组织制版。

1965年6月18日，中国人民银行将已经制成的10元券原版样上报给国务院：新版10元券的图案遵照周恩来总理的指示，已经将正面“人民代表”图景中的解放军代表由军官改为士兵，并根据取消军衔制度的有关规定，将帽徽、领章、腰带的样式作了修改。印制年份也相应地改为1965年。

6月19日，李先念副总理批示：这个问题已多次请示中央，

军官与士兵两种设计稿的对比图样

已得到中央批准，现在就办。随后，第三套人民币10元券开始进行制作印版和印刷阶段。

链接：罗工柳谈周总理与人民币设计

“文革”期间，有人因钞票上没有毛主席像为由揪斗罗工柳等美术专家，罗工柳心里有底，因为人民币设计工作一直是在敬爱的周总理的关心、指导下进行的，设计方案是经党中央、毛主席批准的。当时造反派的“造反”不断升级，说人民币设计有“政治大阴谋”，是“大毒草”，要“销毁”时，罗工柳真的坐不住了。他知道人民币在国家的政治、经济、民众生活中的重要作用，倘若让造反派再这样闹下去，受损害的是国家、是老百姓。他急中生智，马上给周总理写了一封信，为了表示“十万火急”，他采用打仗时传递“鸡毛信”的方法，在信封上插上鸡毛，请进驻文化部的解放军送到中南海……后来，“批判人民币的大会”不开了，他知道，肯定是周总理知道了“鸡毛信”的内容，采取了措施。虽然他和侯一民、周令钊教授并没有躲过一次又一次的批斗，但是他的心里是坦然的，因为第三套人民币还在流通。

（作者：朱继红）

第七节 新版人民币规格尺寸缩小 体现节约资源的时代要求

根据周总理1959年2月14日对于新版人民币全套规格、尺寸问题所提的“根据以往习惯决定”的指示精神，结合当时形势的要求以及生产上的具体条件，印制管理局先后与中国人民银行会计发行局交换意见，以后又经过局务会议多次慎重的研究，提出了新版人民币的全套规格、尺寸。

新版人民币规格的提出

1959年7月，印制管理局向中国人民银行领导提出关于新版人民币规格、尺寸方面的几个重要问题：

第一，新旧币规格、尺寸的调整幅度问题。考虑到新版人民币发行后要与现行币在市场上混合流通一段时间，为了便于群众识别和出纳工作上清点捆扎的便利，因此，新版人民币的尺寸不宜作较大的变动，只是稍稍调整，基本上与现行币规格、尺寸相同。

第二，现行人民币多数券种的尺寸都带有0.5厘米的尾数，这在企业印刷过程当中，增加了检封车间裁切小张的困难，因此拟去掉0.5厘米的尾数，以减少生产上的困难。

第三，拉大新版人民币票幅尺寸的差距问题。人民群众多次来信反映，现行人民币的票幅尺寸差距较小，大小券不易区别。采取的具体措施是：改变现行人民币主币券种之间长度差距为5毫米的现状，新版人民币主币券种差距为8毫米，辅币券种差距为6毫米，这样，便于群众识别。

■缩小人民币票幅尺寸 最大限度地节约资源

1961年1月，根据形势发展的需要，中共八届九中全会适时对经济工作提出了“调整、巩固、充实、提高”八字方针，这是党为战胜国民经济严重困难而采取的重大决策。中国人民银行根据中央指示精神，在实际工作中积极贯彻“八字方针”。他们组织了美术专家和各企业厂长、技术人员，反复研究、讨论，在不违反中央已经批准的设计原则下，提出了适当缩小新版人民币票幅尺寸的方案，同时决定利用调整票幅尺寸的机会，适当调整图案结构的设计，以便进一步提高票面质量，提高印刷技术和设备的防假效能，并可以最大限度地节约棉花、胡麻油等原材料的消耗，还可以节约大量的劳力、基建等投资。

1961年10月，中国人民银行向中央提出请示：按照新形势要求，从节约的角度看，票幅尺寸缩小后无损美观，有益流通。改变以后，大小面额钞券之间保持了一定差距，再从颜色上加以区分，在流通中仍符合使用方便的原则；从经济效果上看，缩小票幅后，粗略计算约可以节约成本百分之二十；随着票幅尺寸的缩小，为改进原设计图案中不足之处，需要将部分图案作出适当调整，如将四种元券背面的国徽移到图案右边，这样可与辅币的风格形式保持成套，使国徽图案更加庄严、美观、大方。将5元券、10元券固定水印由中间移到左边，既保持水印清晰，又为套印创造了条件。10月29日，周恩来总理批示：拟同意。

11月，中国人民银行行长曹菊如提出两点意见：几种元券的大小可以，但能否考虑再缩小几种角辅币尺寸，使得主辅币之间的距离更为明显，同时，因为辅币印量较大，其经济效益一定大。适当再缩小辅币尺寸，更可起到节约的作用；辅币的印刷方法也可以考虑做到简化。

此意见在印制管理局内部特别是在企业内部引起了热烈的讨论甚至是争论，大家各抒己见，形成了不同意见。综合大家的意见，印制管理局提出了三种方案供领导核定。

第一方案：按照上次报送的缩小规格不再变动。印制方法仍然采用双面凹印印刷。第二方案：为了加大主辅币之间的尺寸差距，拟按照已缩小的规格基础再将2角、5角辅币尺寸各缩小1毫米。第三方案：将三种角券尺寸再缩小，印刷方法由两面凹印改为单面凹印（图案不做原则的变动）。缩小后角辅币和1元券之间的差距加大到15毫米，区别明显。

中国人民银行经过优劣比较，最终选定了第三方案。1962年3月，中国人民银行呈文给国务院，请示道：新版人民币缩小尺寸方案已经在1961年11月经过中央的批准，现在，根据形势需要，为了进一步贯彻“增产节约”的方针，提高印钞生产力，保证货币发行的需要，拟将三种辅币的尺寸再加缩小，并将印制方法适当简化。请示再次阐明了缩小尺寸和简化印制技术的理由：主要是给国家节约更多的原材料，这样做既保证了产品质量不受丝毫影响，也符合党中央“三年内以调整为中心”的方针，同时也是符合广大群众的心情和要求的。此请示最终得到国务院的批准。

链接：第三套人民币上的印章

从1962年开始发行第三套人民币，这套人民币上的印章分为两种情况，1角、2角、5角的印章印在正面，规格尺寸为5毫米正方形；1元、2元、5元、10元的印章印在背面，规格为6毫米，为正方形，颜色均为红色。主币的印章为什么放在钞票的背面，其原因是印制工艺技术的改革。前两套包括第三套辅币1角、2角、5角的印章都是和冠字、号码一起印刷，称为凸版印刷。现印章改为凹版印刷，与国徽图案做在一块版上，一次印刷完成。这是人民币上的印章第一次印在钞票背面。

（作者：石大振）

枣红、背绿的出现

1角券最早生产时（1960年）是采用的双面凹印印刷工艺，票面为枣红色（俗称“枣红”），印制成本过大，不符合中央提倡的节约精神（凹印为印钞工艺的一种，成品表面有明显的凹凸

“枣红”1角券正、背面图

“背绿”1角券正、背面图

感。但因其工艺复杂、油墨消耗偏高、机器速度偏低，所以凹印印制成本相对胶印工艺偏高）。1962年4月20日发行时，社会上见到的是1角券双凹品。

此后，1角券的印制从双面凹印改为正面凹印印刷，背面采用胶印印刷工艺。正面图案已经重新设计，主题仍旧为干部、学生参加劳动。背面图案采用绿色油墨印刷（俗称“背绿”）。票面尺寸进一步缩小。“枣红”、“背绿”由于印制数量少，所以备受集币爱好者青睐。

■节约、再节约，1角券再次简化工艺

1962年3月31日，中国人民银行拟出《关于三种角辅币再缩小尺寸和简化印制技术的请示》，呈文给国务院副总理李先念并转周总理阅。请示讲到：新版人民币缩小尺寸方案已经在1961年11月经过中央的批准，现在，根据形势需要，为了进一步贯彻“增产节约”的方针，提高印钞生产力，保证货币发行的需要，拟将三种角辅币的尺寸再加缩小，并将印制方法适当简化（所谓印制方法适当简化，即1角券印制由原来的单凹品印制工艺改为全胶品印制工艺，这样最大的好处就是符合“增产节约”的精神）。

此方案得到中央批准。

此后，1角券的印制工艺又从单面凹印改为全部胶印。

第八节
《新币印制技术方案》推出
大师吴彭越担纲雕刻重任

1959年7月，印制管理局在北京召开第十五次厂长会议，主要内容就是紧紧围绕设计印制新版人民币进行充分的研讨，制定具体的措施，作出明确的部署。

会议认为，前一阶段，经过精心筹备、认真修改，上报到国务院的新币设计稿样已经过中央的批准，一切工作都将进入实施阶段。党中央、国务院和中国人民银行要求，全套人民币要完全由自己来设计印制，纸张也要由我们自己制造，油墨也要尽量争取完全由自己制造，这是对印制行业的充分信任和巨大鼓舞。

遵照中央要求，新版人民币要在四年之内制作出全套原版，并印制出相当于每年破损回收的数量，所以，从现在起，就要集中优势力量，对中央已批准的新钞方案进行积极准备，全力组织实施，保证人民币生产技术与质量水平能迅速提高达到国际水平。当然设计、印制新版人民币，还是有许多需要解决的问题，还有许多需要克服的困难，因此，从现在开始，就必须有计划地、按部就班地组织全局、各厂的技术力量，突击做好生产前的各项准备工作。

7月7日，第十五次厂长会议最后制定并推出了《新币印制技术方案》。方案系统、全面地阐述了新币设计印制的具体组织措施和技术要求。这使第三套人民币的设计、印制工作成为印制管理局的中心工作，也成为全局最重要的政治任务。

同全国一样，当时印制系统也深受严重自然灾害的影响，温饱问题严重威胁着职工的健康，但是全体印制职工以大局为重，依然情绪高昂地投身到了这场新版人民币的设计、印制生产之中。

针对新版人民币设计、印制生产过程中面临的一系列问题，特别是成为整个新版人民币设计、印制生产瓶颈的钞纸研制和设备研制的两大技术难题（以后有专节介绍），印制人发扬了独立自主、自力更生的顽强拼搏精神，互相协作，互相支持，互相帮助，互相借鉴，最终克服了困难，圆满完成了各项任务。

1962年4月20日，第三套人民币1角券（双凹品）公开发行。

1966年1月10日，第三套人民币1角券（单凹品）公开发行。

1964年4月15日，第三套人民币2角券（单凹品）公开发行。

1974年1月5日，第三套人民币5角券（单凹品）公开发行。

1969年10月20日，第三套人民币1元券（双凹品）公开发行。

1964年4月15日，第三套人民币2元券（双凹品）公开发行。

1969年10月20日，第三套人民币5元券（双凹品）公开发行。

1966年1月10日，第三套人民币10元券（双凹品）公开发行。

链接：吴带当风笔生花——中国钢版雕刻大师吴彭越

突破自我、锐意创新，方能精益求精。吴彭越在第三套人民币的雕刻工作中担当扛鼎重任，承担了1角券、5角券，再到1元券、2元券、5元券、10元券的大部分主景图案，尤其是人像的雕刻任务，他所雕刻的工农兵大团结、拖拉机手、机床工人和炼钢工人形象融入中国人民生活三十余年。其中，吴彭越最为喜欢的作品就是备受各方赞誉的炼钢工人像。他在雕刻前并没有机会在炼钢厂体验生活，而是凭借他的一段深刻记忆。“文革”中，吴彭越曾经在锅炉房劳动过，干的活也是用大铁锹给炉里送煤，用铁钎捅挑煤渣。其中，有一位杨师傅非常乐观，身体好，干起活来给刻惯人像的吴彭越留下了深刻的印象。有了对工人身体动态的感悟，吴彭越大胆创作，采用很长的左斜线来刻画工人的衣服，再用略舒缓的右斜线进行交叉，线条洒脱豪放，具有鲜明的动感，恰到好处地表达出工人凝劲倾身的力量感，并将观众的视线上引至人像的眼神。工人的目光炯炯，全神贯注，紧视前方，双手紧握钢钎，力量十足，目光和钢钎把观众的视线引入到了炉火熊熊的想象中去，新中国钢铁工人的坚毅专注、吃苦耐劳的精神袒露无余。这幅作品一送审，便受到各级领导高度赞扬。

（作者：贺伟华）

第九节
1元5元水印图案终于选定
上马生产钞票纸迫在眉睫

■新版五元券纸张水印图案——国旗五星

在最初中国人民银行上报给国务院的新版人民币设计样稿中，关于5元券拟采用固定水印的方法制造钞票纸的方案得到了批准。

但是，直到1961年2月初，负责此项工作的国营六零四厂生产5元券专用钞票纸所用的圆网造纸机尚未安装，而且预计到当年第二季度也不可能实现，据该厂负责人讲，恐怕到第四季度也尚无把握，可见准备工作并不顺利。

为了保证新版5元券顺利上马，不致因为纸张的问题而耽误生产，印制管理局考虑了两套计划，准备同时进行。一是尽快请示上级领导，调给国营六零四厂必要的设备，设法早日安排固定水印钞票纸的试制生产。二是新版5元券改用满版水印钞票纸（技术含量、防伪效能均低于固定水印的钞票纸），使用长网造纸机就可生产。

2月10日，印制管理局就新版5元券水印问题向中国人民银行请示：用长网机制造的水印纸，确定以粮、钢为主题。用圆网机制造的水印纸，主题为国徽或和平鸽两种。建议采用国徽图案较为合适。印制管理局局长王文焕在呈文的当天，写信给中国人民银行领导：关于此两个问题的报告请示，请早日核批，现在工厂正在等待确定后迅速投入正式设计和生产。

2月12日，中国人民银行副行长李绍禹批示：我同意两个方案同时进行。行长曹菊如批示：5元券用长网机制造，采用以粮钢花纹为主题，而且要尽力赶快，争取新5元券在最近期间生产。用圆网机制造国徽（图案）可以用，但要在设计上尽力留出空地，保持国徽的完整透明为好。如做好，将来可以用在10元券上。

长网机（左图）、圆网机（右图）的对比

2月24日，在行长曹菊如的办公室里，新版5元券用纸水印图案设计画稿又经过几位副行长的认真讨论，最终批准通过的是满版国徽五星水印。

新版1元券纸张的水印图案——五星古钱

1960年10月，印制管理局曾就新版1元券用纸采用“五星与梅花图案”水印纸问题上报中国人民银行党组并获得批准。但是，这方面的准备工作同样进展不顺。

国营六零四厂经过反复试抄并在印钞机上反复试印，结果都不理想。存在的主要问题是：在同一张票券上出现的问题是五角星找不到，梅花没有一朵是完整的，也看不出什么形状和内容；在纸厂的生产上，是用凸版型造纸，造成纸张上的五角星为白色透明五角星，这样纸张的物理强度就差，降低了钞票的流通寿命。为此纸厂提出希望改用凹版型方法造成深暗五角星，这样才能增强票券的寿命；审查图案花纹，感觉政治性不强。

五星古钱水印纸

根据以上情况，考虑到纸厂尚在配套建设之中，又结合苏联新发行的卢布水印纹的启示，为保证新版人民币的印刷质量，提高防伪效能，印制管理局组织力量在很短时间内重新设计了三种新版1元券水印图案。1961年4月11日，印制管理局就新版1元券用纸采用“五星与梅花图案”水印纸问题再次上报中国人民银行，在指出以上问题的同时，提出了3种方案：五星与麦穗、五星与古钱、五星图案，请领导核示。

当天，曹菊如批示：同意用五星古钱图案。

第十节
多项设备研制成功独领风骚
朱德赠言印钞工人服务世界

■生产新版人民币的两大难题

生产第三套人民币，印制行业在各方面都面临着严峻的挑战，特别是在印制速度、产量、提高产品质量等方面压力更大，主要原因是：当时依靠外援已不可能，党中央要求印钞造币行业要坚持“独立自主、自力更生”的精神，克服一切困难，力争将高质量的新版人民币早日生产出来，这其中的难点主要反映在两个方面：一是印制新技术、新设备尚未形成规模生产能力，二是钞票纸尚处在试验试制阶段，也未形成规模生产能力。

但是，挑战与机遇并存，压力越大，动力也就越大。印制战线的广大职工认清了形势，积极行动起来，团结协作，努力拼搏，在很短的时间里，攻克了一系列难关，战胜了一系列困难，在印制专用设备、钞票纸生产技术两方面均取得了重大突破，使新版人民币的质量达到了当时世界先进水平，保证了新版人民币的发行。

■研制成功具有我国独特技术的世界先进的印钞专用设备

平凸版（间接印刷）一版四色接纹印钞机（代号——145甲型印钞机）的研制。平凸版一版四色接纹印钞机可进行四色集印，四色间接套印、叠印，实现了干胶印的一版多色接线工艺技术。印刷出的产品防伪性能强、质量稳定，对于提高第三套人民币的防伪功能，起到了决定性的作用。在国外虽然有这类机器，但没有任何公开的技术资料，该机属国内首创，达到了国际先进水平。

该机的发明人为国营五四一厂的李根绪。他从1953年起至1959年该机试制完成，创造了主体结构的印刷方法，并主持了机器的设计工作。

145甲型印钞机

该机的发明单位和个人有：北京印钞厂，其中刘路双参与了制版和试验工作，成善恕、魏希武、崔宝庄参与了试印工作，刘国栋参与了设计、绘图技术上的具体指导；上海印钞厂（时称国营五四二厂），其中陈宏阁、朱焕明参与了设计、绘图技术上的具体指导；上海造币厂（时称国营六一四厂），其中唐志恒参与了设计、绘图技术上的具体指导。

该项成果于1965年2月10日获得国家科委主任聂荣臻签发、国家科委颁发的发明证书。

链接：中国印钞界的“强国梦”

印制和发行货币，是每个国家的特权。印钞票要有特殊的设备、特殊的工艺技术和特殊的管理制度。图案要有象征意义，讲究美观、耐用，难以伪造。这就要有防伪技术上的“绝招”，要有一大批为设置“绝招”呕心沥血的科技人员。因此，这个行业也是藏龙卧虎之地。但由于长期严格的保密，这些“龙”和“虎”们只好潜影匿行，做默默奉献的无名英雄了，李根绪就是其中的一位。他的发明，曾使人民币的印制水平在60年代便跨入了世界先进行列，让国际同行们纳了二十多年的闷：新中国的钞票是用什么机器印出来的？

老一代“强国梦”的破灭。1908年，业已腐朽透顶的清王朝，为了“统一圜法，挽回利权”，建立了我国第一座现代印钞厂——度支部印刷局，也就是现在北京印钞有限公司的前身。这个厂厂房是仿照当时美国的“美京印刷局”建造的；设备是从外国购买的；工艺技术主要使用钢版雕刻、凹版印刷；还重金聘美国雕刻专家设帐授徒，培养了我国第一代印钞技术人才。

时间又过去了十来年，中国印钞界就不满足起来了。他们觉得外国人所教的，除去钢版雕刻这一印钞专用技术之外，并没有别的“高招”。于是就有人开始做“强国梦”，立志要使中国的钞票上有自己的防伪“绝活儿”。有一个叫沈永斌的青年技师，参照卢布票面上接线技术的特征，于20年代初期，发明了一版三色凸版印钞机和一版四色平版印钞工艺设备。用这种机器设备于1924年印出的一种钞票，使多色花纹首尾相接，很难伪造。令人扼腕的是，沈永斌这项发明，难以在实践中进一步完善和提高，只好尘封了事。第一代中国印钞专家的“强国梦”终成泡影。

新一代在复兴中崭露头角。中华人民共和国成立后，中国印钞行业复兴，“强国梦”又传给了新一代印钞专家。

这时，中国印钞界已知，卢布的防伪“绝招”是沙俄时代的印钞专家奥洛夫于1897年发明的具有集色辊筒的一版多色凸版印钞机。然而，在50年代初，当问及“老大哥”专家康诺诺夫时，得到的回答是：“这是我国仅次于原子弹的绝密技术”，频频摇头，表示绝不外传。

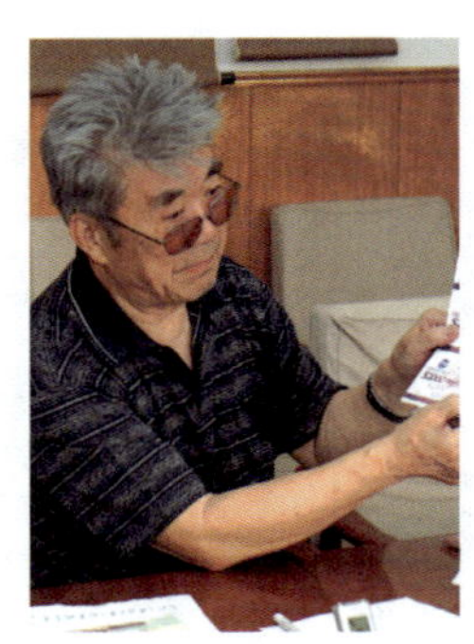

145甲型印钞机发明者李根绪

李根绪小传：高级工程师，长期从事印钞工艺、专用机械研制，主要成果有：一版四色凸版间接印刷工艺及印钞机，1965年获国家发明奖；改湿纸为干纸印刷，为印钞工艺的重大革新，取得显著的经济效益；设计72型、82型、M95号码机，参与并指导J98、SD机等多种机型的设计。获1978年国家科学大会奖，人事部批准其为享受政府特殊津贴专家

当时，李根绪只有二十五六岁，没有上过大学，连代数、几何也是在工厂的夜校学会的。但是心灵手巧，性喜钻研，熟悉多种印刷机械。他崭露头角的第一个惊人之举发生在1952年，北京人民印刷厂从国外引进了四台双色自动胶印机。为了第二套人民币的如期投产，领导要求四个月安装完成。但主持安装工作的滞华日籍技佐小池一好，却坚持说四个月只能装一台。李根绪冲了上去：“自动机我玩儿过，没什么了不起，我来！”在几个青年工人的支持下，他果然只用了四个月，便把机器全部整整齐齐地安装到位，因而没耽误第二套人民币的开印。

李根绪圆了沈永斌的“梦”。李根绪认真研究沈永斌留下的两种设计图纸和印样。他发现，沈氏的设计原理是高明的，但由于时代条件的限制，结构和选用的版型以及印刷工艺尚需改进。他取人之长，避人之短，凭着一股子锲而不舍的执著精神，于1957年研究成功了凸版间接印刷工艺——干胶印。1958年，由他主持，陈宏阁、刘国栋、朱焕明参加，设计出我国第一台一版四色凸版印钞机，1959年造出样机，可以进行四色接线、四色间接套印和叠印，实现了干胶印的一版多色的接线工艺技术。

1960年，他又提出了8色双面印钞机的设计方案。在上级领导的组织安排下，经陈宏阁、朱焕明、糜文斗等科技人员的共同努力，依照干胶印和套接原理，发明并设计制造了更先进的一版多色双面凸版间接印钞机，可以同时印刷钞票正背的8个基本色，经叠印可以出10个以上色数的效果，接线和正背的对印都十分准确。1975年，印钞机设计的后起之秀郝连元，提出对该机进行改装并增加一个色组，使其结构更合理，生产效率更高，李根绪支持并参与了改装设计工作。

在发明两种机器的同时，李根绪还同鲍振增合作，在刘国栋参与下，改进了一版四色凹印接纹印钞机。

前两项于1960年获国家二等发明奖；后一项于同年获

国家重大技术改进奖。它们都被打上了“机密”印记，也是绝不外传的。

上述三项发明和改进，全部用于第三套人民币的印刷。加上国产水印钞纸的研制成功，传统钢版雕刻新技法的应用，以及设计上浓郁的民族风格，使这套人民币令人刮目相看，在印制技术上一步跨越了20年，跻身于当时的世界一流水平，结束了印钞票依靠“洋人”的时代。西方印钞界人士纷至沓来，一些外国印钞专家多次问李根绪：你们的接线技术用的什么机器？李根绪总是彬彬有礼地回答：根据我国的法律，恕难奉告。客人又问：你们机器的辊筒转几圈印一张？李根绪回答：当然是转一圈印一张。客人惊愕了。原来，包括奥氏机器在内的欧洲国家类似设备，仍然是转5圈印一张哩！

1981年，在李根绪担任中国人民银行印制科学技术研究所所长期间，他统观全局，根据印钞任务加大的需要，又别出心裁，建议将通用的自动胶印机改装成钞票印码机，既适应了生产发展的需要，又使平、凸、凹三个系列的印钞专用机械在国产化的基础上实现了“成龙配套”。

“绝招”不“绝”“以后”。科学技术没有永远的秘密。改革开放使我们学到了不少外国人的先进技术，而我们的技术“绝招”也难于永保领先地位。到了80年代中期，设于瑞士的印钞设备跨国公司——奇奥利，开始推销一种胶凹联合印钞机，外国人又超过了我们。最令李总“撮火”的是，他在1982年至1984年主持设计的具有接中有套、套中有接、接套复合功能的胶凹联合机，因故未能制造，胎死腹中，而日本小森印刷机器株式会社却于1988年推出了类似机器。在科学技术高速发展的时代，不进则退，事实就是如此无情。于是，我国也宣布解密，并于1989年在太平洋沿岸国家印钞会议上，由印制科技研究所副所长郝连元同志宣布了我国两代老印钞专家的智慧结晶，20多年来我国印钞技术的奥秘才大白于天下，听者为之动容。

为人民币“走向世界”打点行装。近年来，国内外新闻媒体对人民币作了一些报道。综合起来不外有二：其一是在边境贸易中，人民币成了“第二外币”。南部邻国的商贩说：“我喜欢人民币。”北部邻国的“小倒”们，见到中国人就问：“有没有圆？”其二是人民币将要成为可自由兑换的货币。据国家外汇管理局的官员们介绍：逐步取消多重汇率，同国际市场接轨，实现人民币的国际流通，是他们改革的最终目标。

这些消息，对于一般读者来说，可能引不起过多的关注，但却使印钞造币行业的人们怦然心动。这意味着，他们要印的钞票，要铸造的硬币，将要更多、更好。“绝招”更“绝”，足以对付国际上高科技的伪造。因此，这个行业的“龙”和“虎”们，早已摆出了欲“腾”欲“跃”之势，准备着抓住新机遇，迎接新挑战，做一次改革开放新时期的“龙腾虎跃”。

李总呢？当然不会置身事外。离休后，他谢绝了外界的高薪聘请，依然每天拖着多病的身体，上班下班，给后起之秀们出主意、当参谋，参与新一代国产印钞机械设备的研究开发。

李总深情地告诉笔者，在他有生之年，希望看到人民币以新的面貌走向世界，参与国际市场流通，与美元、英镑、马克、法郎、日元等国际硬通货并驾齐驱，一竞高下。

（作者：吴开泰）

链接：“一次能印三色就很强了么”
——朱德视察北京印钞厂

1959年11月17日，虽是初冬时节，但下午的阳光仍然让人温暖。位于北京城西南隅的国营五四一厂厂区里，工人们兴奋着、激动着，因为中央军委副主席朱德来厂视察了，一同来的还有中国人民银行副行长乔培新、印制管理局局长王文焕。

朱德认真地把样张迎着光线看

乔副行长和王局长向朱副主席汇报了设计新币的方案和当前试制的情况，并将新币图案给他看，朱副主席饶有兴致地反复观看。接着他询问了印制钞票的设备情况，该厂党委书记翟诚汇报了试制的平凸两用四色接线机的技术效果，朱副主席看了相关的图纸后认为，改装的机器“价值是很大的”。接着他亲临凹印车间，现场观看正在改装的轮转凹印机，技术人员介绍说改装后的机器性能将进一步提高，朱副主席高兴地说“一次能印三色就很强了么”。还提出将来一定要“自制机器才有把握”。朱副主席在设计雕刻室观看了技术人员雕刻的原版，对高超的技艺予以了充分的肯定和热情的鼓励。朱副主席在印刷机台看到工人们印出的样张后问：“颜色（油墨）是自己的吗？”得到肯定的回答，他欣慰地笑了。

朱副主席在听取汇报时还询问“纸怎么样”？王局长讲述了试制的水纹钞纸的情况，并呈上纸张的样张，朱副主席一边认真地将样张迎着光线看，一边高兴地说：“很有意思，照着就看得见，不照就看不见”，“现在的技术就是提高了”（注：此前我国钞票中元券以上的品种均使用进口纸张）。朱副主席还问到制造硬币的情况，王局长作了简要汇报，朱副主席说："硬币还是很要紧的，敌人做硬币不合算。"（注：当时伪造人民币纸币的情况较为频繁、严重。）

视察中，朱副主席看到工人们印制的营业产品样本时感触颇深地说："票子、美术印刷品都是艺术"，"中国的艺术是几千年的艺术，有老底子"，"祖国的文化遗产要发扬光大"。他嘱咐广大工人要热爱自己的事业，并自豪地说："我们还要为世界人民服务呢"。

在前往车间参观的路上，朱副主席问翟诚书记："大跃进以来工人的生活怎么样？住得好不好？吃菜还有什么问题没有？"翟书记回答：我们的工人宿舍基本都解决了，吃菜没有问题。朱副主席欣慰地点点头。

朱副主席所到之处都与干部职工亲切握手，使在场的干部职工热泪盈眶，当他走出车间的时候，工人们夹道欢送、热烈鼓掌，并高呼"中国共产党万岁、毛主席万岁"等口号。

回眸五十年前，朱德副主席的平实、亲切仍旧历历在目，那涌自心底的强国之志仍旧激励着今天的我们。

（作者：朱继红）

一版多色双面凸印间接印钞机的研制

一版多色双面凸印间接印钞机（又名245甲型印钞机，以下简称245甲机）是1962年研制完成的，1965年得到改进和完善，1965年2月获得国家科委颁发的发明证书。该机是专门提供印刷多色接纹，防假性较高的专用印钞机械，属我国首创。具有正背面同时一次印刷、套印正确、色数多、正背面印刷各有不同的特点。该机主要发明人为：朱焕明、李根绪、陈宏阁、糜望斗。

链接：研制245甲型印钞机　为国争口气

245甲型印钞机样机

要有高质量、高防伪的货币，必须要有达到国际水平的印钞设备和工艺。走“独立自主，自力更生”之路，245甲机的研制是从1959年起步的。1960年初，一个跨企业的245甲型印钞机设计小组成立了。245甲机的定位是双面8色接线、套印、叠印底纹胶印机，对于采用干胶印还是湿胶印，分歧很大，特别是如此多色的干胶印工艺，在印刷行业中很难找到依据。多数小组成员，包括领军人物陈宏阁，大多没有受过中等以上的专业训练。当时曾发生过这样的事，要制造一只凸轮，可是又不会计算，他们的办法是，先用木头估摸着削一只装在机器上慢慢转着试，发觉不妥就拆下来一点一点磨，一直磨到符合要求，再依葫芦画瓢，做一个铁的。但设计245甲机的复杂程度可不是做一个凸轮，8种颜色的双面接线、套线、叠线胶印机，即使在国际上也是很先进的。

国营五四二厂的朱焕明挑起设计245甲机的大梁，是在师傅陈宏阁病倒之后。那时朱焕明还不足30岁。

研制245甲机，说起来是国家的重要项目，但国家经济困难，试制资金照样有限额，紧缺材料照样得控制。机器由上海人民机器厂制造，图纸都是手工绘制的，时有差错，设计上也难免有疏漏，修改是经常的事，设计小组就干脆搬到人民机器厂去了。组员们经常加班，有时吃住在厂里，星期天也不一定休息，由于是双面8色接线，机器结构非常复杂，传墨系统采用水墨齐下的工艺加上传动和控制基本都是机械的，设计难度大大增加。有时辛辛苦苦画出的图，人民机器厂技术负责人、机械工程师戴昌程审核后，根本就不接受，说不仅无法加工，而且成本也不能承受。于是设计组就只能改图纸，但机器是个整体，往往牵一发而动全身，一改就是一大摞，朱焕明和他的同伴们只好挑灯夜战。就是这样不停地改进、完善，245甲机终于试制成功。

从第二批245甲机开始，具体设计由南北两地印钞企业技术人员共同进行。李根绪在印刷工艺和印刷机型设计方面见多识广，有较强的专业设计水平，对以后几批245甲机的制造作出了重大贡献。东河印制公司五〇三厂的唐志恒工程师有较高的机器制造工艺专业水平，在把握机器结构合理性、尺寸链的正确性以及合理选用材质方面都作出了很大贡献。

245甲机试制成功后，一共生产了三代共50多台，每一代机型都更加成熟，并有所创新，它在第三、第四套和前期的第五套人民币生产中，立下了汗马功劳。

（作者：袁征）

轮转式一版四色接纹凹印印钞机的研制

145丁型印钞机

轮转式一版四色接纹凹印印钞机（又名145丁型印钞机，以下简称145丁机）在1960年9月至1961年完成设计。当时我国宣布停止流通在国外印刷的3元券、5元券、10元券，但国内印制钞票的设备能力又有限，发行很是紧张。

国营五四一厂李根绪等人就思考要突破三色印刷，开发一版四色印刷机。1962年，国家计委同意将该机的试制生产从北京人民机器厂转交给国营六一四厂，并指定上海人民机器厂协助试制，批准试制费用36.5万元。国营六一四厂于1963年试制成功样机两台。后经试验、改进成功，成批制造了12台。该机为四色接纹凹印和一色凸印（印冠字号码或图章）同时印刷。为印制10元券创造了条件，成为印制第三套人民币的主要设备之一。

145丁机的改进人是国营五四一厂的李根绪、鲍振增。其他参加人有：唐志恒参与了擦版部分的结构设计；关立桐、刘国栋参与了研究、设计、制图工作。

145丁机的研制成功，使其成为世界上色数最多的凹版印钞机（当时国际上只能印三色）。彻底结束了我国不能制造轮转式凹印机的历史。该项目于1966年1月获得了中国人民银行技术改进二等奖。

72型平凹凸综合印钞机的研制

72型印钞机

72型平凹凸综合印钞机（以下简称72型）是1972年完成设计方案，1973年第二季度东河印制公司五〇三厂开始试制准备工作。1976年7月完成第一台机器的总装，9月9日印出样张。经修改完善后进行了批量生产，三年中累计生产了11台。

72型机是以凹印为主的平凹凸综合印钞机。该机从输纸、湿润、转置、擦版、印码、收纸等过程全部自动进行。该机可做平、凹、凸单项印刷、多色平凹套印印刷和平凹凸接线印刷。适用于印刷一版四色或者五色的凹印品和平凹套印产品。该机除了生产第三套人民币外，还是第四套人民币前期生产的主力机型之一。

72型胶凹凸联合印钞机的主要设计人员是李根绪。1978年，该成果获得由国家科委颁发的国家科学技术奖（获奖证书由国家科委主任聂荣臻签发），同年获得行业科学技术一等奖。

74型四色轮转凹印机

74型印钞机

1974年初，上海印钞厂成立设计小组，以朱焕明为主进行设计攻关，定名为74型凹印机（以下简称74型）。

该机为四色轮转凹印机，采用水清洗聚氯乙烯塑料擦版辊新工艺。1975年6月底完成金加工，8月29日完成机器总装。9月15日进行白纸进出运转，10月试车后投入生产。第一台74型机制造、试印成功后，于1976年下半年委托人民机器厂制造了8台。1979年，全面淘汰了四版平台凹印机，为双凹品的增产创造了条件。

74型四色轮转凹印机主要研制者：朱焕明、王珏、秦松义、曹开法、冯明康、夏顺林、张志忠、王仲裁。

74型四色轮转凹印机于1978年获得全国科学大会奖。

在第三套人民币生产期间，国营五四一厂李根绪、刘国栋等技术人员还将德国1937年制造的单色三版轮转凹印机，改装为75型四色轮转凹印机。1978年用该机型印制出了第三套人民币10元券样张，有效缓解了国营五四一厂搬迁三线后设备不足的矛盾。

上述各类胶、凹印机型的研制成功，使我国印钞设备的配置迈上了一个新的台阶，生产能力有了较大的提高，为第三套人民币的顺利投产、完成任务奠定了坚实的基础。

第十一节
薄一波为“争气纸”叫好
技术革新成为生产主旋律

■从生产无水印纸、满版水印纸，直到研制、生产出固定水印纸，钞票纸技术一步步走向成熟

随着国民经济的发展，我国的钞票需求量不断增大，但是，在人民币钞票用纸方面，我们还依赖进口。这种现象在第二套人民币的生产中表现得十分明显。中苏关系发生变化以后，党中央、国务院决定：发扬独立自主、自力更生的精神，积极研制、生产出自己的高级钞票纸，并用于新版人民币的印制当中。

■我国第一台现代化纸机的安装

1959年，当时还属于轻工业部管理的国营保定造纸厂接受任务，承担钞票纸的生产。他们在很短的时间内完成了第一台技术复杂的现代化纸机的安装，提前达到了试车条件。由于援建国家在技术上十分“保密”，没有任何技术资料可查，像造纸选择什么原料配比、蒸煮到何种程度、打浆对纤维有何要求等关键性问题，纸浆上网成型、脱水、烘干、压光等生产过程中的技术问题，钞票纸的物理指标、水印的清晰度怎样达到要求等一系列技术难题都需要自行摸索解决。

经过众多技术人员和试制人员的艰辛探索，3月14日，一号机生产设备分部试车运行；3月17日，一号机联合空转试运行。4月5日凌晨1时，生产出第一张合格的纸张。

■我国第一张无水印钞票纸的诞生

1959年6月12日，中国人民银行提出：根据新版人民币设计、生产的需要，国营保定造纸厂从1960年开始供应国产钞票纸——代号103。

无水印钞票纸

国营保定造纸厂 迅速安排一号机生产103纸。按照原设计，生产原料为剪口布和大麻。但当时剪口布已不多用，如果改用棉花又没有清棉设备。技术人员认为用纺织厂的废花最好，但经过调查纺织厂下脚料棉和纱头也早已安排作为他用。最后只好参照苏联的生产经验和标准，用原棉三级品中纤维最短的一类作为主要原料。

7月20日，轻工部造纸局、中国人民银行印制管理局、北京造纸工业试验所三家先进行103号纸的实验室试验。10月以后，先后在六〇一厂、太原造纸厂进行大型试验并试制成功了一批钞票纸，同时摸索到了相应的生产工艺和数据。国营保定造纸厂制定了第一次试制103号纸的工艺条件。经过一次又一次大型生产试制，不断地探索、总结，103号纸的工艺条件逐步完善，纸张的物理指标基本上达到成品纸标准。

12月14日，国营保定造纸厂103号纸开始进行试生产，并全部达到合格品的标准。我国第一张无水印钞票纸诞生了。

我国第一张满版水印钞票纸的研制

满版水印钞票纸

1959年11月，轻工业部下达满版水印钞票纸（103-2纸）的试制任务。国营保定造纸厂从12月开始组织试制，历时1年8个月，其间连续试制7次。

从1959年12月14日至1960年1月底，历时45天，抄出103－2号纸201吨，其中94轴物理强度达到要求，4轴达到全部质量指标要求，整选后成品达到120吨。

3月4日至4月16日期间，3月17日，在纸机连续运转25小时20分后，抄造出13轴物理指标全部合格的纸张，成品率达50%以上，完成了部、局要求在3月底之前试制成功无水印103–2号纸的任务。初步掌握了技术条件后，即着手试制带水印纸。

9月至11月，根据钞票纸试印情况，进一步解决变形问题，寻找适宜的施胶条件。10月15日，国营保定造纸厂103－2号纸开始投入试生产并取得成功。11月10日，国营保定造纸厂报送的103－2号纸水印标准样张（水印为大花满版水印）通过了轻工业部造纸工业管理局的批准，同意作为水印清晰度的标准样张。

1960年11月，中央保密委员会办公室命名国营保定造纸厂更名为国营六〇四厂。

1961年七八月份，国营六〇四厂进行了肯定工艺条件的试制。每个试制阶段均划分为若干单元。每个单元各有重点要求，分步骤有目的地进行。8月17日，第一张合格的满版水印钞票纸——103–2号纸试制成功，并先后在国营五四一厂试印4次，效果良好。它填补了一项国内空白，使我国在钞票纸的生产和技术向前迈出了一大步。

我国第一张固定水印钞票纸的研制

1961年，轻工业部下达了固定水印钞票纸（103–0号纸）的试制任务，并希望能够在圆网纸机上生产出世界先进的、水印清晰度高、层次效果好的固定水印钞票纸，将来用于新版人民币10元券上。

1962年，工程技术人员在一无资料、二无经验的情况下进行

固定水印钞票纸

着艰难的探索。但是，直到圆网纸机的安装成功，才使这项研制任务有了完成的可能。

1963年底，轻工业部下达任务，要求国营六〇四厂1964年的中心任务就是要在第四季度之前完成103-0号纸的试制工作，达到供货水平。这里的供货，指的就是要满足新版人民币10元券的钞票纸的供应。

1964年初，为了按期完成这项重大科研任务，轻工业部党组、中国人民银行党组召开联合会议，专题研究103-0号纸的试制和供货问题。1月，轻工业部成立了由副部长王新元为首的会战指挥部，先后调聘全国25个单位的造纸、机械、安装、设计、美术、雕刻专家和技术人员50余人来到国营六〇四厂协同工作，造纸工业管理局局长梁成恭、总工程师陈彭年到现场组织实施。中国人民银行印制管理局副局长杨秉超、总工程师柳溥庆等人多次来到试制现场，听取会战指挥部试制情况汇报，协调解决试制中出现的各种难题。来自全国各地的专家和国营六〇四厂"参战"职工，经过31次大型试制、42次中小型试制，克服道道难关，终于在9月试制出了合格的、主要技术指标均超过了苏联卢布的固定水印钞票纸。"圆网会战"胜利完成。也就是从那个时候起，我国主要票面钞票纸供应长期"受制于人"的情景一去不复返了。

10月初，轻工业部给国营六〇四厂发来专函："你厂103-0号纸的试印样品，通过两次试印，用户对纸张的适印性和水印位置固定表示满意，认为可以使用，人民银行党组已选好水印图案，正式确定原模，10月15日前可交给你厂。"

10月20日以后，103-0号纸正式投入生产。进入生产阶段后，又一道难关横亘于前：整令（500张/令）纸摞在一起，如何能使每张纸的固定水印都重叠在同一位置。老打浆工出身的郭长文，一个业余爱好电子技术的人，凭他的智慧，反复推敲，研制出一种镶嵌有固定水印位置标志的玻璃台面，案边相邻两侧设置电动打孔器的半自动选纸案，在这种案上选纸，整垛每张纸的固定水印全重合在同一位置，最后一道难关被攻克了。

确定“天安门”为10元券水印图案

“天安门放光芒”固定水印钞票纸

10月，中国人民银行党组选定了天安门水印图案，正式原模由中国人民银行印制科学技术研究所的技术人员袁荣广、郑新臣刻制，由国营六〇四厂的技术人员翻制成的水印网装上网笼。10月底正式进入生产状态，各项工作有序进行。截至12月底共计生产103-0号纸11吨。

1965年3月6日，国务院副总理薄一波在写给轻工业部部长的信中这样说：“关于十元钞票纸竣工试产结果的报告收到了……我们依靠自己的工人、技术人员，解决了问题，这是贯彻自力更生方针的一次胜利，请代向参加这项工作的全体人员表示祝贺，并且鼓励他们精益求精，不断前进，为我国的造纸工业创造更高水平。”

载入国家科技史册的103-0号纸的试制工作项目，曾被确定为国家十年规划重点科研项目，被列入全国114项科技成果之一。时至今日，人们还像称呼自家人一样，亲切地称它为“争气纸”。

从国营六〇四厂生产出第一张钞票纸，到研制出第一张固定水印钞票纸，历经五年时间，实现了我国钞票纸的从无到有，从低级到高级的跨越，书写了中国造纸、钞票纸生产史上辉煌的一页。

第三套人民币钞票纸的生产应用

1962年4月，随着我国第三套人民币陆续发行，印钞使用的钞票纸，逐步由进口转变为我国自己生产。

七种面额的人民币所用的钞票纸张，可以分别列为103-2号、4号、3号、1号和0号纸。

0号纸，为天安门放光芒图案的固定水印纸，1964年底投入生产。用于第三套人民币10元券。

1号纸，为国旗五星图案满版水印纸，1964年4月13日，中国人民银行指示："新增一种国旗五星水印纸，定为1号纸"。1号纸技术指标略高于2号纸，在试制2号纸经验基础上，更换为1号纸水印图案。经过反复试验，当年投入生产，1979年9月评为全国轻工业优质产品。

2号纸，为五星古钱图案满版水印，1961年11月投产，1973年奉命停产。用于第三套人民币1元券、2元券。

3号纸，为无水印纸，1959年12月试制成功。1962年1月22日，中国人民银行要求改变103-3号纸原料配比和质量标准，要求配用2号纸损纸浆，但强度基本保持2号纸水平。1979年9月评为全国轻工业优质产品。用于第三套人民币1角券、2角券。

4号纸，为无水印纸张。1960年12月生产，1964年奉命停产，用于纸分币。

■第三套人民币主要生产企业

在生产第三套人民币的过程中，国营五四一厂、国营五四二厂、东河印制公司五〇一厂承担了主要生产任务，其他如：国营七一二厂、国营一四五厂、国营五四八厂、国营五四九厂、保定五四三厂（协作厂）等企业也参与了部分产品的生产。

■湿纸改干纸工艺的应用

在第三套人民币印制过程中，印钞工艺技术也在不断进步、发展，其中湿纸改干纸印刷的工艺变化是革命性的。1957年，印制管理局组织考察组考察苏联印钞厂，苏联的凹印湿纸印刷已经改成干纸印刷了，效果十分明显，有关人员就带回凹印干纸印刷的建议项目。而我们的凹印印刷依然是湿纸印刷，纸张经过加湿调到26%~28%的含潮量，由于纸张抽涨程度不同，凹印工序一个品种要准备好几种版，有特特大、特大、大、中、小、较小，以适应不同规格的半成品的需要，印刷时要盖衬纸。凹印印好后，再进入60度高温烘房烘干，撤出产品还要将产品压平复原，凹印背、正两面都按此同样工艺组织生产。工艺十分复杂，且效率低下，报废率高。

1959年，国营五四一厂在“剪纸邮票”（金鸡图案）使用平台凹印机做过湿纸改干纸印刷的试验，1961年该厂在印制1角券时使用平台凹印机再次试验，均存在一系列的技术问题。1964年，李根绪等人赴欧洲考察，回国后提出“凹版湿纸印刷改为干纸印刷”工艺改革方案，并在5元券的印制中试验并获得成功。

20世纪60年代初期，国营五四二厂的技术人员就考虑怎样由湿纸印刷改成干纸印刷。1963年，成立了由朱介生、陈文敏、钟圣昌、宋成义、马思昌等人参加试验的技术小组，经过两年多的反复实践、摸索，于1965年在1元券的凹印工序上，逐步实现、推广了干纸印刷。

国营五四二厂印刷机台

在凹印干纸印刷的试验过程中，技术人员重点突破了五大技术难题：第一，解决了凹印湿纸印刷使用的橡皮布及内衬垫不适应凹印干纸印刷的要求。第二，凹印干纸印刷试验是以1元券为对象。第三，他们开动脑筋，在油墨配方方面改进油脂、色粉、填充料三者之间的比例关系，提高了油墨在凹印干纸印刷的适应性、饱和度。第四，试验使用的凹印平台机是1948年从美国进口的，他们采取改进加固设备的措施，将压印轴加粗，过桥牙加厚，同时加强设备定期维修，保证了试验的顺利进行。第五，因为凹印印刷的特点是墨层厚高，体感强，印刷时每两张产品中要夹一张衬纸。在干纸印刷工艺后，更换了新的衬纸，在产品撤出时发现了产品严重粘纸毛，报废率大幅度上升。技术人员利用旧机床，赶制一台轧花机，在新衬纸投入前先轧花一次，起到了很好的效果，避免了粘纸毛现象的发生，使凹印平台机干纸印刷工艺得到了顺利的推广应用。

凹印干纸印刷取代湿纸印刷的重大工艺改革，获得很大效益。取消了印刷前的湿纸量线工序和印后的高温烘干、压平、拣线、小刀光边等工序；可保持胶印品纸张规格的一致性，提高了凹印套印的正确率；简化了生产工艺；方便了生产管理；节约了大量的人力、物力和生产场地，生产周期从70天减少到50天，产品质量也有较大提高，降低了成本，加快了资金流动。

解决与民争布问题，实现擦版方式的变革

此事发生在20世纪60年代初期的印钞企业，由机器的构造和工作原理决定，印刷产品时，要用大布（质地较为粗糙的棉制

品）擦机器，一台机器一次就要消耗掉四块大布。一年下来一家企业就要消耗掉10万米大布。而当时国家正处于经济困难时期，老百姓用布完全是定量供应，供应十分紧张。客观上，印钞企业存在着一个与民争布的问题。

为了解决这个问题，技术人员开动脑筋想办法。在145丙型印钞机上，先使用塑料圈擦版，再使用大布擦版，这样节约了部分大布，但并没有从根本上解决问题。后来，他们试验成功采用三氯乙烯进行清洗印版，不再使用棉布了。虽然这个办法清洗效果较好，但它对环境和对人的身体健康十分不利。于是，各企业又对这种清洗方式进行了长期的反复研究和实验，直到70年代中期设计74型印钞机时，才重点对擦版方式又进行了重要的改革，终于取消了三氯乙烯擦版，改用水擦版，有效地解决了这个影响环保和职工健康的突出问题。

第十二节
执行国家战略依山傍水扎营
调整印制布局建设大小“三线”

1965年前后，党中央提出了“备战、备荒、为人民”和“准备打仗”的战略方针，中国人民银行与其他部委一样，依据毛泽东主席的“分散、靠山、隐蔽”和“依山傍水扎大营”的原则，开始为所属企业建设“三线”。由于企业的性质特殊，建设项目都列入了国家的重点。“大三线”企业的建设是1965年底开始筹备，“小三线”企业的建设是在70年代初期开始。

■国营东河印制公司，川北的“托拉斯”

1965年4月，中国人民银行派人经过数次勘察、选点，最终决定在四川盆地北部、坐落在崇山峻岭之中、位于嘉陵江支流东河岸边的旺苍县定点，筹建印钞、造纸、机械制造和贵金属提

国营东河印制公司机关办公大楼

炼、热电等四个企业，定名为东河印制公司。

四个企业分布在广旺（广元市至旺苍县）公路沿线的两沟三坝（黄家沟、蒲家沟、卢家坝、长滩坝、孙家坝），公司距离成都市450公里，距离宝成（宝鸡至成都）铁路干线为67公里，企业与企业之间最远距离为33公里。1969年10月以后，各企业陆续建成投产。由城市老厂提供人才、设备、技术等方面的支援，职工人数最多时达到3028人，人员主要来自北京、上海、沈阳以及四川本地。

东河印制公司从筹建、投产，发展到拥有较先进生产设备和管理方法的综合性印制企业，其间主要经历了三个时期：

基本建设时期。公司所属各企业的定点、设计和兴建均贯彻了“靠山、靠水、隐蔽”、“不占良田好土”和“先生产、后生活”的建厂原则。1966年5月，破土动工，开山铺路，平沟建厂，开始进入大规模基本建设时期。基建施工实施了边设计，边施工，土建和设备安装交叉进行。广大职工顶住了“文化大革命”的干扰和破坏，进行大会战，1969年5月，热电厂一机一炉试发电一次成功。1972年，印钞、造纸、机械制造和贵金属冶炼、热电等全面投产。1974年12月竣工验收。其间，先后安装设备650台（套），其中引进国外设备100台（套）。

生产逐年提高、持续发展的时期。这一时期形成了技术水平较高的印制生产基地。1975年以后，企业建立健全了各项规章制度，紧抓技术革新，开展社会主义劳动竞赛，成为印钞造币行业的主力军之一。党的十一届三中全会以后，东河印制公司落实企业经营自主权，完成工作重心的转移，走上企业健康发展之路。

“三线”调整时期。这一时期，承担了支援新、老厂建设和筹建国营五四〇厂的重任。公司和厂已经实行经理（厂长）负责制，完善了职工民主管理，开展企业上等级活动，深化了企业的各项改革。在支援新老厂建设、人员大幅度减少、原材料不断上涨以及生产实物量略有下降的情况下，人均创利仍有较大增加。1970年至1990年，东河印制公司累计完成人民币钞券7个品种，援外品7个品种，国库券3个品种；制造印钞、造币及社会通用设备178台；提炼金281.24吨、银450.85吨、铜37.08吨，生产工业金4.82吨、工业银670.68吨、银饼块80.29吨，发电9.072亿千瓦时，供水5404.86万吨，供热298.16万百万千焦。

在20世纪八九十年代，东河印制公司在深山之中忠诚地履行着职责，为人民币印制、为确保货币发行作出了重要的贡献。1987年，逐步开始人员、设备大搬迁，1998年，全面完成战略大转移。

■国营一四五厂

1971年4月19日，财政部确定在山西省高平县釜山乡宋家沟兴建“小三线”企业——国营一四五厂，为国营五四一厂的后备厂。

国营一四五厂厂房一角

同年7月，开始在一条800米的荒沟里，建设一座6万多平方米的印制企业。1975年，建筑工程完工。1976年初，形成生产能力，至1990年12月31日，先后生产第三套人民币10元券、5角券、1角券和5分券，第四套人民币1元券、5角券等共5个面额、6个品种。15年累计完成工业总产值1.7亿元，实现利税6000多万元。1981年至1985年，是一四五厂生产经营的最好时期，实现利润和上缴利润逐年增长，经济效益增长幅度大于生产发展的增长幅度，5年实现利润总额3412.58万元，上缴利润总额2999.92万元，为国家收回了两个一四五厂的全部投资。

1984年，中国人民银行决定在河北省石家庄市筹建国营五四八厂。1990年11月28日，新厂通过竣工验收。从1988年起，就陆续将一四五厂的设备、人员搬迁至河北省石家庄市新厂，同时，东河印制公司及所属各厂部分职工也调入五四八厂。国营一四五厂光荣地完成了历史使命，在燕赵大地获得了新生。

■国营七一二厂

1970年7月12日，国务院批准财政部关于在江西莲花县建设国营五四二厂“小三线”厂的请示，“七一二”工程正式启动。1971年8月，主体工程破土动工，进入全面施工阶段。在特定的历史条件下，该工程采取“边设计、边施工、边建设、边投产”的方式，争时间，抢速度。1973年8月，生产指挥系统形成，11月7日，第三套人民币1元券正式投产。

1980年，双凹品产量首次达到年设计能力，1982年底，收回工程全部投资。在生产持续上升的同时，该厂进一步挖掘劳动潜力，增开胶印生产线，同时逐步改革生产工艺，提高了产品质量和生产效率。

1983年10月，中国人民银行与江西省人民政府协商，批准七一二厂成建制迁入南昌市新建，厂名为国营五四九厂。1985年开始，企业承担起生产与基建两大任务。1986年开始，有计划地进行主机设备更新、工艺改革和新产品试印工作。9月，印制企业第一台国产82—2型四色轮转凹印机试印成功，随之全部取代了145丁型四色轮转凹印机。1988年全厂完成的双凹品产量创该厂历史最高纪录。1989年，第四套人民币1元券正式投入生产。

1989年12月29日，最后一批人员撤离七一二厂到达南昌新厂。1990年8月，第四套人民币1元券在国营五四九厂投入试生产。12月14日，通过部级验收。

第三套人民币的设计、印制具有与以往不同的特点，概括为

在设计、印制过程中，突出表现出来的“独立自主、自力更生”的时代精神；

在票面内容上突出显现了民族化，同时真实反映了时代发展的主题；

在设计形式上不断突破，使第三套人民币在艺术表现上更加美观、大方、简洁。

第三套人民币在人民币发展史上具有十分重要的地位。由于它的票面设计精美，颜色协调，在国际钱币界获得好评。

造 币 篇

1979年7月11日，国务院批准中国人民银行铸造的1角、2角、5角及1元硬币是新中国铸造的唯一一组铜合金币，它与20世纪80年代流通的1分、2分、5分币，共计七个品种成为第一批向国外销售的人民币。这组新硬币研制的初衷主要是为满足对外销售，国内只是象征性地少量发行。

第一套向国外销售的人民币

第一节 国外收藏热催促中国硬币换代 铜质圆角币顺应潮流破茧而出

完善中华人民共和国硬币系列是我国造币工作者一直为之努力的方向。为此，1956年印制管理局提出研制发行一组全新系列的角分币的设想。随后的岁月里，新硬币系列的研制工作一直在进行，在不同历史时期曾报送过不同的方案，但因为各种历史原因，方案未获批准。

根据国家对经济工作的总体部署，在1958年8月10日召开的第十四次厂长会议上，首次提出了“以印钞、造币、提炼为主，多种经营”的方针。当时造币企业长年生产分币，国家非常需要通过新产品的开发达到培养和提高设计、制模、造币等多方面技术人员的工艺技能水平。20世纪70年代，国际政坛发生新变化，我国的对外交往逐渐增多，我们看到了国外先进的造币工艺技术和新产品，为此印制管理局和造币企业都希望通过对新产品的开发来探索新工艺、新技术。

我国第一枚纪念章——“北京风景”的问世

北京风景组图

1977年4月17日上午，原中国人民银行副行长耿道明、宝生银行副总经理曹成安以及研究国外金银流通币的专家等九人开会研讨纪念币的情况，会议中香港宝生银行介绍了香港纪念币的情况，香港当时发行了十二生肖纪念币，1978年是马年，当年的纪念币一面是女王伊利莎白的肖像，另外一面是马踏飞燕。由于历史原因，当时不宜在货币上采用伟人像题材，依照以往规定人民币不能出口，为此，会议决定先做纪念章，题材选用北京风景。经过半年左右的研制，新中国的第一套金质纪念章——北京风景在国营六一四厂问世。

1979年1月，中国人民银行委托香港宝生银行为香港地区的总经销，在香港地区首次发行“北京风景”金质纪念章。

1978年12月18~22日，中共十一届三中全会作出把全党工作的着重点和全国人民的注意力转移到社会主义现代化建设上来的战略决策。邓小平同志指出：经济工作是当前最大的政治，经济问题是压倒一切的政治问题。这个战略决策促成新生事物的出现，不可否认新中国成立后第一组圆角币的发行离不开这个战略决策。同时新中国成立后的第一组圆角币的面世与新中国的纪念章、纪念币有着千丝万缕的联系。

■国务院批准铸造圆角硬币

1979年7月4日，中国人民银行向国务院申请拟增加铸造1角、2角、5角和1元四种硬币，连同目前流通的1分、2分、5分币，硬币品种为7种，作为第一批向国外销售。这组新硬币主要是为满足对外销售，国内只是象征性地少量发行。1979年7月11日，国务院批准中国人民银行铸造1角、2角、5角及1元硬币。

第二节
首枚元币长城为主图景
铜镍合金成为新币材质

■设计图案的拟定

1979年6月15日，印制管理局传达人民银行党组指示，要求国营六一五厂、国营六一四厂有计划地铸造一套硬质金属币，计

1分、2分、5分（已发行），1角、2角、5角，1元，三种7枚。为此，要求有关技术部门研究提出1角、2角、5角和1元硬币的图案、合金、规格、重量以及制造工艺等初步方案，并于6月底上报。由于人民银行党组要求在当年年底完成一定数量的成品，时间紧迫。印制管理局先提出了硬币的规格及合金的初步设想。11月12日，中国人民银行上报国务院1角、2角、5角、1元硬币样品方案为：正面统一用“国徽”和“中华人民共和国”。三种角币的背面统用“麦穗齿轮”、“面值”、“1979”年号，以上设计元素象征中华人民共和国的工农联盟。1元币背面采用“长城”图。

长城币正、背面图案

印制管理局通知国营六一五厂生产1角、2角、5角及1元硬币，文件中指出，1角、2角、5角及1元硬币样品及合金色相，经国务院原则批准，只是1元币采用“长城”图案制作不够理想，请加以改进以便达到雄伟壮丽的真实感，同时进一步修饰角币图案。可以先从设计画稿着手，依靠工厂专业设计，聘请雕塑专家作指导，以期得到比较理想的艺术效果。

1980年初，国营六一五厂适当调整1角、2角、5角原模，并重新报批；在1元硬币图案得到批准后，立即雕刻制作原模报批。

■材质的选择

这组硬币的合金色相，根据重金属资源、经济合理、价格高低、能防伪造及加工方便的原则，参考其他国家硬币采用合金的习惯，角币用黄铜合金，主要成分为锌、铜，色相金黄色；元币用白铜合金，主要成分为镍、铜，色相银白色，该合金的特点为耐磨损、耐腐蚀、不易生锈、不易变色。

参与合金研制的国营六一五厂刘适兰回忆了当年的研制情况：厂里生产条件有限，设备比较落后，试验条件更不好，根据国际上和市场上情况，对合金筛选了一下，根据总公司的要求，既要耐磨性能好，也要加工性能好，我们配制了多种合金。随后对材料进行性能试验，做了拉伸、硬度、防腐及腐蚀试验，观察材料在酸碱盐中的反应、长时间放置在空气里、埋在土里、用手握（即与汗液接触）、放置在海水里的反应等。为了求真，当时海水是从大连带回来的，当然也配制过人工海水。

第三节
机制铜合金硬币缺少经验
生产工艺反复调整终形成

铜是人类认识和使用最早的金属之一，在我国其被选用为造币材质的历史虽然相当悠久，但古代的铸币工艺多采用范铸法，其工艺技术特性有别于机制币工艺。至于可参考的文献资料更是少之又少。新中国成立后的三十多年时间里，我国造币行业仅生产铝质硬币，对于机制铜合金币的生产虽有探索，却没有大生产的经验。这次批准铸造圆角币的任务对时间进度的要求非常紧，为此产品试制的时间很短暂。

1980年初，国营六一五厂利用星期天或串班先期开始铜合金币的试生产，其品种产量的安排为：春节后正式小批量生产，其中1角、2角、5角配套组织生产，1元币视批准实样及投产情况，尽量争取配套生产； 7枚或4枚装的成套产品计划从每种产品生产中优选解决，而不单独专门组织生产。经过一段时间的摸索后，积累了一些铜合金币的生产经验。

7月，国营六一四厂接受铜合金圆角币的生产任务之时，时间紧、任务急，却面临生产场地紧张、生产设备没有到位、工艺技术人员有待培养的诸多问题，各项准备工作繁重。国营六一四厂派员前往国营六一五厂学习了解相关工艺技术情况，使技术人员对铜合金币的生产有了初步的了解。并攻克了铜合金处理的难题，最终依靠自身的力量度过了这个艰难的日子，于同年8月完成铜合金的试制工作。在试制过程中，摸着石头过河，总结出了一套适合企业具体情况的能批量生产圆角币的工艺方法，并依据工艺要求逐步配备了有关装备，使整个生产工作过渡到大批量生产阶段。

第四节
沈阳、上海两厂投入批量生产
铜合金圆角币国内国外亮相

1979年12月6日，国务院正式批准铜合金圆角币投产、发行。随后，新中国第一组也是唯一的一组铜合金流通圆角币，由国营六一五厂开始铸造，始铸年号：1980。1980年10月，国营六一四厂也正式投产。接受铸造铜合金流通圆角币的任务之初，造币企业见缝插针、因地制宜，组建了分散存在的生产线就是为了保质保量完成任务。因为铜合金币的生产属于集中批量生产、任务不固定，因此，各造币企业都未形成专门的生产线。

在1980年9月8日，国营六一四厂对圆角币筹建工作的汇报记载了当时的情况：

“……因场地很紧，80年（1980年）生产在生产分币和纪念币车间进行。明年生产，待总库加层结束，铝材从翻砂间搬入总库（年底），将翻砂间地面整平，门窗修理好，形成一条生产线。人员暂安排46人，这些人员为81年（1981年）成立工段时，就作为骨干力量。

……铝分币的工厂场地已十分拥挤，根本无法再安排一条单独的角币生产线，而是只可在适当的部位参插布置一些必要的设备，以保证今年400万的生产。所以上面的各条安排均是插在分币生产线的工作场地内，粗看是连不成圆角币生产线的，但实际上是分散存在的，而且我们还配备了专职工种，专门生产圆角币。”

这四种铜合金流通硬币参照纪念币的生产工艺，精制成套装币，同时，也选取1分、2分、5分的精制流通铝分币和圆角币作为中国硬币的系列产品制成套装币销往海外。这组硬币在国内只是象征性地发行，基本沉淀被收藏，并没有真正流通。

链接：藏友追捧“长城币”

1979年7月4日，中国人民银行已经请示国务院铸造1角、2角、5角及1元硬币。这样连同流通的1分、2分、5分一共七枚，装帧起来出口。获得国家副主席李先念、国务院副总理姚依林批准。报告当中明确提出：新硬币主要是为满足对外销售，国内只是象征性地少量发行。但是1980年4月15日，1角、2角、5角、1元四种金属币投放市场后，受到民众的热烈追捧。据人民银行会发局《情况反应》记载：有的单位不需要用款，也开了一张支票到银行取现，要求搭付金属币；有的取汇款也要求搭付金属币；北京照相机厂的一位工人，拿了一只小银元宝，要求银行兑换他一枚1元的金属币，他说：我是货币收藏的爱好者，已收藏了许多种货币。这一天，在中国银行营业部的柜面上，也经常有外国人来打听发行金属币的消息。

（整理：朱继红）

这组铜合金流通圆角币于1987年初停止铸造。中国人民银行于1999年12月10日发布公告，第三套人民币限期兑换，兑换时间为2000年1月1日至6月30日，自2000年7月1日起停止第三套人民币在市场流通，其中包括1980年版1角、2角、5角和1元硬币，为此，这组硬币是迄今为止唯一一组退出流通的流通硬币。这组普制流通圆角币的版别年号分别为1980、1981、1985（其中2角币未生产1985年号），精制套装币的版别年号分别为1981、1982、1983、1984、1985、1986。

迄今为止，这组铜合金币是中华人民共和国首次发行，也是唯一发行过的铜合金流通币，因它们之故，中国造币业也开始了流通硬币精制币的生产。这组铜合金币还拥有中华人民共和国铸造史上唯一的2角流通硬币。因此，这组铜合金币在中华人民共和国的造币史上有着独特的历史地位和意义。

第四章 改革开放号角声中的第四套人民币

印 钞 篇

为了适应改革开放发展的需要，方便流通使用和交易核算，中国人民银行自1987年4月27日至1997年4月1日止，发行了第四套人民币，共九种面额、十四种版别。其中1角券、2角券、5角券各一种版别，1元券三种版别（1980年版、1990年版、1996年版），2元券两种版别（1980年版、1990年版），5元券、10元券各一种版别，50元券、100元券各两种版别（1980年版、1990年版）。与第三套人民币相比，第四套人民币增加了50元券、100元券两个大面额券别。

第一节 多种需要新币呼之欲出 新技术新设备可资利用

党的十一届三中全会以后，中国经济发展进入一个新的历史时期。改革开放的大潮风起云涌，社会主义商品经济迅速发展，市场空前活跃，货币的流通需要量大幅度增长，为此中国人民银行决定再次进行第四套人民币的研制工作。研制的具体原因是：

经济建设的需要。随着改革开放和社会主义市场经济的发展，货币需求量不断增加。

防伪的需要。第三套人民币在市场流通时间较长，版面陈旧，假人民币时有出现。

第四套人民币

防伪技术的成功研制、新设备可资利用。在此期间国内外印钞业又有许多新的科研成果可资利用，印钞用专业系列设备研制有了新的进展，人民币具备了改版的条件。

新形势的要求。粉碎了“四人帮”，“文革”结束，为体现“文革”后拨乱反正的形势发展，也需要设计发行一套新版人民币。

第二节
曲折漫长的设计方案报批路
反映时代的主题思想变换多

■第四套人民币从筹划到设计报批历时最长

从1967年1月中国人民银行提出设计第四套人民币的设想，到1985年5月定稿，历时18年。第四套人民币的设计与报批，大体可以分为两个阶段。第一阶段从1967年2月至1976年5月进行的三次设计报批。第二阶段从1977年11月至1985年10月，主要是党的十一届三中全会前后所作的设计报批。

■“文革”中的三次设计与报批

1967年1月，中国人民银行向国务院反映了湖北机械学院部分群众，对人民币10元券背面主景中天安门上没有毛主席像、红旗和标语等提出尖锐批评的情况，同时提出了新版人民币的设计设想。2月，国务院副总理李先念批示：“应准备一套新版人民币，设计图景要多反映些生产关系方面的题材，克服第三套人民币生产力题材多的问题。”

1968年7月16日，中国人民银行第一次向国务院报送新版人民币设计方案初稿，主要以“三突出”（突出毛主席的光辉形象、突出毛泽东思想、突出毛主席的革命路线）和“两个反映”（反映无产阶级文化大革命、反映社会主义革命和建设）为主题思想，当时受到周总理的严肃批评。

1969年4月8日，中国人民银行第二次向国务院上报新版人民币设计稿，票券画面有反映林彪的内容，仍未获批准，后因林彪反党集团覆灭而作罢。

1975年11月18日，财政部（中国人民银行与财政部于1969年合并）第三次向国务院上报设计、印制新版人民币的报告，设计方案的图稿主要反映社会主义新生事物和工农兵形象，例如：知识青年上山下乡、工农兵上大学、农业学大寨、工业学大庆等，同年12月29日国务院副总理李先念批示："放一放再说。"

链接：原中国人民银行机关纪委书记傅亿伶在《回顾与思考》中描述了他参加第四套人民币设计的相关情况

1974年初，印制管理局派我到第四套人民币设计组负责思想政治工作和后勤工作，当时设计组在北京印钞厂内三座小楼的东楼一层。设计人员共二十多人，是从各印钞厂、造币厂和印制技术研究所抽调来的，具有较高设计水平的同志。其中有北京印钞厂的刘延年、宋凡、贾鸿勋、李文；上海印钞厂的李斌、周萍、孙福庄；沈阳造币厂的宋文元、王福德、申宪章；上海造币厂的陈坚、孙奇龄；四川东河公司的张凤山、夏冠英；印制技术研究所的郑新臣等。设计组内又分为三个专业小组：纸币组、水印组和硬币组。我们通过调查研究，并对前两次设计稿作了较大的修改后出台了第三次设计稿。主题思想虽然尽量克服前两次设计稿中"文革"色调，以反映社会主义革命、建设，社会主义新生事物，以工农兵英雄形象为主题，但实际上从设计出的样稿看，依然没有完全摆脱"文革"的影子。

到年底，全部样稿都画出来了。在报印制局领导初审后，又组成两个小组，一个是纸币、水印组，另一个是硬币组。纸币组由我带队，加上几位骨干设计人员，于1975年第一季度带着画稿先后赴北京印钞厂（国营五四一厂）、四川东河印制公司和上海印钞厂（国营五四二厂）广泛征求各方面的意见，在此基础上就地进行粗线条的勾画修改，形成意向稿。然后，将意向稿带回设计组，经过认真研究后再作正式修改，大约在国庆节前，全套设计稿完成，报送印制局待批。1975年11月，财政部第三次上报关于设计、印制新版人民币的报告，并附我们的设计方案和图稿说明。方案上报后，被国务院副总理李先念否定搁置下来。

1976年5月10日再次请示，李先念批示："暂时不办。"财政部立即向各印制企业传达中央批示并强调：一是新版人民币的设计工作是在部领导下进行的，设计方向是正确的，取得了成绩，应总结经验，巩固成果。二是新版人民币虽然暂时不办，仍要以阶级斗争为纲，坚持毛主席的革命路线，积极提高设计、雕刻和制版水平，大力开展印制新技术的研究工作，赶超国际先进水平。三是拟在各厂，按照独立自主、自力更生的方针，继续进行从设计到雕刻制版直到打样的科研项目，着重提高表现社会主义新生事物和工农兵英雄形象的雕刻水平和图案风景人物有机结合的水平。四是继续进行以新技术、新工艺、新材料为重点的科研项目，提高原版防伪和印制技术水平。五是积极运用已研究出的新技术新成果。

新版人民币的再次设计和上报并获批准

1976年11月15日，财政部再次向国务院上报关于设计新版人民币的报告，阐述了设计和印制新版人民币的必要性。

新版人民币要反映在毛主席革命路线指引下，我国社会主义革命和建设的伟大胜利，反映无产阶级文化大革命的胜利成果和符合毛主席革命路线的社会主义新生事物，反映在以华主席为首的党中央领导下，全国人民团结起来，争取更大胜利，意气风发的精神面貌。新版人民币的品种面额同于现行人民币，根据人民群众的意见，票面要适当放大，尺寸大小和颜色之间要增强区别性，以方便群众识别。

从战备看，万一发生战争，新版人民币可以应急发行，如果没有战争，新版人民币储备一定时期后，可以作为正常发行，代替现在流通的人民币。大小三线的印制企业已陆续建成投产，生产能力较前有提高，目前印制任务已不够满载，生产能力已不能充分发挥，如今后几年不印制新版人民币，印钞厂就可能出现半停工状态，对已经热烈开展起来的学大庆运动和技术革新运动不利。

同年11月21日，设计新版人民币的报告经中央政治局审查批准。

第三节
摆脱浓重的政治色彩
民族团结成票面主题

■ “思想再解放一点”是设计的指导思想

1978年4月，根据中央批准设计第四套人民币的决策，中国人民银行当即组织印制系统专业技术人员进行研究、讨论，大家一致认为，第二套、第三套人民币设计是贯彻了党中央、国务院的指示，在美术专家和印制系统专业技术人员的共同努力下完成的，实践证明是正确的。是年11月，由罗工柳、周令钊、侯一民、邓澍、陈若菊等组成专家组，在印制系统专业设计雕刻专家张作栋、石大振、刘延年等人的参与下，总结了前三套人民币设计的经验，分析了国外钞票的特点，在中共十一届三中全会“解放思想，实事求是”思想路线指引下，一致认为“思想再解放一点”是完成当前设计任务的关键，也是搞好新版人民币设计的指导思想。有了高度的认识，才能打开思路，把新版人民币的设计提高到历史的新水平，以适合今后国民经济发展的需要。

大家认为，搞好钞票设计从根本上要抓好三个方面的问题：第一，钞票票面主题内容，要以中国共产党的路线、方针、社会主义制度、国家政权性质等永久性的内容为题材，才能做到适合不同时期的政治形势、中心任务、国民经济的高速发展，先进科学技术广泛应用的需要，才能解决好钞票图景，人物、机器、建设成果的先进与落后，想象与实际的矛盾，有利于保持货币的特色，不受时间的限制和各项政治中心任务的影响，第二，人物头像是钞票防伪、反映印刷技术水平的一个重要方面，因为各国人民都有自己的特征。大的人头像最难画，难雕刻，也最难伪造，以方便钞票的鉴别。如果造纸中也采用与印刷同样的人头像，钞票纸技术水平就会有很大的提高。第三，国家发行主辅币的品种多少和面额大小，首先要取决于国民经济发展速度和科学技术水平、生产贸易发达程度，其次要根据人民生活的改善提高，从而方便使用、自动售货等。接着专家组建议主币按1元、2元、5元、10元、50元、100元六种面额设计。辅币按1分、2分、5分、1角、2角、5角六种硬币设计。对此，专家组组长罗工柳回忆说，在设计第四套人民币时，最开始的主题是要搞“四个现代化”。我们小组一致认为没法搞，这个东西只是一个目标、追求，没有具体形象。于是我们就拿着中央的文件学，学完了之后一致认为，我们国家是一个多民族的国家，表现民族团结是我们国家永恒的主题，不会有变动，决定搞这个主题。

■民族团结、名山大川是上报彩色设计稿的主题

1元券正面侗族、瑶族人物头像素描稿

1979年12月8日，中国人民银行上报新版人民币彩色设计稿，并对彩色设计稿进行了说明：

现在流通的人民币，主景大部分是采用工业农业生产劳动的场面，不少群众反映，图景中的机器、工具跟不上科学技术的发

2元券正面维吾尔族、彝族人物头像素描稿

展，不能表现我国当前的技术水平。新设计的人民币正面图景以表现各族人民大团结为主题，用100万人口以上的少数民族头像作为主景，这样可以适应不同时期的形势发展。钞票上用大幅人头像，有利于防假斗争，是目前各国普遍采用的防假手段之一。正面花边用民族的装饰花幅，衬以群众喜闻乐见的、富有民族特色的图案。元券背面主景的主题是“江山多娇”，采用我国著名的古迹和风景，如长城、三峡、珠穆朗玛峰等，背面的装饰图案是富有民族特色的图案，与正面主景有所呼应。

报告附上第四套人民币设计稿样十六面，水印纸样四张，新版人民币设计稿样图案说明一张：1元券正面为侗族、瑶族人物头像，燕子、桃花图案，背面为长城；2元券正面为维吾尔族、彝族人物头像，绶带鸟、翠竹图案，背面为南海、南天一柱；5元券正面为藏族、回族人物头像，仙鹤、青松图案，背面为长江

三峡；10元券正面为汉族、蒙古族人物头像，凤凰、牡丹图案，背面为珠穆朗玛峰。上述4个品种的正面配以群众喜闻乐见的、象征吉祥喜庆的民间艺术图案，花边采用民族装饰花幅。

1角券正面为高山族、满族人物头像；2角券正面为布依族、朝鲜族人物头像；5角券正面为苗族、壮族人物头像。角券背面采用大幅图案，适应辅币流通频繁的特点，耐脏、耐磨，可延长流通寿命。

这套人民币的纸张分为三种，角券用无水印纸，1元券、2元券用满版水印纸，图案为“麦穗齿轮”或“电子轨迹”。5元券、10元券用固定水印纸，图案为工、农头像。

对于这套上报稿，国务院副总理余秋里批示：新版人民币图案，我请几位同志研究过，大家认为可以，建议原则批准。妥否，请华总理，各位副总理批示。

12月20日，新版人民币图样经国务院原则批准。1980年即进入试制试验阶段，集中制作原版。在专家组指导下，试刻民族人物头像和风景画，同时，进行印版、油墨、印刷、钞纸等各项准备工作。

第四节
顺应改革开放形势发展
100元、50元相继出炉

“大票”50元券、100元券的现身

在第四套人民币设计之初，美术专家罗工柳根据对我国经济发展形势的预见，以及他出国考察对货币发行、票面结构的了解、分析，提出过增加设计50元券、100元券的建议。鉴于当时国家的各种情况，未能获得中央批准。

为何又提出设计、发行1980年版50元券、100元券人民币呢？人民银行当时是这样报告的：

发行大面额人民币是经济发展、商品流通扩大和货币流通状况变化的客观需要。由于城乡人民收入增加，消费水平不断提高，用于购买高档耐用消费品的现金支出明显增加，有群众来信反映，在购买汽车、拖拉机时，要用麻袋装票子。采购员外出采购，要携带大量的现金，既不方便也不安全。发行大面额钞票便于群众使用、携带、储藏。

发行大面额人民币有利于提高工作效率，可相应缩短清点时间，节约社会劳动量。发行大面额人民币还可节约纸张，节约在印制、包装、运输、保管等环节所用人力、费用和时间。

发行大面额人民币是完善我国货币制度的需要。在我国货币史上，从北宋发行纸币开始，发行大面额钞票是有据可查的。纵观当今世界，在主要国家和地区，我国的货币是流通中货币面值最低的国家之一。

发行大面额人民币与通货膨胀没有必然的联系。发行大面额人民币，只是对人民币的券别结构进行调整，以大代小，并没有增加货币发行量，因此，在严格控制货币发行总量的前提下，调整货币结构，发行大面额人民币不会引起通货膨胀。

1981年7月6日，中国人民银行根据市场货币流通量猛增的实际情况，指示货币印制管理局设计三种大面额钞票，主题是各族人民大团结和全国人民庆祝中国共产党成立六十周年，国营五四一厂设计了以下票样：20元券正面主景、水印为新华门，背面主景为泰山南天门；50元券正面主景、水印为人民大会堂，背面主景为长江三峡；100元券正面主景、水印为天安门，背面主景为长城。

11月4日，中国人民银行上报国务院关于印制发行三种大面额人民币的报告，阐述由于商品经济发展，市场货币流通量不断增加，银行现金支付量也大幅上升、人民币面额小、采购和商品交易时清点不便，公众要求银行发行大面额货币，银行感到有必要。为此，准备印制和发行20元券、50元券、100元券三种面额人民币。三种设计稿送请批准后即安排印制。1982年适当时候发行20元券，到农副产品收购旺季再考虑发行50元券、100元券，先印一部分储备起来，暂不发行。此文件未见批示，故原版入库待用。

■伟人第一次成为人民币票面的主景

1984年2月29日，中国人民银行再次上报关于印制发行大面额人民币问题，并附20元、 50元、100元三种面额的票样。3月4日，国务院批示，同意付印，何时发行另行报批。

10月23日，中国人民银行上报《关于公布新版人民币时间及改变大面额钞票设计主题》的请示：1984年2月上报三种设计稿，是以新华门、人民大会堂、天安门为主题，而1角券至10元券新版人民币是以我国各族人民和睦相处、团结友爱为主题，选用头像和祖国大好河山风景构成的画面，这样就造成两种设计主题不同，票幅规格不配套，而且风景建筑防假效果比头像差得多，为此，再次聘请专家组按新版人民币的主题重新设计，由原来三种大面额人民币改为50元券、100元券两种。50元券正面图案用三位知识分子像，随后根据国务院批示精神改为“工人、农民、科学家”三个头像，背面用黄河壶口瀑布。100元券正面为毛泽东、周恩来、刘少奇、朱德四位领袖像，背面为井冈山全景。并将50元券、100元券作为第四套人民币的配套面额。

1985年5月，经国务院常务会议讨论批准。至此，第四套人民币整套设计第二阶段完成。

链接：周令钊、陈若菊夫妇的回忆

2007年夏天，原第四套人民币设计专家组成员，中央美术学院教授周令钊、中央工艺美术学院教授陈若菊夫妇向本书编写人员介绍了当年设计时的情况：

周令钊教授说，设计第四套人民币时，印制管理局组织我们几个专家组成员，还有印制局的杨秉超局长、左宝昌处长、国营五四一厂的一位副厂长、石大振、刘延年等人开会。专家组组长罗工柳对我们说，“文革”结束了，这次我们要设计出一套高水平的人民币。大家研究后认为，新的钞票要有新的面貌。提出了很多方案，讨论了很久，最后大家统一了思想，认为我国是多民族国家，在全世界也是少有的，我国在民族政策、民族团结方面都做得好，是多民族人民当家做主的国家，所以各族人民都可上钞票。可是怎么处理56个民族的关系，哪些民族上哪些民族不上票面呢？最后我们与中央民族委员会商量，民委会建议100万以上人口的少数民族上钞票。民族是定下来了，用什么形式来表现，背面要什么风景才相配呢？大家认为一是吉祥图案，最能表现人民过上幸福生活的喜悦心情，二是传统图案和民间图案，三是民俗图案。民俗图案有刺绣的、木雕的、铜雕的、石雕的，内容丰富，我们都吸收进来，用于装饰人民币。

周令钊的夫人陈若菊教授向我们讲述了图案的采用及他们为了画好少数民族人物去云南采风的故事：

我们在设计时很注重装饰绘画。1元券是“喜鹊登梅”，喜庆的题材；2元券是“翠竹绶带”，祥和的图案；5元券是“松鹤同春”，长寿的题材；10元券是“凤凰牡丹”，富贵的题材。背面图案多半是各民族的花边、刺绣。角票都是从传统图案中找来的，有圆形的，卷草形的。为了画好少数民族人物，我们专家组五个人跟石大振一起去云南采风，住在公社的小木屋里，洗脸要从山顶上走过几个大坡才到河边。我们看到当地人虽然生活艰苦，但他们乐观向上，爱美，服装设计很美，也很实用。赶集时，我们发现哪个人形象好，就拍照，或者让他们站一会儿，我们当场勾画。如果我们不到当地去采风，就找不到那种感觉。他们的淳朴、善良、美丽感染了我们，激发了我们的创作灵感。

（作者：刘万银）

链接：美术专家侯一民、邓澍与第四套人民币设计

“六亿神州尽舜尧”，源自毛泽东的诗词，也是第四套人民币的主题思想。在人民币设计美术专家组讨论票面主题时，新中国第一代油画家的杰出代表——侯一民，提出了以“民族大团结”为主题，他说“人民能不能团结，国家能不能安定，是关系到我们这个国家能否发展的重大问题”，这个观点得到另外四位美术专家的赞同与坚持，第四套人民币的主题思想才从最初的反映“四个现代化”转为体现民族大团结的内容。

5元券正面藏族、回族人物头像素描稿

谈起当年的创作思路，侯一民与邓澍夫妇依然激情四溢：我们俩画这些票面人物就根据毛主席的一句诗词——

“六亿神州尽舜尧”。我们不是从猎奇的角度画，不是只局限于把这个民族和那个民族区别开，而是把他们作为国家的主人、作为舜尧来表现的，这个立意我们一开始就很明确。所以人物不是突出贵族化，而是塑造一个个很普通的劳动者，赋予他们一种主人的精神状态，同时还要体现出人物健康的美，这是我们刻意追求的。

10元券正面汉族、蒙古族人物头像素描稿

任何艺术的创作过程都是复杂而艰难的。侯一民向我们描述了当时塑造人物的思路与历程：在设想每一个人物是一种什么气质的时候就要细致了，高山的民族跟平原的民族就不一样，如傣族中的汉傣和水傣，就像石头和水似的，一个刚一个柔；苗族是个很质朴的民族；生活在高原的藏族，气息中带点野性。所以每个民族形象里面都有很细微的东西。

侯一民与邓澍对各民族、各类人物的风俗、习性、特征、气质有着深入的、系统的研究，也曾创作过这类题材的大型壁画，因此在创作第四套人民币上的汉族、蒙古族、藏族、回族、维吾尔族、彝族、苗族、壮族等人物时，他们多年的艺术积淀加上到少数民族居住地采风、寻访、收集素材，综合起来、融会贯通，使他们笔下的各民族人物形象准确、性格鲜明、气韵生动、惟妙惟肖，这套人民币的设计与雕刻得到党中央、国务院领导的首肯，得到全国人民的喜爱，也使少数民族人民感到骄傲。在改革开放、经济快速发展的80年代乃至当今，都具有非常积极的意义，并从客观上促进了民族团结、社会和谐、国家安定，增强了中华民族的凝聚力。

中央美术学院教授侯一民、邓澍在家中接受采访

侯一民和邓澍分别从1958年和1961年开始参与第三套、第四套人民币设计的。他们主要负责票面上人物、风景的设计与绘画，先后创作了16个票面上的人物与风景共20幅。这对夫妇，现实中生死与共，事业上志同道合，搭档里珠联璧合。侯一民谈起人民币设计时称：我们的合作是“混合双打”。好处是人的形象可以不大一样，把人物形象叉开，保留一点别样的感觉。邓澍说：构图必须是他来画，因为要跟票面相结合，大的方面规定以后我来画，画完他再改，改完以后我再画、他再改。尽管她也是中央美术学院的教授，曾在苏联列宾美术学院油画系学习了6年，但在侯一民面前她是个典型的“夫唱妇随”。

“‘为人民而艺术’，对我们已不仅是理性的需要，而是天经地义。”看到他们从事人民币设计的30年，看到他们的艺术之路，我们强烈地感知到了他们对人民、对艺术的赤子之心。

（作者：朱继红）

■50元券、100元券正、背面主景的设计

1984年，中央提出要增加50元券、100元券纸币。情况来得突然，让印制总公司感到了压力。于是他们又把几位专家找来商量怎么办。参加讨论的有副总经理徐吉周、生产处长左宝昌等领导和国营五四一厂设计室主任石大振、高级工艺美术师刘延年。大家一筹莫展，因为第四套人民币表现的主题是“全国各族人民大团结”，而发行的10元券已用了汉族和蒙古族，也就是说中国人口最多的两个民族已经用上了，往上再也没有可用的民族了。但是钞票要成系列，第四套的民族大团结这个主题不能偏离，怎么办。对这段经历，美术专家陈若菊仍旧记忆犹新：当时正好是国庆节，我们几个人在看电视，看见人们抬着大牌子在游行，是四位领袖的大牌子。周令钊讲：哎，有了、有了，咱们把这四位领袖像用上去！原来主席好像有句话，人在不要上（钞票）。这时四位领导人都不在了，就可以上了呀。

刘延年在讲述人民币设计的精彩片段

刘延年对这一段也有深刻的记忆：大家一致同意使用毛泽东、刘少奇、周恩来、朱德四位领导人作为正面主景。可是如何才能表现出四位伟人的光辉形象呢？从艺术的角度不好处理。我曾在资料室看过一本书，书里有一张招贴画，画的是浮雕像，是马（克思）、恩（格斯）、列（宁）、斯（大林），我就把这本书拿到专家组一起讨论。大家认为这种表现形式可以，就确定了用浮雕像，因为浮雕是纪念像不是人像，用上去表示纪念，是最好的怀念。

关于人物的排序，当时在《党的若干历史问题的决议》里，已改成了“毛周刘朱”，而且游行那天，牌子上的四位伟人也是这样排列的，当天《人民日报》头版报道游行时，四位伟人也是这样的排列顺序。由于要用雕塑的形式，当时曾经请过中央美术学院的一位教授制作泥塑，但与钞票设计制版的工艺有点距离，罗工柳说：“侯一民，你按照浮雕的效果画一张素描看看怎么样。”侯一民就按照浮雕的效果画了素描稿，大家认为还不错，于是就采用了侯一民的素描稿。

链接：他的作用似桥梁、似纽带

1953年，刘延年从中央美术学院毕业后，就赶上了第二套人民币设计的中期，他幸运地参与了改版后5元券的设计。在第三套、第四套人民币的研制中，他参与设计工作的全程，发挥了他独特且重要的作用。由于他既受过高等美术教育，又熟悉雕刻、制版、印刷等相关工艺，因此领导派他协助配合美术专家搞设计。如何将专家从艺术角度出发的设想、设计与行业的工艺技术相结合，如何将专家的意图落实到由各种要素组成的票面上，是领导交给刘延年的重要使命。刘延年充分与专家们沟通，讲述相关的印钞工艺特征，使专家们在设计时能兼顾工艺技术的发挥；他还充分地与雕刻制版等技术人员沟通，讲解设计中的美学、文化方面的内涵，帮助他们深入理解设计意图、更好地进行再创作。在第五套人民币研制中，他担任了设计、制版技术的总负责人。

此外，他还参与了新中国第一套硬币的设计，新中国第一枚固定水印——天安门放光芒图案的设计、绘制。刘延年在把美术设计、绘画创作与印钞、制版工艺融合在一起，提高设计制版专业技术水平方面的贡献，是人民币设计历史上重要的一页。为此他被授予“印钞造币勋章”，被人事部批准为享受政府特殊津贴专家。

（作者：刘万银　朱继红）

100元券背面主景为什么用井冈山的五指峰呢？因为井冈山是革命的发源地，是红色政权的摇篮。

当时党中央刚刚公布了《关于党内若干历史问题的决议》，对宪法也作了修改。大家认为，全国人民大团结是在无产阶级领导下工农联盟为基础的国体支撑下的，50元券正面主景可反映工农联盟。由于新宪法写进了科学技术也是生产力，知识分子是工农的一部分，于是50元券的正面主景就用了“工、农、知识分子”。为什么不用“工农兵”呢？当时也有一个提法，“兵”是工农的子弟，不是一个阶级，所以50元券的正面主景就没有用“兵”。

100元券背面主景井冈山五指峰素描稿

50元券背面的黄河壶口瀑布，又是怎样上去的呢？因为第四套人民币背面使用的都是祖国的大好河山，大家认为，要把中国东西南北的著名景点、有代表性的都放在钞票的背面。那么50元券背面放什么上去呢，大家觉得，黄河是中华民族的发源地，是炎黄子孙的摇篮，所以确定把“黄河壶口瀑布”作为50元券的背面主景。

链接：四位伟人形象的雕刻

第四套人民币100元券、50元券、10元券人像的雕刻者、“印钞造币勋章”的获得者、享受政府特殊津贴专家苏席华在讲述创作过程

面对画家侯一民提供的素描稿，国营五四一厂高级工艺美术师苏席华想到了很多很多，如何从理论与雕刻技术的角度把握好四位伟人的形象和气质呢？他联想到中国革命所走过的艰难曲折之路，联想到中国的发展变化，联想到四位伟人的丰功伟绩，联想到四位伟人高尚的人品，联想到老百姓对四位伟人的热爱，内心百感交集、波涛汹涌，如何用自己手中的钢刀表现出四位伟人的风采，他琢磨，他思考，他无法平静自己内心的情感。他在把握整体效果的基础上，反复学习四位伟人的传奇人生和丰功伟绩，他翻阅大量的书报杂志和照片，领会四位伟人的精神世界，他要把四位伟人的博大胸怀和风采，要把全国人民

对四位伟人的热爱，用手中的刻刀表现出来。

首先遇到的问题是四位伟人的图稿是采用浮雕风格的素描人物形象，这对他来说是第一次，在国际钞票史上也不曾见过用手工雕刻浮雕像的，他要选择最佳的表现技法。如何表现四位伟人的神采，又要符合印钞工艺，经过深入研究，他认为传统的曲线雕刻技法是为表现人物的骨骼肌肉变化，为表现黑、白、灰多层次的整体效果和增加艺术感染力的，而浮雕风格的人物形象给人以宁静、沉稳、庄重的感觉，画面显得干净、光洁，明暗反差不大，光线变化平缓，用影子衬托出浮雕的效果，这是浮雕像的基本特点。若采用传统的雕刻技法表现浮雕风格的人物形象，内容和形式则不够统一，为使雕刻技法与艺术效果达到完美的结合，更有利于表现浮雕风格的人物形象，他创造性地大胆地改传统的曲线雕刻技法为主辅线均采用平行的直线或点来表现。功夫不负有心人，最后他的作品入选，其印品既达到原稿宁静、沉稳、庄重的浮雕艺术效果，又做到了严谨而不呆板，严肃而不失生动和谐，展现了四位伟人的光辉形象，凸显伟人的风采。可以说达到了艺术与技术与工艺的完美结合，也为雕刻浮雕风格的人物形象探索出一种新的表现技法。

四位伟人钢版雕刻作品

（作者：刘万银）

第五节
设计灵感源于深厚的民族文化
独特全新的制作依靠团队创新

■票面主景、图案设计的思路源头

第四套人民币的设计思想是：全国各族人民在中国共产党的领导下，意气风发，为建设社会主义现代化国家而努力奋斗。为了表现和强调这一主题，票面采用大幅人物头像为主景，这是国际上常用的手段，具有较好的防伪效果。100元券采用四位领袖浮雕像，这不但是我党始终坚持的马列主义、毛泽东思想的形象表现，同时也记录和歌颂了党领导中国革命的光辉历史；50元券正面主景是工人、农民、知识分子头像，体现了我国宪法规定的“中华人民共和国是工人阶级领导的、以工农联盟为基础的人民民主专政的社会主义国家”和“社会主义的建设事业必须依靠工人、农民和知识分子，团结一切可以团结的力量”的国体和政权性质；从10元券开始到1角券，正面主景都是我国有代表性的民族人物头像，每张票面两人，栩栩如生。这些民族人物头像是多民族国家的象征，不仅反映了我国各民族的大团结，而且反映了各族人民意气风发、斗志昂扬的主人翁精神。

凤凰牡丹图案

仙鹤松树图案

绶带鸟翠竹图案

燕子桃花图案

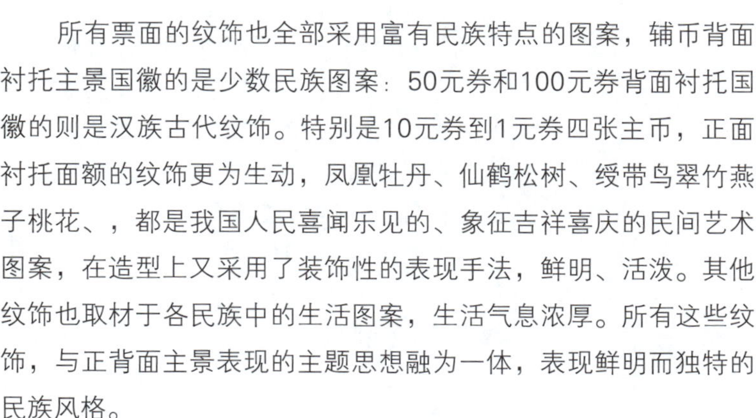

所有票面的纹饰也全部采用富有民族特点的图案，辅币背面衬托主景国徽的是少数民族图案；50元券和100元券背面衬托国徽的则是汉族古代纹饰。特别是10元券到1元券四张主币，正面衬托面额的纹饰更为生动，凤凰牡丹、仙鹤松树、绶带鸟翠竹燕子桃花、，都是我国人民喜闻乐见的、象征吉祥喜庆的民间艺术图案，在造型上又采用了装饰性的表现手法，鲜明、活泼。其他纹饰也取材于各民族中的生活图案，生活气息浓厚。所有这些纹饰，与正背面主景表现的主题思想融为一体，表现鲜明而独特的民族风格。

文字的设计特点

第四套人民币除了在图案和纹饰上作了精心设计外，在文字的采用及规范化、标准化上也作了认真调整。全套票券不仅继续采用蒙、藏、维、壮四种少数民族文字，以方便少数民族地区人民的使用；同时在1元以上的主币上增印了盲文符号，体现了党和政府对残疾人的关心；所用冠字的变化最大，就是将前三套沿用的冠字由罗马文变成了英文字母；印章也有所变化，特别是颜色与印制工艺。

链接：第四套人民币印章的变化

第四套人民币的印章均印在背面，制版工艺又有了改进，将印章做在钞票图案印版上，印章颜色随票面主色，如票面主色为绿色，印章的颜色也就是绿色。印章的规格尺寸分为两种：辅币印章为5毫米正方形，主币为6毫米正方形。人民币的印章从这套开始，打破了过去一直认为必须印成红色的传统观念。

（作者：石大振）

第四套人民币还吸收了国家对汉字整理和简化的成果，在票面上全部采用了规范化汉字，但字体仍沿用马文蔚先生的“张黑女”碑体。字体的修改由国营五四一厂设计室主任石大振负责。一是改繁体字为简体字。例如“中国人民银行”行名中的“国”和“银”两个字，6种主币面值的“圆”字，都分别改成了“国”、“银”、“圆”。二是改异体字为正体字。原来流通的人民币2元券、2角券、2分券的“贰”字中间的两横在上，改成规范的正体字“贰”。三是改旧字形为新字形，原来流通的人民币辅币1角券、2角券、5角券的“角”字，中间的一竖不出头，现使用了新字形“角”，中间一竖出头。

听马文蔚细说当年

关于马文蔚先生的“张黑女”碑体，原国营五四一厂副总工程师、设计室主任陈明光，向我们讲述了当年他们寻访“中国人民银行”的题写者马文蔚的情况。

链接：听马文蔚细说当年

一段时间，社会上一些人说人民币上的“中国人民银行”几个字是自己写的，那么“中国人民银行”六个字到底是谁写的呢？

1983年，中国人民银行副行长胡景沄接到“中国人民银行”行名的题写者马文蔚的一封信。信中说，看到《山西日报》上一篇文章，说“中国人民银行”几个字是冀朝鼎写的，这不符合事实，我知道是谁写的，并在信中告诉了自己的住址。中国人民银行决定派人去调查，当时就派我和张作栋去了。人民银行山西省分行接待了我们，把我们送到阳曲县，县支行薄行长用车把我们送到马文蔚的家。

马文蔚在他那间低矮的小屋里向我们回忆了当时题写“中国人民银行”等字的过程。为了验证他的字体，我们带了笔、墨、纸张，但是他家条件太差，连铺纸的地方都没有。后来我们就在阳曲县支行的一个小会议室里，请他再次题写“中国人民银行”几个字，他好长时间不写了，写的时候手比较抖动，但看写字运笔的走势是一脉相承的。我们从几个方面分析，确认“中国人民银行”六个字的作者就是马文蔚。回来以后，我们专门写了报告。后来人民银行的有关单位也为被打成“右派”的马文蔚平了反，定为科级干部，补了一些钱。再后来山西省分行还给他盖了五间房，使他的生活有了很大的改善。

在设计第四套人民币时，有人提出想换“中国人民银行”几个字，我们曾到中国书法家协会找人题写，但是书协的工作人员认为谁写也达不到现在的“中国人民银行”这几个字的高度和水平。他们认为“中国人民银行”几个字已经深入人心了，没必要换。所以“中国人民银行”几个字保留至今。

（作者：刘万银）

设计雕刻集众家之长　原版制作不断创新

整套钞票的主题和表现形式，是集体讨论的结果，是集体智慧的结晶。谈起专家们的合作，周令钊用了一个非常形象的比喻：钞票设计也是一台戏，各负责各的，背景的设计大有文章，但是好背景的设计是衬托演出和剧情的，不能张牙舞爪，不能突出自己而要突出剧情。一般的群众看钞票就认头像，10元券的是什么图，5元券的是什么图，背景很少被注意到，但是背景一样需要下工夫；钞票的总体设计就好像音乐中写词、作曲的人，人家对唱歌的歌星很注意，词曲作者很少有人知道。但是在三十几年中都是“写词、作曲”的周令钊没有丝毫失落，因为他们这个团队很成功。

由于设计者、绘制者、雕刻者是在统一部署下进行工作的，他们都充分发挥了各自的优势。手工雕刻者将独特的雕刻技法与特殊的工艺技术相结合，使图案具有丰富的层次和立体感，设计的艺术性和印制技术的新发展得到了有机结合，使雕刻的人像或风景具有更高的防假效能。机器雕刻技术在原有黑白线、变线底纹、浮雕、变点等技术的基础上，又新研制出黑白接线花纹、隐形花纹、白线国徽、白线文字、套色底纹等新技术，这是我国机雕技术的新成果。手工雕刻与机器雕刻有机的结合，使图案的纹

10元券背面珠穆朗玛峰素描稿

样形状、接线组织、层次安排、深浅交错，更好地衬托出主景的中心内容。使整个票面协调和统一，既提高了设计、印制的艺术性，又增加了钞券的防伪性。

在雕刻阶段，印制总公司集中了行业的雕刻、制版高手参与各券别的竞争，由专家评出表现形式好，又适宜印钞工艺的雕刻作品，作为新版人民币印刷的原版。从而使得各券别雕刻凹版印刷的人物头像线条清晰、刀法流畅，很好地体现了人物的精神风貌，每一幅头像都是一件精美的艺术品。参加全套票券雕刻的专业技术人员在钞票正、背面主景、风景、文字、花纹、花边雕刻及制版工艺中，充分发挥了自己的专长，分工协作，使得人民币以完美的形式呈现在国人的面前。参与第四套人民币设计、雕刻的主要作者如下：

1角券：人物素描画稿侯一民、邓澍；装饰图案周令钊、陈若菊提供；正面彩色画稿刘延年，背面彩色画稿石大振；人物雕刻高振宇，装饰文字雕刻苏席华、王虎，机器雕刻花边花纹高增基、阎芬、郭金茹。

2角券：人物素描画稿侯一民、邓澍；装饰图案周令钊、陈若菊提供；正面彩色画稿刘延年，背面彩色画稿石大振；正面人物雕刻李斌，背面雕刻徐惠珠，文字雕刻江加胜、王虎，机器雕刻花边花纹郭金茹、贾绪丰。

5角券：人物素描侯一民、邓澍；装饰图案周令钊、陈若菊提供；正面彩色画稿刘延年，背面彩色画稿石大振；文字装饰铅笔大稿正面韩继宗、张振宗，背面巴运杰；人物雕刻宋凡，装饰暗花雕刻耿生发、马建玺，文字雕刻苏席华、王虎，机器雕刻花边花纹郭金茹、高增基、阎芬。

1元券：人物素描侯一民、邓澍；风景素描稿张凤山；装饰图案周令钊、陈若菊提供；正面彩色画稿刘延年，背面彩色画稿石大振，文字装饰铅笔大稿颜辉、顾解伦；正面人物雕刻徐永才，背面风景雕刻花瑞松，文字雕刻高增基，国徽雕刻江加胜、高增基，机器雕刻花边花纹阎芬、马建玺、郭金茹。

2元券背面南海“南天一柱”素描稿

2元券：人物素描侯一民、邓澍；风景素描稿贾鸿勋；装饰图案周令钊、陈若菊提供；正面彩色画稿刘延年，背面彩色画稿石大振；文字装饰铅笔大稿巴运杰、邸乃基、王玉玲；正面人物雕刻徐永才，背面风景雕刻薛书桐，装饰暗花雕刻谭怀英、耿生发、马建玺，文字雕刻苏席华、刘大东、高增基、王虎，国徽雕刻江加胜、高增基，机器雕刻花边花纹阎芬、马建玺、郭金茹、赫祥杰、贾绪丰。

5元券：人物素描侯一民、邓澍；风景素描稿张凤山；装饰图案周令钊、陈若菊提供；正面彩色画稿刘延年，背面彩色画稿石大振，绘制版式张振宗、刘延年；文字装饰铅笔大稿巴运杰、耿生发、邸乃基、王玉玲；正面人物雕刻李斌，背面风景雕刻吴依正，装饰雕刻耿生发、马建玺，文字雕刻苏席华、王虎、刘益民、高增基、刘大东，国徽雕刻江加胜、高振基，机器雕刻花边花纹阎芬、郭金茹、马建玺。

10元券：人物素描、背面风景素描侯一民、邓澍；装饰图案周令钊、陈若菊提供；正面彩色画稿刘延年，背面画稿石大振，绘制版式巴运杰；正面人物雕刻苏席华，背面风景雕刻吴依正，装饰雕刻谭怀英、马建玺、耿生发、李燕春，文字雕刻苏席华、王虎、刘益民、刘大东，国徽雕刻江加胜、高增基，机器雕刻花纹花边郭金茹、马建玺、高增基、阎芬。

50元券：人物、风景素描侯一民、邓澍；装饰图案周令钊、陈若菊提供；设计画稿刘延年，绘制版式张振宗，文字装饰巴运杰、邸乃基；正面人物雕刻苏席华，背面风景雕刻高振宇，装饰雕刻谭怀英、马建玺、耿生发，文字雕刻苏席华、耿生发、王虎、刘益民、刘大东、赵亚云，国徽雕刻宋凡、郭金茹，机器雕刻花边花纹郭金茹、贾绪丰、阎芬、马建玺。

100元券：人物、风景素描侯一民、邓澍；装饰图案周令钊、陈若菊提供；设计画稿刘延年，绘制版式张振宗，文字装饰邸乃基、王玉玲、张振宗；正面人物雕刻苏席华，背面风景雕刻吴依正，装饰雕刻谭怀英、马建玺、耿生发、赵亚云，文字雕刻苏席华、王虎、刘益民、刘大东、赵亚云，机器雕刻花边花纹郭金茹、赫祥杰、阎芬、马建玺。

第六节
固定人像水印研制成功
钞票纸技术再上新台阶

第四套人民币纸币各券别的生产，主要以国营五四一厂、国营五四二厂、东河印制公司五〇一厂为主，而国营五四四厂、国营五四八厂、国营五四九厂由于收回、新建、搬迁等原因，一边建设、一边生产，印制研究所以及协作厂保定五四三厂、天津人民印刷厂参与了部分小面额钞票的生产。

1角券：先后由西安印钞厂、石家庄印钞厂、北京印钞厂、保定五四三厂、天津人民印刷厂、成都印钞公司、上海印钞厂生产。

2角券：先后由北京印钞厂、天津人民印刷厂生产。

5角券：先后由上海印钞厂、北京印钞厂、西安印钞厂、保定五四三厂生产。

1元券：1980年版、1990年版、1996年版先后由上海印钞厂、石家庄印钞厂、南昌印钞厂、西安印钞厂、印制研究所、保定五四三厂、北京印钞厂、成都印钞公司生产。

2元券：1980年版，先后由北京印钞厂、石家庄印钞厂、保定五四三厂生产。1990年版先后由北京印钞厂、南昌印钞厂、保定五四三厂生产。

5元券：双凹品，使用古钱水印纸。先后由上海印钞厂、石家庄印钞厂生产。

10元券：双凹品，使用农民固定人像水印纸。先后由北京印钞厂、东河印制公司五〇一厂、成都印钞公司、西安印钞厂、石家庄印钞厂、印制研究所生产。

50元券：1980年版，双凹品，使用工人固定人像水印纸，由北京印钞厂生产；1990年版，双凹品，使用工人固定人像水印纸和金属安全线纸，由北京印钞厂、西安印钞厂、石家庄印钞厂生产。

100元券：1980年版，双凹品，使用毛泽东侧面雕塑像固定水印纸，由上海印钞厂生产；1990年版，使用毛泽东侧面雕塑像固定水印和金属安全线纸，先后由上海印钞厂、北京印钞厂、石家庄印钞厂、南昌印钞厂生产。

■固定人像水印钞票纸的研制成功

第四套人民币决定在钞票纸中采用固定人像水印来作为新的防伪技术。这项技术是我国没有的，对钞票纸生产企业来说是一个全新的课题。作为当时行业唯一一家钞票纸厂——东河印制公司五〇二厂接受了这一新项目的攻关和试验任务。

要生产出固定人像水印钞票纸，首先要有水印原版。而原版的人像雕刻就是摆在雕刻人员面前的一道难题。

100元券、50元券固定人像水印

说起参与水印原版的雕刻、竞标、中标过程，原水印设计、雕刻人员，现任中国金币总公司设计开发部主任的胡福庆还回味着成功的喜悦，他说：第四套人民币用纸的生产是很重要的国家任务，给设计师、雕刻师创造了一个难得的、很好的机遇。参与水印雕刻人员是老、中、青年相结合。当时的印制总公司副总经理徐吉周亲自抓这项工作，目标很明确：要保证第四套人民币的水印质量。这是我国钞票第一次采用固定人像水印，但我们心里没底。因为人像水印要求高，要轮廓准确、层次丰富，更重要的是人像的神态要像，人像的神韵特别难掌握，这是一个主要的指标。我们依据的是美术专家提供的素描稿，但水印与印刷的雕刻不一样，水印雕刻的层次相对少，我们要在原素描稿的基础上有一个转换，而且难在我们还要考虑纸张抄造工艺过程对水印成型的影响。

当时成立了一个项目组，水印雕刻这部分由郑新臣老师负责，袁荣广老师指挥网笼制作，在北京雕刻完后修改，修改后拿回四川东河印制公司五〇二厂去试抄。我们在印制研究所的一个房间里面悄悄地雕刻，参与这项工作的还有夏祥源、骆福文、夏冠英、张凤山等人。

第四套人民币最初的设计是用大水印，但大水印放在钞票里不合适，多次修版后才调整到一个合适的数据。其实早在1978年，总公司就着手组织新的钞票纸的试验，当时叫8号品。确定了水印模、成纸定量等，经过了两次上机，但由于水印本身比票面留给水印的位置大，试抄时困难较多，因此印制总公司就指示改小了水印模，又经过三次试抄，于1987年4月获得成功。与此同时，9号品和10号品也相继上机试抄，并先后于1986年5月和1986年8月成功。东河印制公司五〇二厂一边坚持第三套人民币用纸的生产，一边进行第四套人民币纸张的无数次的大试和小试，终于完成了10元券、50元券和100元券所用纸张的上机大试，并逐步转入正式生产。

第七节
经济形势发展快速
印钞行业改版适应

1元券是三个版别、2元券是两个版别

第四套人民币1元券先后发行了三个不同的版别，分别为1980年版、1990年版、1996年版。三个版别的正、背面主景、颜色、规格、主要特征基本相同，主要是印刷工艺不同。1988年5月发行的1980年版1元券的印刷工艺为正、背面凹印。1995年3月发行的1元券正面改为三色凹印和四色胶印相结合，背面为四色胶印印刷工艺，年版号改为“1990”。1997年4月发行的1元券正面的印刷工艺又改为四色胶印，即正背面均为胶印印刷，年版号改为“1996”。

2元券先后发行了两个不同的版别，即1980年版和1990年版2元券。分别于1988年5月和1996年4月发行。第二个版别是在设计风格和主体色调基本保持不变的原则下，正面仍采用四色凹印印刷工艺，背面主景由四色凹印工艺改为平凸版接线印刷工艺，一次印刷完成。

为何1元券、2元券要把印刷工艺从正、背面凹印改为正背面全部胶印以及单面凹印呢？因为1992年、1993年期间，随着我国改革开放的深入，经济建设的发展，现金的需要量大幅增加，而钞票的生产能力远远不能满足发行的需要，印钞企业的职工全年都在加班加点，但仍旧不能解决问题。印制行业在进行技术改造、设备引进、内部挖潜的同时，对生产工艺进行了简化，以此来提高效率、增加产量，解决小面额钞票供应紧张的问题，缓解钞票发行需要与印钞造币行业生产能力不足的矛盾。

为何研制、生产1990年版50元券、100元券

自从1980年版人民币50元券、100元券发行以来，社会上相继出现了伪造的大面额假币，有的是犯罪分子用彩色复印机和其他手段伪造的，也有境外伪造携带入境的，这些假币的出现，扰乱了经济秩序，损害了国家和人民的利益。为了做好反假币工作，国家一方面要通过各地公安、司法、海关、工商等部门对伪造、贩卖假币的犯罪行为进行严厉打击；另一方面中国人民银行要在钞票生产中提高技术水平，增加防伪措施，增大造假的难度，从而保障人民币的正常流通。为此，研发科技含量更高的大面额钞票，成为中国人民银行及其所属的印制总公司的重要工作和头等大事。

1992年8月20日，1990年版50元券、100元券人民币发行了，与1980年版人民币混合流通，它与1980年版人民币的图案、颜色、规格、装箱情况等完全一样，但在防伪技术上增加了新的手段——无色荧光油墨印刷的"YIBAI""100""WUSHI""50"面额数字，全埋式安全线。

1990年版的100元券、50元券正面荧光面额数字

防伪油墨　大放异彩

中国人民银行决定增加第四套人民币的防伪措施，以抵御假币在流通领域里的危害。1989年，印制研究所青年技术人员黄小义写了一份自荐材料，提出一种防伪材料的研究方向、技术路

线、试验条件等内容的技术可行性方案，受到时任印制研究所所长李根绪的大力支持。但是，当时的试验原材料不全、试验设备不足、配套条件跟不上。有时候，因为试验急需原材料，项目组成员就自己到位于北京市丰台区大红门的三台山仓库、朝阳区北京染料厂去买；有一次因为化学反应需要冰块，一时又找不到，项目组成员顶着严寒骑自行车来到陶然亭公园，自己动手到湖面去砸冰。而今已是中国印钞造币总公司技术中心副主任的黄小义回忆起当初的情景还是很感慨：当时做试验经常加班到很晚，脑子里全是如何攻克试验难关的念头。但当时我们对科研的规律性和艰巨性认识不足，遇到困难思想上也曾有过动摇和波动。好在我们有目标，希望出成果在人民币上应用，这种信念一直支撑着大家。通过半年多的努力，经过大量试验，我们开发的防伪材料通过严格的检测和测试，应用于第四套人民币50元券、100元券。到现在为止，我们生产的防伪材料还在人民币产品上应用，质量、性能非常一致和稳定。

钞票纸安全线成功生产

1991年3月3日，东河印制公司五〇二厂首次生产带安全线的钞票纸而成为第四套人民币1990年版50元券和100元券用纸。

20世纪80年代初，五〇二厂领命为钞票纸施加安全线做各项准备工作。时任实验室副主任的关维安成为项目负责人，文大兴、李策等技术人员一同参与。这是一项新技术，没有资料，更没有经验可以借鉴。用什么作为安全线呢？项目组曾做过很多试验，走过许多弯路。

当年曾经参与该项目的高级工程师粟婉回忆说：最早的安全线叫“90线”。后来银行反馈，有个别老百姓认为钞票里面的线值钱，就抽出来集中卖钱。我们针对线与纸结合不好的问题进行攻关，又搞了“96线”，产品外观没变化，只是线的外面加了一层胶，解决了被抽出的问题。但使用这种安全线后，过高的厚度致使纸张不平整。于是又对铝泊本身的厚度进行试验、改进，解决了纸张不平整的问题。但在解决纸与线的牢度后，又出现钞票纸厂的损纸不好处理等问题，给产品的保密、安全、火灾带来隐患。于是技术人员李策、郑忠娜、罗光裕等人又一起调研，试制成功带安全线损纸的处理系统，这一设备在日后的损纸处理、再使用过程中发挥了很大的作用。

在以后几年的时间里，项目组对安全线的施放进行了多次试验。正是通过无数次的小试、中试和大试，在试验中不断地选择材料、调整工艺，持续改进，才保证了1990年版50元券和100元券全埋式金属安全线的成功研制与施放，也为我国钞票纸技术取得重大突破作出了贡献。

“1980”版、“1990”版50元券背面比较

多年来，造纸专业的工程技术人员就没有停止过对相关技术的研究与探索，在纸张抄造技术、原材料辅料的节约、排污的减

少、环境的优化等多项技术上取得突出的成果，保定钞票纸厂的牟中和就是其中的优秀代表之一。

"1980"版、"1990"版100元券背面比较

链接：牟中和与他的"吨浆百吨水"

晚年的牟中和仍旧沉浸于造纸节水研究中

保定钞票纸厂高级工程师牟中和，多年来立足生产一线，潜心钻研工艺技术，他根据生产工艺设备现状，不断进行技术革新和工艺改造，他的"强制渗透预浸棉短绒制浆新工艺"、"吨浆百吨水工程"在优化工艺流程、节约原材料、提高生产效率方面作出了显著的成绩。

1962—1964年试验成功用锥形除渣器湿法除渣代替二级棉清花工段的干法除渣。1969年工厂实现用棉短绒代替高级棉生产103纸，他开始研究棉短绒制浆新工艺。1971—1975年试验成功棉短绒制浆前处理"强制渗透预浸棉短绒制浆新工艺"。1982—1984年牟中和与左贞琮一起研究设计成功棉短绒制浆后处理新工艺“吨浆百吨水工程”，1985年施工，1987年投用，吨浆用水由150吨降至65吨。1989—1990年设计完成“吨浆40吨水”节水工程，1990年底基本投入使用。为此他曾荣获国家级、省级，市级荣誉称号和奖励53次。

1969年11月20日，在研讨提高制浆能力的专业会议上，牟中和、郑维芝等提出“强制渗透预浸棉短绒蒸煮”课题。项目由牟中和负责。1971年进行流程立项试验，1972年9月投入试生产。经过4次大型改造和30多次小型改进，于1975年7月正式投用，提高装球量75%，节约火碱62%，缩短蒸煮时间36%，纸浆的质量提高，劳动强度减轻。

保定造纸厂棉短绒制浆后处理系统原来使用传统工艺，用水量多，1吨浆需水300吨，经斜板沉淀白水回收等措施，降到150~200吨，该厂仍是用水大户，产品成本高，浆料尘埃度大。“吨浆百吨水”工艺是1982年由牟中和、左贞琮提出，1982年在冯忠总工程师的支持下，他与科研室主任左贞琮合作开发“棉短绒制浆后处理新工艺”的实验研究，经过一年多的试验，终于探索出了新工艺，简化了工艺流程与操作，制出的棉浆尘埃度低、白度高、耗水量少的“吨浆百吨水”新工艺。1983年完成大型设计方案，1984年列入保定钞票纸厂重点措施，1985年开始在甲制浆施工，1987年初保定市节水办公室列入市节水项目，同年5月试车运转。1988年8月6日交付生产使用。

1988年，牟中和又开始了“吨浆40吨水工程”的设计，在这次设计中他采用了高浓漂白技术；节水洗涤设备——带式压滤机；引用了纸机白水做第二水源；清水源只用于喷水管洗涤设备和补充工艺用水。1990年12月投入生产，经实测吨浆用清水量35.5~39.7吨，达到设计标准。

（作者：刘万银）

第八节
新设备研制解决能力不足
新工艺实施助攻检封瓶颈

82型印钞机的研制

20世纪80年代初期，我国经济发展速度加快，货币需求量呈上升趋势，印钞任务量逐年增大。但印钞造币行业的生产能力却不能同步增长，原因就是设备能力不足。1982年，高级工程师李根绪又开始着手设计第三代凹印机——82-Ⅰ型胶、凹联合印钞机，拟定结构方案及设计建议书，经过不断的试验、改进，两年后，82-Ⅰ型机一次性生产样机8台，同时制造成功并投入印钞生产中，这是印钞史上的空前壮举。1983年，由于凹印生产能力严重不足，他又在82-Ⅰ机基础上设计82-Ⅱ型四色凹印机。

82-Ⅱ型四色凹印机

谈到82-Ⅱ型四色凹印机的设计，参加过这一项目的中国印钞造币总公司技术中心设备研发室主任毕明说：我到行业参加的第一个项目就是李根绪负责设计的82型印钞机。李总对设备改造的思路很清晰，他分析了72型联合印钞机的现状、不成功之处以及联合实验的情况，提出研制82型。72型是将胶凹印集成在一个印刷单元里，由于凹印有很大的冲击力，影响到胶印的精度。于是李根绪就提出设计四色凹印机，也就是82-Ⅱ机。由于印钞厂急需用新型凹印机替换丙型机，我们的方案很快批准。经过努力，82-Ⅱ型四色凹印机投入批量生产，前后共生产了42台，装备到行业内所有的印钞企业，为印制第三套、第四套人民币发挥了重要的作用。

1993年，“82-Ⅱ型四色凹印机”获得中国人民银行“金融科技进步一等奖”。

■改革检封工艺　提高生产效率

由于钞票生产任务不断增加，人工检查小张（每一张钞票在印钞厂称为一小张）工艺已经成了制约生产任务完成的“瓶颈”。为此，印制行业除了挖掘潜力、加强生产组织之外，又在工艺流程上做文章。1988年，印钞企业将检封工艺，由检查每小张改为检查大张、抽查部分小张。但是这种生产工艺还是存在较多漏洞，漏废问题容易发生，会影响出厂产品质量和企业信誉。

1996年初，南昌印钞厂从提高产品质量、保障产品安全出发，率先进行检封工艺改革探索。1997年，工艺改革顺利推进，继取消“单凹品”（一面凹印，一面胶印印刷）正背角票（大张角票）检查，改为查大张带查背面角票工艺之后，全胶品（正、背面都是胶印印刷）也取消正背面角票检查工艺，实行码前（印刷号码之前）查大张工艺。大张工艺的顺利推进，为实现联动线生产创造了条件。同年7月，南昌印钞厂调试出全行业第一条检封生产联动线。检封生产联动线集裁切、抽查、数封、装箱等工序为一线，实施固定工位、产品流动人不流动，这项改革具有产品流转时间短、安全系数高的特点，减少了很多操作程序，减少了作业人员，提高工作效率达31%。在以后工艺的生产组织中，该厂又对检封工艺进一步调整取得了更好的效果。

第九节
货币发行形势异常紧张
印制企业改造步伐加快

■不要先讨论投资，引进设备后再算账

1992年下半年，我国迎来第二个发行高峰。到年底发行钞票1000多亿元，春节前预计还要发行900亿元，一共需要2000亿元。而那年中国人民银行给印钞造币行业的生产计划才1000亿元，等于增加了一倍的任务。时任行长李贵鲜就此情况向国务院总理李鹏汇报，李鹏向总书记江泽民汇报。“货币印制能力与人民币发行需要严重不适应，货币防伪水平与人民币反假斗争严重不适应”的问题引起了中央领导的高度关注。为此中国人民银行行长、副行长到印制企业一线现场办公，慰问辛勤战斗在生产一线的职工；同时要求印制各企业加班加点，突击生产任务，增加产量；中国人民银行给国务院打报告，要求引进印钞、造纸、造币的相关设备，加快技术改造的步伐。报告很快得到党中央和国务院批准，并要求各部委大力支持更新印钞设备的资金。相关的八大部委予以积极的支持，财政部有关领导表态：不要先讨论投资，引进设备后再算账。李贵鲜行长更是着急，他说：“进口设备也好、改造设备也好、基建项目也好，先办起来，一天也不要拖。”

由于党中央、国务院的重视，各部委对印钞造币行业的技术改造一路开绿灯，印钞造币总公司相继引进了国际上最先进的印钞机、造纸机、压印机等设备，改建、扩建了基础设施。与此同时，还启动自主研发制造印钞用92型机，硬币YBW150压印机等专用设备。这次较大规模的技术改造和引进，一方面显著缓解了“两个严重不适应的问题”，使印钞造币生产能力和防伪技术设备有了显著提升，同时，也为印钞造币行业日后的发展奠定了坚实的基础。

领导一线慰问，职工履行天职

1992年，随着改革开放的深入和国民经济的发展，国家对货币需求量不断增加，到了1993年春节，钞票的实际需求与生产计划的缺口太大。情况十分紧急，时任行长李贵鲜向党中央、国务院汇报。中央马上召开了有十八个省市领导参加的紧急会议，商讨如何渡过钞票发行的难关，同时还立即发出通知，要求各地稳定货币、稳定金融、稳定社会。货币生产面临十分严峻的考验。

吴邦国视察上海印钞厂

1993年元旦过后，时任中央政治局委员、上海市市委书记吴邦国和原人民银行代行长胡立教来到上海印钞厂、上海造币厂，察看生产过程，对印制职工进行慰问。他们听取印钞造币的生产情况的汇报，询问生产、经济效益和职工收入情况，参观生产车间。吴邦国为上海印钞厂题词“一尘不染”，为上海造币厂题词“发展中华造币事业”，以赞扬广大职工高尚的职业道德和敬业爱岗的精神。

吴邦国、胡立教视察上海造币厂

春节期间，受国务委员、人民银行行长李贵鲜的委托，人民银行副行长郭振乾到上海印钞厂、上海造币厂，副行长童赠银到北京印钞厂，副行长白文庆到保定钞票纸厂、石家庄印钞厂，他们进车间、上机台，视察工作、亲切慰问奋战在一线的干部职工；各省市陪同视察的领导也纷纷表示，全力帮助印制企业解决生产当中的困难和急需。领导的关怀使各印制企业、广大职工深受鼓舞，纷纷表示，面对货币发行的巨大压力，要积极挖掘潜力，满负荷、加班加点地生产。表示将一如既往，努力拼搏，超额完成生产任务，履行印制职工确保发行的天职。

中国印钞造币总公司总经理、副总经理和相关处室的人员也在年初、春节期间，分别到各印制企业慰问辛勤工作在一线的广大职工，安排落实1993年生产任务，帮助企业解决实际困难。

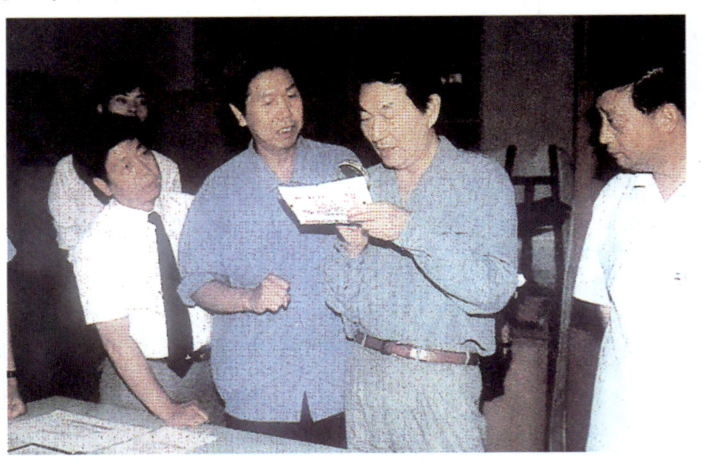

朱镕基视察北京印钞厂

1993年7月27日，时任中共中央政治局常委、国务院副总理兼中国人民银行行长朱镕基、副行长周正庆到北京印钞厂视察工作。他们会见了中国印钞造币总公司及部分印制企业的领导，详细询问了生产情况、基建状况和技术改造、印钞工艺流程、职工待遇等方面的问题。朱副总理谈到了形势和任务，并请总公司和各厂的领导转达党中央、国务院、中国人民银行党组对全体印制职工的感谢和慰问。朱副总理为北京印钞厂题词“向北京印钞厂全体职工致敬”。在周副行长的陪同下，朱副总理视察了生产车间，他频频向当班的职工挥臂问好，握手致意，明察细问，亲切交谈，给广大干部职工以巨大的鼓舞，更激发了印制职工立足岗位，确保发行的责任感和自豪感。

时任印制总公司总经理赵鹏华谈到当时的情景，激情犹在，对那段紧张的时日记忆犹新，向我们讲述了“白条子、绿条子”的“故事”。

链接：“白条子”、“绿条子”

1992年的下半年，由于改革开放的深入，国民经济以17%的速度迅猛发展，经济发达地区再次出现了钞票发行紧张的局面；一些地方出现了公共汽车和商店无法找零钱而用糖果代替的现象；秋收后农民卖了粮食却拿不到现金，只好由粮站打“白条子”，先欠着；快到春节了，不少农民工把挣到的血汗钱寄回，家里人拿着收款单却取不回现金，因为邮局无现钞支付，只好打“绿条子”，钞票发行随着春节的来临日趋急迫。

国务院秘书局要求中国人民银行将一个月一报的简报改为五日一报，以更快地了解印制企业生产的数量、情况与问题，从而对控制、平衡货币的投放作出决策。中国人民银行党组再次召开会议，研究解决印制行业生产能力不足、保证货币发行的相关问题，会议决定：积极组织印制职工加班加点生产；各司局全力支持、加快印制行业技术改造的步伐，要钱、要设备都要尽快给予解决落实；人民银行党组成员分别到印制企业、到基层落实钞票生产任务。

印钞造币总公司和各厂的决策层深感到这是关系到国家发展、稳定的大事，上上下下积极想办法、挖潜力、定措施，钞票纸厂增开生产线、印钞厂增开台班，工人们放弃所有的节假日连续生产、三班生产，以确保增产任务实现。当时我和副总经理吴树森、单连田、杨福基与相关处室的负责人，在春节期间走遍了地处9个省市的11个骨干企业，落实生产任务并现场办公，帮助企业解决实际困难，促进生产任务的实现。

各厂党政工团的领导更是绞尽脑汁，制订了多种方案，协调人员、调拨原材料、搞好各工序的衔接，全天候地盯在生产现场，做好相关的服务工作，包括大年三十送饺子上机台；广大职工面对1月份生产计划上调30%~60%的繁重任务，无条件地服从生产安排，无怨无悔地履行着自己的职责、心甘情愿地牺牲着自己的利益。

春节应该是个阖家欢乐的时刻，但那一年中国人民银行党组的领导和印制企业的广大干部职工却是在焦灼不安的心情中度过的，在繁忙的车间、隆隆作响的机台旁度过的，其间艰辛和付出无须细说，目的就是为了金融的稳定、经济的稳定、政治的稳定，全国人民的稳定。

那一年的春节别样地过去了，发行的高峰也顺利地过去了。时任主管副行长童赠银在第十六次印制会议上动情地讲道："你们的工作都装在我的心里，装在李贵鲜同志的心里，装在中央领导同志的心里"。

（整理：朱继红）

第十节
"三线"人走出大山欢欣鼓舞 "三足鼎立"新印制格局形成

在第四套人民币研发、生产期间，印钞造币行业还面临着一个重大的、困难的、不得不办的问题——大小"三线"企业的调整、搬迁。

"三线"建设有积极作用，也有诸多弊端

印钞造币行业的"大三线"国营东河印制公司的建设始于1965年，"小三线"国营七一二厂和国营一四五厂建设始于20世纪60年代末和70年代初期。就当时而言，"三线"建设的实施体现了三个结合：沿海与内地的结合，平时与战时的结合，集中与

东河公司建设初期时指挥部所在地

分散的结合。大、小“三线”建设，对于我国印钞、造纸、贵金属生产过于集中在沿海地区的状况有所改善，使印钞造币行业的布局趋于相对合理，为“备战”起到了积极的作用，同时又对国家的经济建设作出了相应的贡献。

20世纪80年代初期，随着改革开放的深入进行，国家经济建设的加速发展，“三线”企业的弊病也暴露出来：由于受地理位置、地理环境等因素的制约，企业的信息闭塞、反馈不畅，影响了技术改造和技术进步，影响了企业自身的应变能力和经济效益；由于交通不便，造成运输困难，物资储量增加，运输成本加大，带来建设项目重复，工艺布局不合理，造成了不必要的浪费；由于企业远离城市，企业与企业之间又相距较远，形成相对孤立的小世界，企业只得把职工及其家属的文化教育、医疗卫生、求职就业等全部包下来，只得在山沟里搞小而全的小社会、吃大锅饭；由于当年支援“三线”的城市职工子女的教育、婚嫁等问题迫在眉睫，所以返城心切，职工中也潜藏着诸多不稳定的因素。

国家为“三线”企业指出新路

江西莲花县国营七一二厂主厂房

上述问题也是国家所有“三线”企业面临的共同问题。为此，1983年12月国务院成立了“三线建设调整改造规划办公室”，从而拉开了大、小“三线”调整的序幕。中国人民银行的高层决策者，从国家货币发行定点需要，从有利于交通运输、企业发展的高度考虑，经反复调研后，也对所属的“三线”企业提出了“全面调整，分步实施”的调迁原则。

“三足鼎立”即将形成

山西高平县国营一四五厂厂景

印钞造币总公司的领导反复讨论，决定通过调整使老厂和新厂相结合，形成印制企业华东片、北方片、西部片“三足鼎立”的最佳方案。华东片包括以上海印钞厂、上海造币厂为主的老厂结合新建的南京造币厂、昆山钞票纸厂。北方片包括北京印钞厂、沈阳造币厂、保定钞票纸厂、石家庄印钞厂。西部片包括成都印钞公司、西安印钞厂。“三足鼎立”的布局，改变了过去仅在沿海地区设厂，内地没有印钞造币企业的单一格局，为货币调运快捷、确保发行创造了有利条件。

东河印制公司职工举办演唱会

印制总公司原总经理殷毅曾是大“三线”建设的开路先锋，为它的建设立下了汗马功劳。若干年后，为了解决大“三线”企业和职工及其子女的出山问题，他又积极调研，为寻找新的厂址苦苦奔走，他把几千名职工、上万名家属的出山看成是自己的责任。他说：当时中国人民银行的领导都很理解、支持我们，特别是主管副行长邱晴亲自到国家计委去协调。谈到中国人民银行领导的支持，原印制总公司总经理赵敬盈也说：当时就七一二厂职工要求回上海的事情，我向刘鸿儒同志汇报，他非常重视这件事，写了一封信给江泽民（时任上海市委书记），叫我去上海找他，写信说请求增加进上海的户口指标。我和胡锦仙（时任上海印钞厂党委书记）先去找主管金融工作的黄菊，见了以后，职工户口还是进不了上海，原因很简单，五六十年代上海支援新疆的人员太多了，上海市的压力太大了。于是，决定转迁至江西南昌。

东河印制公司职工在拔河比赛

在各级领导的支持、关怀下，在国务院以及各部委的支持下，1988年，地处江西省莲花县的国营七一二厂整体搬迁到江西南昌市；与此同时，地处山西省高平县的国营一四五厂整体搬迁到河北石家庄市；1993年，地处四川省旺苍县的国营东河印制公司主体搬迁到成都市温江地区；1997年底，最后一个“三线”企业——四川东河钞票纸厂搬迁到江苏昆山市。至此，印制系统“三线”调整全部结束，“三足鼎立”的格局形成。

“三线”的建设与调整是历史发展的一个过程，自有诸多的弊病，但也有它的历史功绩。曾经是“三线”建设的开拓者、“三线”调整的主要领导人之一的赵敬盈说，“三线”企业不但创造了丰富的物质财富，为确保货币发行作出了贡献，同时也留下了宝贵的精神财富。大小“三线”企业造就了一支团结和谐、遵章守纪、乐于奉献的职工队伍；锤炼了几个率先垂范、作风过硬、应变能力强的领导班子；强化了党委的政治核心作用和基层党支部的战斗堡垒作用、党员的先锋模范作用，增强了党组织的凝聚力；由于注重企业的物质文明、精神文明、政治文明的协调发展，使“三线”企业在创造物质财富的同时，积累、凝练了延续至今的精神财富。

链接：走出大山　来到平原

1993年，东河公司为了寻求企业新的发展，走出了交通不便、信息不灵的大山深处，在成都平原开辟出一片崭新的天地。

7月、8月、9月三个月，正值热浪灼人、暴雨频繁的季节，在跨越崇山峻岭的千里运输线上，几乎每天四五十辆甚至上百辆运输车组成的庞大车队，一批批押运物资、设备及家具，职工和驾驶人员顶烈日，迎暴雨，走剑门，过蜀道，日夜兼程，从大巴山区向成都平原挺进。

在近三个月时间里，东河公司共出动车辆800多辆次，全力组织企业和员工的大搬迁。为确保安全，公司各厂保密资料、档案、主业产品都是武装押运，要赶在职工家属搬迁之前先行运抵新厂。这些神秘任务中最令人难忘的当数7月中旬押运部分贵金属、原版和印钞产品补票的那次“特殊行动”。

7月13日凌晨4点，38辆产品车及押运护卫车，在省、市、县公安部门的全程跟踪护送下，由省公安厅直接跨市县指挥，浩浩荡荡从旺苍出发，向温江挺进。沿途，由于热浪滚滚，部分车辆爆胎、个别车辆出现故障，车队不得不全部停下警戒抢修。这样开开停停，历时24个多小时，历尽艰辛，于14日凌晨4点多抵达温江新厂。此时，又恰遇特大暴雨袭来，等待在温江新厂现场的干部职工又顶着暴雨雷电，连续作战，立即组织卸车入库，上午10点多钟，才将全部产品入库，确保这批特殊物资的安全。

由于两地作战，基建任务繁重，温江新厂方面同样面临巨大的压力。厂区土建工程刚刚结束，车间内部正在装修；机器设备经过千里颠簸之后，横七竖八地躺在工房内、走道里；生活区道路还来不及完善,水电还不正常；职工安家工作远未结束，很多人的家具还堆放在招待所、食堂门口，环境不熟，水土不服等诸多问题也影响了部分职工思想的稳定……

整个搬迁工作就像一个大战场，特别是各厂的物资设备搬迁，数量大，路途远，战线长，事情千头万绪需要人来进行有效组织。据统计，整个物资设备搬迁共出动各种机动车辆吊装设备2100多台次，搬迁上千台（套）设备，数千万元的各种物资。当时，既要争分夺秒对设备进行搬迁，又要把设备尽快运到新厂，尽快进行安装调试，力争早日投入生产，其难度之大，可想而知。面对困难和严峻挑战，公司全体干部职工齐心协力，团结拼搏，通力合作，各司其职，不知有多少人日日夜夜穿梭在老厂、新厂之间，保证整个搬迁严密而有序地进行。更可喜的是，在如此紧张忙碌的千里大搬迁中，物资设备运输做到完好无损，为新厂当年第四季度完成1亿元的印钞任务以及纸机试生产打下了坚实的物质基础。

1993年9月23日，东河公司党委副书记、调迁办主任古道明率领最后15名收尾人员撤离旺苍，为东河印制公司成建制搬迁工作和两地作战局面画上了圆满的句号。

（作者：李永刚）

第十一节 工艺技术上多方面突破 提高质量增强防伪性能

第四套人民币是粉碎“四人帮”后，在邓小平“解放思想，实事求是”思想路线的指引下研制的，钞票设计理念从“左”的思想束缚下解放出来，使这套人民币的设计达到了新的高度。第四套人民币在票面的设计风格和印制工艺上较前三套人民币都有创新和突破，既吸收了国外钞票设计的一些艺术特点，又保持并发扬了中华民族艺术的传统，在具有实用价值的同时，还具有很高的艺术价值。

第四套人民币是反映爱国主义、民族团结的好教材。它采用了人口在100万以上的民族人物的形象作票面主景，表现了人民当家做主、民族大团结、祖国日益兴旺发达的鲜明主题。

第四套人民币的人物是一项重大突破。100元券正面采用毛泽东、周恩来、刘少奇、朱德四位伟人的形象，既反映了广大人民群众对老一代革命家的热爱和敬仰，又反映了党和国家的领导对历史的尊重。50元券正面采用工人、农民、知识分子人像，符合我国宪法序言中关于“社会主义建设必须依靠工人、农民、知识分子”的指导思想。而且能反映工农向知识化前进的方向，知识分子走上钞票也是第一回。

在设计风格上，这套人民币保持和发扬了中国民族艺术传统特点，背面主要装饰、角票中用来衬托国徽的都是民族图案；元票分别采用名胜古迹和名山大川的图景，表现中国悠久的历史和壮丽山河。票面的纹饰全部采用富有中国民族特点的图案，显现出鲜明的民族风格。

在印制工艺技术上，主景全部采用了大幅人物头像，雕刻工艺复杂，印刷难度系数增大；钞票纸分别采用了固定人像水印和满版水印，工艺要求较高，进一步提高了中国印钞工艺技术水平和钞票的防伪功能。

■钞票上的几个“第一”

第一次使用党和国家领导人人像作钞票正面主景和水印。党和国家领导人为全中国和全世界人民所熟悉，有较高的防伪性能，用做水印又为造假者增加了难度。

第一次使用多民族人像。各个票面共印有14个民族的人像，以示国人团结，万众一心，振兴中华。

第一次印有盲文。在票面印上盲文面额数字，以便盲人识别。体现了党和国家对残疾人的重视、尊重与关怀。

第一次采用新型防伪材料。该材料使用，增加了高科技的防伪手段，使检测工具代替了人的主观判断，为区分钞票的真伪提供了科学的依据。

第一次使用安全线。钞票纸张中使用全埋式安全线，提高了防伪水平。

■纸张上的防伪技术

第四套人民币的钞票纸在防伪技术上有了新的突破。主币均采用水印防伪技术，其中1元券、5元券采用方圆古钱四方连续水印和国旗五星满版水印；10元券采用陕北农民头像固定水印；50元券采用炼钢工人头像固定水印；100元券采用毛泽东侧面浮雕头像固定水印。使用人物头像水印是我国钞票纸生产工艺的一大进步。上述固定水印人像的素描稿均由侯一民、邓澍设计绘制，胡福庆从水印雕刻的竞标中胜出。由东河印制公司五〇二厂、保定钞票纸厂生产制造。

在纸张中加入安全线也是大面额钞票纸主要的防伪措施。20世纪80年代后期，境内外犯罪分子相互勾结伪造大面额假币，我国出现了第二次制售假币的犯罪高峰。1990年版100元券、50元券增加了安全线，大大提高了人民币的防伪性能。

■制版和印刷工艺防伪技术

第四套人民币在制版和印刷工艺上主要采用手工雕刻凹版印刷、胶印对印技术和凸印号码技术等，大大提高了人民币的防伪性能。

手工雕刻凹版印刷工艺一直是国际上通用的钞票防伪的重要手段，它的主要特点是凹凸感强，难以复制。人民币元券的主景图案都是手工雕刻凹版印刷，尤其是1990年版50元券、100元券，正、背面主景及装饰花边、花球、面额文字等凹印部分版纹加深，使雕刻凹版印刷图案更具有立体感。由于第四套人民币全部采用人物头像作主景，因此，对凹版雕刻工艺的要求也比前几套人民币要高得多，不同民族、年龄、性别、身份，不同服饰的人物，都要通过不同的刀法加以细致地刻画和区别。一幅幅手工雕刻凹版印刷的人物头像，线条清晰、刀法流畅，很好地体现了人物的精神风貌，每一幅头像都是一件精美的艺术品。

对印技术就是采用特殊的设备、工艺，使钞票正、背面图案一次印刷成形，使特定部位的图案正背面完全重合。例如：1元、2元、5元券正面左下角的小花束和背面的小花束是完全对应吻合的。

1元券、2元券、5元券上的对印图案

凸印号码。第四套人民币右侧，100元券为红色号码，50元券为蓝色号码，10元券为红色号码，5元券为蓝色号码，2元券为红色号码，1元券为蓝色号码，主币各券别号码颜色从大面额到小面额红、蓝两色相间，辅币5角券、2角券、1角券均为红色号码。号码在票面上占据很重要的位置，因为每张钞票都有各自的号码，可以说是钞票独一无二的身份证，同时具有重要的防伪作用。印制钞票号码的设备是特制的，号码字型、字体大小、线条粗细都是特定的。

胶印接线印刷。第四套人民币元券正面均采用了胶印接线印刷技术。100元券、50元券背面右上角面额数字下边的团花和10元券、5元券、2元券、1元券正面行名下方的花鸟图纹，由线条组成，每根线条呈现出两种以上颜色，不同颜色之间对接完整，不产生重叠、漏白现象。

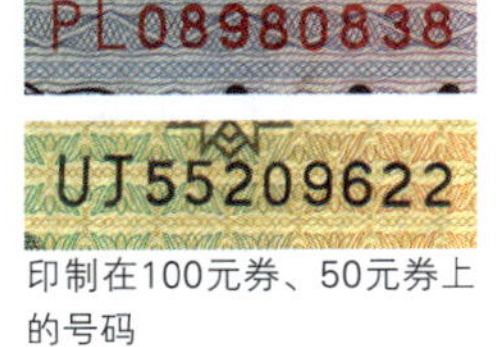

印制在100元券、50元券上的号码

上述先进印刷工艺和新型印钞材料的采用，大大提高了第四套人民币的防伪性能，它标志着我国的印钞造币技术已达到了世界先进水平。

第四套人民币纸钞诞生在改革开放的初期，在主题内容、设计风格和印制工艺上都有一定的创新和突破。主景图案集中体现了在中国共产党领导下，各族人民团结一致，意气风发，建设中国特色社会主义的主题思想。

第四套人民币体现了政治性、艺术性和独特民族风格的高度统一。这套人民币的设计、印制，标志着我国钞票工艺技术水平和钞票防伪性能的新发展、新成就。

第四套人民币的发行，有力地支持了国民经济的发展和改革开放的深入。

造 币 篇

第四套人民币硬币采用1-2-5-1-5-1混合结构，即1分币、2分币、5分币、1角币、5角币、1元币共6个品种。当时1分币、2分币、5分币三种硬分币已发行了30多年，如改变规格，两种产品混合使用，会给发行、流通、管理带来困难，因此三种硬分币的合金，规格尺寸、图案均不变。1角币、5角币、1元币三种新产品正面图案采用国徽，背面图案分别采用菊花、梅花和牡丹。20世纪90年代的流通分币与新设计的元币、角币构成第四套人民币系列硬币。

第四套人民币硬币

第一节
改革开放新一代硬币进行研制
促发展造币企业开展国际交流

“七五”期间，国民经济高速增长，市场物价随之增长，铝分币在市场上的流通职能逐年下降，1980年开始象征性地发行的角币和元币多沉淀于收藏领域，新的经济形势需要一组具有成本优势，能抵御世界性通货膨胀和有色金属价格不断上涨的压力，流通寿命尽可能长的硬币，同时这组硬币还需要具有更好的物理、电子机读识别特性，在方便自动售货机推广的同时还具备较强的防假反假特征，有利于推行小面额货币硬币化的计划。市场需求的迫切性使得新系列硬币的研制迫在眉睫。

硬币试制工作启动 确定相关技术参数

为了提高硬币质量和防伪性能，改变产品面貌，第四套人民币硬币系列从20世纪80年代中后期就开始设计准备，新系列硬币的研制工作由印制总公司生产二处牵头，图案设计、工艺试验和样币试制阶段的主要实施企业为国营六一五厂、国营六一四厂。1988年3月23日，中国人民银行行长陈慕华主持的党组扩大会议原则批准了新版硬币系列总体方案。为做好新版硬币投产的前期准备工作，1988年5月，印制总公司在北京召开“第一次新版硬币生产准备会议”。会议主要根据新版硬币整体设计方案，讨论确定了三个新品种的主要技术参数、技术条件和设计目标；研究确定为配合新版硬币上马应进行的试验项目；研究确定新版硬币的设计、试验、试制、投产程序；初步安排新版硬币试制、投产的时间进度和生产规模。

1988年10月21日，印制总公司向国营六一五厂、国营六一四厂下发制作新版硬币方案实物样品的通知，从满足发行需要和适合我国造币工艺技术现状的实际出发，经与沈阳厂、上海厂有关负责同志研究，决定按两大类共三种方案制作实样供上级领导决策时参考。

国务院领导批准　研制获得成功

该套流通硬币的样币报请中国人民银行批准后，1990年5月10日，中国人民银行向国务院上报铸造第四套人民币硬币的请示，经李鹏总理批示同意后于1991年开始正式铸造。其中1元硬币的研制荣获金融行业科技进步一等奖；5角硬币的研制荣获金融行业科技进步二等奖；1角硬币的研制荣获金融行业科技进步三等奖。这组硬币实现了新中国造币业多年的夙愿，结束了新中国货币流通领域没有真正意义上的流通圆角币的历史，我国硬币系列化终于迈出了坚实的第一步。

链接：背景资料

1979年5月日本大藏省造币局局长吉野实等人到国营六一四厂参观访问

1979年9月1日，时任印制管理局局长杨秉超报请中国人民银行组织造币技术小组参加欧洲造币厂长会议，他回忆当时的情况："我们认为，我国造币技术与世界先进造币技术还存在一定差距，尤其造币设备更为落后，生产经验也不多。多年来仅生产铝质硬币，局限性很大，多种合金的元、角硬币和优质纪念币（章）的生产水平较低，很需要吸取世界的先进造币技术，因此为促进我国硬币生产和纪念币技术的发展，拟接受西德的邀请参加1980年在荷兰召开的欧洲造币厂长会议，并顺道到西德进行硬币、纪念币技术考察。"

沈阳造币厂与加拿大皇家造币厂交流

1980年5月，经国务院批准，以中国造币公司的名义应邀出席了在荷兰召开的第十一届造币厂长会议。1988年，我国被接纳为造币厂长会议的正式成员国。此前，我国虽然购置过少量国外的设备，对国外工艺技术有一些了解，但是与国外同业间技术交流的常规渠道没有建立起来，这次欧洲造币厂长会议之后，中国造币业建立了与世界造币同业间的友好合作关系，促进了中国造币企业的技术改造与发展。

20世纪80年代，随着社会主义市场经济的不断发展，分币供应告急的情况不能缓解，杨局长回忆说：“……当时五个印钞厂和两个造币厂中，生产能力比较大的国营五四一厂、国营六一五厂是清朝末期的老厂，国营五四二厂、国营六一四厂是30年代的老厂，新中国成立以来都没有进行过大的改造，危房过多，设备运转年限过久，厂房、设备、生活设施的欠账越来越多，亟待更新改造。”为此，1981年10月13日，中国人民银行上报请示，希望“利用上海、沈阳两个造币厂，通过设备和工艺技术的更新改造，增加硬币生产能力。主要是需要扩建厂房3万平方米；在已经引进设备的基础上，国内自制一批效率高的先进造币机和相应的配套设备，以改变这两个造币厂厂房设备陈旧落后的状况……”

在以上的背景之下，中国造币业开始了较大规模的设备和工艺技术的更新改造。《当代中国印钞造币志》就高度概括了当时的情况：“七五”时期，是行业造币技术改造上台阶、上水平的时期，先后有上海造币厂钢芯镀镍坯饼厂房、滚字抛光厂房新建工程、沈阳造币厂熔铸厂房翻建工程开工建设，厂房建筑12953.5平方米。”

对外技术交流常规渠道的建立，设备与工艺技术的更新改造等原因给中国造币业带来了前所未有的发展机遇。而这个发展机遇带来的一个显性的果实就是这组新系列流通圆角币——牡丹币、梅花币、菊花币的成功铸造。

（作者：孙亮）

第二节
新硬币的图案展现欣欣向荣
新材质的选择依据市场确定

新硬币主图案的选定

经过反复探讨，“民族大团结”成为第四套人民币的设计理念。第四套人民币的主题明确之后，硬币的图案设计要围绕着充分展现鲜明的时代特征，突出体现浓郁的民族特色，美观大方、轻松活泼，而且确保使用起来能够与原有的流通硬币有明显的区分这几点要求来进行。

1983年5月，印制总公司正式提出新版硬币设计任务，并于1985年10月、1986年11月先后召开两次新版硬币的设计专题会。在专题会前后，印制总公司、沈阳造币厂、上海造币厂就新版硬币的整体设计方案提出多种设想，沈阳、上海两厂工艺美术人员根据设想反复进行图案设计，为新版硬币整体设计方案的确定打下了基础。

1988年在第一次新版硬币生产准备会议上确定以中国人民银行行务会议审定的三个图稿为基础，根据此次会议提出的意见进行修改完善，要求面值突出，造型生动，布局合理，风格协调一致，符合工艺要求。设计稿图案外径统一为180毫米。修改完善的图稿，由造币厂以不记名方式于7月15日前上报总公司。每厂上报图稿正面不少于2种，背面不少于5种。

1988年10月，新版硬币设计审定会在北京召开，评审小组成员为印制总公司副总经理周瑞熙、中国人民银行货币发行司总经济师田均、中央工艺美院装潢系系主任陈汉民、中央美院雕刻系系主任曹春生、中国金币公司副总经理朱纯德、国营五四一厂设计制版部主任刘延年、中国人民银行印制研究所工程师郑新臣、国营六一五厂副总工程师张维斌、上海造币厂副厂长郑瑞铮、印制总公司生产二处副处长赵燕生、时任中国人民银行货币发行司发行管理处赵文波。评审小组对此次送审的110张图稿（正面16种，背面21套94种）进行了全面认真的分析、对比和探讨。会议认为这次送审的图稿整体水平比过去有较大提高，但图稿需进一步完善提高。图稿的设计应突出货币特点，体现民族性和时代感，正面要庄重大方，通过秀丽的字体和边饰烘托国徽图案；背面要突出货币面额文字，花卉要秀丽、挺拔、饱满、活泼，与文字相呼应，表现祖国繁荣昌盛、欣欣向荣的气象。具体的修改完善方案，正面提出两种，背面提出非对称型和对称型两大类各两种。

根据审定会对下一步设计工作的决议，沈阳造币厂推荐高级工艺美术师宋津民、工艺美术师晏景奎，上海造币厂推荐工艺美术师骆行沙、童友明、谢蕾美组成设计小组在北京集中参与审定会议确定的方案稿的修改工作，此次设计小组的组长为郑新臣。1988年11月4~17日，上述六名设计人员在北京集中，根据审定会议确定的方案在专家现场指导下进行修改、完善。在这次新版硬币设计方案修改过程中，听取了货币发行司、中央工艺美术学院、中科院植物花卉研究室、金币总公司和印制系统的美术专家，共计20余人的建议，经过13天的反复推敲、构思，最后形成两套集体创作方案。设计方案的正面均用国徽图案、国名字、年号字，在周边装饰上设计了带有汉语拼音国名和细边花饰图案两

1元币（牡丹）背面图稿

种；背面按人民银行党组3月23日确定的1角（菊花）、5角（梅花）、1元（牡丹）三种面值，分别绘制了非对称和对称两种方案。第一种方案中的非对称构图较新颖、活泼，时代感较强，整体性好，有别于原1分币、2分币、5分币的构图；第二种方案中对称性构图的设计较严谨、庄重。评审小组和特约咨询员殷毅、徐吉周的倾向性意见，采用第一种方案，即正面采用上半部带有汉语拼音国名的图案，背面采用非对称图案。

第一枚内多边形硬币的萌生

内多边形1角硬币

1988年末，中国人民银行就新版硬币整体设计方案进行研究后，为使1角币明显有别于现行分币，要求其外形要有所突破。1989年1月7日，中国人民银行印制总公司决定由国营六一五厂、国营六一四厂、兵器总公司所属重庆七九一厂利用各自的技术优势联合攻关。1989年4月13~14日，在北京召开多边形铝合金角币技术研讨会，会议决定下一步的试验和产品定型工作以沈阳造币厂为主，上海造币厂根据会议确定的技术参数，进行试验研究，做好投产前期技术准备工作；重庆七九一厂研制外多边形印模的加工工艺和硬质合金模套的加工方法。通过大量的工艺试验，为便于大批量生产，1角铝合金币最后确定采用圆形坯饼生产内多边形币，边部无齿加厚的新工艺。

链接：梅花　菊花　牡丹花
——浅谈新版硬币的设计思想

流通硬币作为国家的法定货币，不但要充当商品交换的一般等价物，而且要反映一个国家的历史、文化和经济的发展。因此要求图案设计完美、铸造工艺精良，从而在流通的同时，也具有一定的艺术鉴赏价值。

选　材

这次新版硬币的背面主景我们选用了牡丹花、梅花和菊花。花是美的象征，爱美之心人皆有之，爱花之心亦然。人们用花美化环境，花给人以美的享受；花可以陶冶情操，怡神养性，历史上那么多文人为花所动，借花抒情，留下了许多千古绝句；几千年来，花木不断生产繁衍，不断优化，这其间凝聚着我国劳动人民的汗水和智慧。花文化是中华民族璀璨文化的组成部分，为此，我们选用了花卉来喻示我们国家有着繁花似锦的前程。

选　花

在万紫千红的百花园中，我们选择了梅花、菊花和牡丹花，这是因为这三种花均起源于我国，在海内外享有盛誉。在我国传统的十大名花评比中，上述三种花卉也都名列前茅。梅花，不畏风寒，铁骨铮铮，象征中国人民自立于世界民族之林的气节；菊花，坚强而庄重，象征我们在党的改革开放方针指引下，日益强盛的国力；牡丹花，富贵雍容，象征我们国家和人民的美好未来。从而在三种币的主景上表达了我们的追求与理想。

创　新

在新版硬币的图案设计中，我们注重了货币的特征和构图艺术的有机结合。产品的正面图案以国徽为主景，国徽下方配有国名和铸造年号，上方增加了汉语拼音国名；背面图案在突出货币面额的同时，用非对称的艺术手法，再现了我国最著名的牡丹花、梅花和菊花。整个图案既庄重大方，又轻松活泼。设计风格与原有的流通币截然不同。

选用花卉作货币图案，这是新中国货币设计制造史上的一个突破和创新。

（作者：赵燕生）

第四套人民币硬币系列中的分币为现行分币，其材质自1980年调整后一直沿用至今，故不赘述。

第二套人民币硬币系列最初规划有角币，流通铝质分币发行后，1955年筹备铸造流通角币的工作随后已经开展。1957年苏联造币专家援华的一个重点工作就是选定角币生产的技术准备工作，选定角币合金的配制成分，完成角币的原模，确定角币的工艺方法。当时着力研究的材质是铜合金，因历史原因，第二套人民币硬币系列的角币没有发行。

1980年国家发行了第三套人民币硬币的圆角币，使用有色金属数量过大，未能大量生产和发行，同时已发行的圆角币大都沉淀于收藏领域，因而从第四套人民币硬币的圆角币开始，在新中国的流通领域才有了真正意义上行使货币交换职能的圆角币。

■硬币选材何其难

从某种意义上讲，硬币能否广泛流通与材质的确有着紧密的联系。在硬币制作材质的选用上，既要考虑原材料的供应情况，又要考虑原材料价格上涨所导致的印制成本增加，以及硬币自身价值与面额的关系，至少在一定时期不能出现成本超过面额的情况。从20世纪中后期开始，世界上造币金属原材料的消耗急剧上升，金、银、铜、镍、铝等金属的价格不断攀升，这就迫使各国造币厂改变制造硬币的金属成分，大力研制低成本的造币金属材料，以新的廉价的适宜于自动售货机的造币材料取代日益昂贵的金、银、铜、镍等传统的造币金属材料。与此同时，中国巨大的人口基数等客观流通环境要求元币、角币的绝对数量必须足够充沛才能保证圆角币的充分流通。

■新硬币的材质因市场变化而改变

20世纪80年代中期，新版硬币方案中拟定了合金材质，待到1988年3月23日中国人民银行党组扩大会议确定新版硬币方案后，国内金属市场变化很大，价格上涨，实施原方案已有困难。时任中国人民银行副行长童赠银指示需要对原方案的合金和规格等进行适当调整。1988年下半年，1角币的材质调整为铝合金、5角币为黄色铜合金、1元币为钢芯镀镍。

1角币的材质采用1982年开始启用的造币专用铝合金后，为使它在流通过程中，易于与1分、2分、5分铝合金分币区别，经过多项工艺试验，最后选用圆形坯饼生产内多边形币、边部无齿加厚的新工艺，通过外形、边厚、重量等与铝合金分币有了明显区分。

铜合金材质的5角硬币

新中国成立后，我国在铜合金工艺方面作了很多有益的探索，对铜合金的性能有所把握。根据1980年发行的铜合金圆角币的流通情况，1989年10月，国营六一五厂与沈阳有色金属加工厂合作，赵孝经、张维斌、柏青、刘秀兰、牛孟九、吕英杰、冯桂兰、李学飞、董江等技术人员对各种试制合金进行了多次评定筛选、分析研究，调整化学成分，先后制订了十多种黄铜中添加微量元素的试制方案，终于在1990年研制出新型铜合金取代了原有的铜合金，用在了5角硬币上。1990年5月，该项目通过印制总公司和中国有色金属工业总公司联合组织的成果鉴定，获得金融科技进步二等奖。此后，选用新型铜合金纪念币的生产也不在少数，如中国珍稀动物系列等题材的流通纪念币。

1元硬币使用了当时最新的包覆材料

1元币是第四套人民币硬币中的最大面额，它的规格在这组圆角币中最大，所需要的造币材料比较而言数量也是巨大的，可是铜、镍等重要物资在造币部分的投放在当时无法满足庞大数量流通币制造的需要。硬币在流通领域的使用年限比较长，从某种意义上能降低国家在货币发行上的成本，权宜之计就是在新兴的低成本的造币金属材料中寻找一种比较合适的材质。

1981年，加拿大雪利哥顿矿业公司公开他们的研究成果：一种新兴的包覆材料——钢芯镀镍，并邀请我国派员出席下属造

引进钢芯镀镍坯饼生产线工作组照

币厂钢芯镀镍车间开工典礼，为寻找合适的圆角币材质，印制总公司生产二处朱纯德、蔡明信（翻译），国营六一四厂严阳生受命去北美实地技术考察。1983年1月，应印制总公司邀请，雪利公司董事、造币部经理爱伦·李、专家格莱基博士、杰克逊·黄等再次来华，进行深入的技术交流。3月12日，中国人民银行向国家计委上报关于引进钢芯镀镍成套设备和技术的函件。5月23日，国家计委同意中国人民银行所属国营六一四厂引进钢芯镀镍成套设备和技术的函件。同期，钢芯镀镍材质被初步确定为第四套人民币硬币的材质。

第十一届亚洲运动会流通纪念币

1990年2月，钢芯镀镍坯饼生产线竣工投产。同年5月，首次用钢芯镀镍坯饼生产第十一届亚洲运动会1元流通纪念币（一套二枚）。钢芯镀镍这一材质的使用打破了中国造币业半个多世纪以来的困顿局面，同时掀开了我国大规模制造钢芯镀镍硬币的历史。从而为新1元硬币的试制投产打下了基础。

第三节
间断丝齿新技术成功
1元币选材钢芯镀镍

试制新硬币的样币期间，中国人民银行先后召开了由工艺美术专家和工程技术人员参加的技术探讨会和审样座谈会，还组织了有盲人和正常人参加的模拟流通识别测试，针对发现的问题反复攻关，使各种产品的技术参数更加合理。

■石膏模型的制作与修改

1989年2月28日，在经过设计、修改、审查等步骤，新版硬币图案基本确定后，印制总公司对国营六一五厂、国营六一四厂下发了制作新版硬币图案石膏模型的工作安排。沈阳厂制作正面国徽、5角币背面和1角币背面图案三种石膏模型；上海厂制作正面国徽、1元币背面和1角币背面图案三种石膏模型。为保证新版硬币图案效果的质量，每种石膏模型要求由两个不同的制作者制作两块以备选择；为求规范，图案中的文字和拼音字母要求尽量借助机器雕刻完成；浮雕的高度设计需要符合生产工艺要求。

1989年4月21~22日，新版硬币石膏模型审定会在北京召开，会议由印制总公司副总经理周瑞熙主持，中国金币总公司副总经理朱纯德、教授陈汉民、副教授曹春生、副教授董祖贻、中国科学院香山植物园工程师马勋等行业内外专家参会。经过评议，从送审的21块石膏模型中选定了5个面，分别由上海厂和沈阳厂承担修改工作。

■百万枚大试后才能正式投产

国务院批准第四套人民币硬币总体设计方案后，1991年3月4日，印制总公司向沈阳厂、上海厂下发生产第四套人民币硬币技术准备的通知，要求两厂按试制、试产、投产程序组织工作，试制工作结束后，由总公司组织鉴定。7月，第四套人民币1角、5角、1元硬币样币经中国人民银行、印制总公司审定批准。

5角铜币间断丝齿边形

8月2日，1角、5角硬币在沈阳厂通过百万枚试生产鉴定。第四套人民币1角、5角硬币是沈阳造币厂（由国营六一五厂更名而来）1985—1991年设计、试验、开发的，其1角硬币采用分币使用的铝合金，边部无齿，厚度与分币相比明显加厚，从视觉上看，区别很明显，在混合流通中不会与分币混淆；其5角硬币采用新型黄色铜合金制作，色泽近似金黄色，耐蚀性及抗变色能力有所提高，币背面采用梅花图案，设计及艺术造型精美，边部为间断丝齿边形，外型美观，这是我国首次正式发行间断丝齿流通货币。第四套人民币1角硬币的研制工作获金融科技进步三等奖；5角硬币的研制工作获金融科技进步二等奖。

新中国成立后，我国发行的硬币，其边形只有两种，即无齿圆柱边形及全丝齿边形。20世纪80年代国际上研制一种间断丝齿及柱面段相间排列，这种硬币外形美观，具有良好的防伪效果。造币技术人员对硬币间断丝齿边形进行多方面的研究，对间断丝齿的齿形进行优化设计，对模套结构进行理论分析，采用预应力镶嵌模套，计算间断丝齿的各项技术参数，采用线切割法加工间断丝齿模套，最终使5角铜币的间断丝齿边形取得了良好的冲压效果。

1991年9月20日，印制总公司出具第四套人民币1元币百万枚试生产鉴定证书。1元硬币是上海造币厂（由国营六一四厂更名而来）1985—1991年设计、研制、试验、开发的，采用钢芯镀镍新材料，币面浅浮雕的设计适合镍包钢的工艺特点，硬币的边缘为无齿圆柱面边形。这些特征使第四套人民币1元硬币与当时流通的硬币有明显的区别。产品背面采用牡丹花图案，设计造型美观。

作为20世纪新兴的造币材质，钢芯镀镍有其特性，而钱币的设计雕塑铸造的高下之分不完全取决于设计师、雕刻师与技术人员的美术功底，很大程度上还取决于他们对于金属材质、造币工艺技术的理解和掌握程度。硬币的塑形本身就是薄浮雕，采用钢芯镀镍坯饼来制造流通硬币的时候，受到材质的限制，浮雕高度受限，但是从艺术表现的层面上看，只有丰富的层次才能塑造出强烈的三维效果，为此1元币的原模雕塑是一个有难度的课题，上海造币厂工艺美术师顾杏宝、助理工艺美术师余敏分别在1元币正、背面的雕刻过程中，不断摸索，反复改进。

流通硬币与流通纪念币不同，对其在耐磨损、耐腐蚀性能上有更高的要求，在压印上又要能适应大批量生产的需要，为此，需要对坯饼镀镍层的厚度进行调整。项目组重新确定有关工艺技术参数，并对镀镍层增加，镀层在坯饼表面及坯饼边缘非线性增厚的规律进行了大量的工艺性试验，为确定冲饼直径、滚边直径提供了正确的依据。为了使产品压印后的图纹浮雕具有良好的艺术效果，项目组同时对印模图纹合理高度进行了大量试验、选择，将图纹压到了合适的高度。

第四套人民币1元硬币的研制工作获金融科技进步一等奖，其主要研制人员有：朱雪其、刘群、顾杏宝、余敏、方茂森、吕迎兰、郑瑞铮、叶仲华、章军、刘炳忠、严阳生。

南京造币厂铝生产线改造前后对比

南京造币厂生产车间场景

印制总公司计划安排南京造币厂（由国营六一三厂更名而来）于1991年试制第四套人民币1角硬币、1992年转产，并通知沈阳造币厂向南京造币厂提供“1992”年号的二原模；于1992年试制1元硬币，通知上海造币厂向南京造币厂提供“1992”年号的二原模。随后，南京造币厂也通过了百万枚试生产鉴定，顺利转产。

第四节 引进建设新型生产线 加快主机设备国产化

前后生产时间十年

1元硬币正面（上）与背面（下）

这组新版流通圆角币经李鹏总理批示同意后于1991年开始正式铸造，至2000年基本结束，生产时间十年。新版流通圆角币是在基建、工艺、生产线较完备的情况下，有条不紊地生产的。我国造币工业现有的铜合金币、钢芯镀镍币的生产基地几乎都是通过当时的技术引进和技术改造奠定的基础，而这组流通圆角币则是新中国造币业工艺技术更替的一个显性成果。其中，1角币——沈阳造币厂设计、研制开发的新型铝合金币，于1991年在该厂正式投产，南京造币厂、上海造币厂分别于1992年、1993年参与铸造，该币于1999年停止大规模铸造，随后的2000年生产了30万枚装帧币后停止铸造；5角币——沈阳造币厂设计、研制开发的新型铜合金币，于1991年在该厂正式投产，其后一直是独家铸造，该币于2000年停止铸造；1元币——上海造币厂设计、研制开发的新型钢芯镀镍币，于1991年在该厂正式投产，随后南京造币厂、沈阳造币厂分别于1991年、1996年开始参与铸造，该币于1999年停止大规模铸造，随后的2000年生产了30万枚装帧币后停止铸造。

主要生产线的建设情况　20世纪中后期，为了适应货币流通领域的需要，中国造币业的生产规模不断扩大，生产性基本建设项目陆续建成，为提高生产能力奠定了基础，有效缓解了国家货币发行的压力。

1991年，沈阳造币厂完成了铝币生产线改造，彻底改变了小炉熔炼、手提浇包铁铸锭、两辊不可逆轧机、人工续料、条块式生产局面，实现了半连续铸锭，可逆轧制带材生产。这个时期，上海造币厂的面貌也发生了很大的变化。

链接：人生易老天难老

陈慕华视察上海造币厂

75年前，北洋政府为统一币制，选址上海市苏州河北岸小沙渡，聘请美国人郝维特为总设计师，仿美国费城造币厂式样，筹建上海造币厂。经历两个历史时代的风雨坎坷，上海造币厂发生了翻天覆地的变化，昔日低矮、破旧的车间、工厂均荡然无存，造币大楼、贵金属金银币（章）生产大楼、设计制模大楼、机械设备维修大楼……一幢幢现代化的专业生产厂房如雨后春笋般相继矗立在江宁路桥畔。作为唯一的历史遗迹，旧时的熔炼车间已成一片瓦砾，站在废墟旁，透过秋风卷起的阵阵沙尘，眼前仿佛浮现出一幅画面；在烟熏火燎的阴暗工场里，寥寥无几的老式熔化炉，随着震耳欲聋的鼓风机声，喷吐出殷红的火舌，烈火映照着操作工一张张疲惫的、满是油污的汗脸。七月流火，在40多度高温环境下，工人们肩扛手提，挥汗如雨地操作着如牛喘息般的旧设备……逝者如斯夫，这一幕幕原始手工操作的劳动场面，早已随着时光的流逝，走进了历史博物馆，在旧址的废墟上，不久，一幢现代化综合库房大楼将拔地而起。

北洋政府、国民党在此靠着几台老式机器，铸造少量钱币和熔炼金银。日伪时期，这里成了日寇储藏枪弹的场所。只有在人民当家做主的时代里，上海造币厂才焕发出了它的光彩，成为社会主义金融事业中一颗璀璨的明珠。

1998年上海造币总厂全景

1930年之前中央造币厂全景

解放初期，上海造币厂仅有10多台老式压印机，如今，拥有60多台世界一流的压印机。截至20世纪90年代，它的主业产品产量、金银币（章）的产量均创造历史最高水平。国家投资引进的镍包钢生产线，更是效益不凡。技术改造、设备更新，促进了上海造币厂生产能力的飞跃发展。在上海造币厂几代人锲而不舍的奋斗下，造币工艺水平日臻成熟，上海造币厂不仅拥有世界水平的先进设备，还拥有第一流的造币专家、设计制模专家，熊猫金币、孔雀金币等一系列精品的设计和制作，屡次获得国际大奖，走上了国际市场……

上海造币厂的振兴和繁荣，是社会主义经济建设高速发展的有力佐证。

人生易老天难老，75年的沧桑巨变，一个跻身世界先进行列的现代化造币厂，正欣欣向荣地崛起在昔日荒凉的小沙渡上。

（作者：刘根生）

钢芯镀镍生产线引进的来来往往

对现有造币工业有深远影响的钢芯镀镍、铜合金生产线的建设分别开始于20世纪80年代与90年代。1983年11月，中国人民银行向国家计委提出申请：“为解决我国货币流通量大，而有色金属资源有限，不能使硬币品种升级换代的困难，拟向加拿大引进专有技术。”1984年外经贸部同意引进钢芯镀镍技术，该项目完成立项。经过多方人员前期大量的筹备工作，1985年5月21日，中国技术进口总公司副总经理艾荣富和雪利公司副总裁马基由代表双方在技术引进合同上签字。1985年8月16日至9月27日，由印制总公司、国营六一四厂和上海机电设计研究院相关专业技术人员组成联合设计组赴加拿大与雪利公司进行钢芯镀镍工程的初步联合设计。1985年9月15日，时任印制总公司总经理殷毅、钢芯镀镍工程中方项目经理王金升、印制总公司处长王志强、上海市计委处长张伟民、国营六一四厂厂长朱桐荪、国营六一四厂科长朱法禄等人组成审查团抵加拿大进行项目审查，对初步方案进行了必要的修改。同年9月20日，总公司与加拿大雪利公司签字批准钢芯镀镍工程的初步设计方案，完成审查工作。1985年12月25日，印制总公司向国营六一四厂下达关于钢芯镀镍工程初步设计批复，同意钢芯镀镍车间按中加商定的联合厂房的方案设计。在大量紧张细致的前期准备工作之后，钢芯镀镍建设工程就此全面展开了。

铜币生产线建设的艰辛岁月

1994年6月，沈阳造币厂铜币生产线技术改造项目经国家经贸委批准立项。1999年6月8日，铜币生产线技术改造工程顺利通过国家验收。

链接：铜币生产线技改项目建设回眸

1996年9月10日，沈阳造币厂铜币生产线技术改造项目通过初步设计，从而拉开了铜合金硬币基地建设的帷幕。

沈阳造币厂铜币生产车间场景

为保证工程项目的顺利进行，经招标选择了拆迁队伍。1996年7月开始拆除了日伪20世纪30年代建造的旧厂房，总计外运建筑残土2万多立方米，仅用40天的时间就完成了建筑场址的“三通一平”，使基地建设正式进入实施阶段。土建工程于1996年9月20日正式破土动工，至1996年严寒来临前完成了全部厂房深基础及主体框架结构。至1997年10月，土建工程满足了进口设备安装的要求，为设备的安装调试赢得了时间。

铜带材生产线设备的引进，是这项工程建设的关键所在。由于引进的设备技术含量高，涉及多学科、多专业，国外的多家公司闻讯参与报价，给谈判、签约工作带来了较大的难度。负责技改工作的宁应成副厂长带领技改办及厂内有关专业人员，在总公司的领导及洛阳设计院的积极配合下，夜以继日，往返奔走，仅用两个月的时间就完成了技术谈判、商务谈判和签约等一系列繁杂的工作。为保证设备安装的一次就位，厂有关部门根据设备的复杂程度和不同设备的安装周期，提前组织编制《安装施工方案》和《施工组织设计方案》，并把安装难度大、周期长的轧机作为安装工作的突破口。同时十车间有关专业人员对设备的基础进行了全面校核，以确保基础尺寸准确无误，为设备的顺利安装创造了有利条件。

1997年10月20日，四辊轧机主机架的安装代表了设备安装工作全线启动，经过各方面人员的通力合作，到1998年5月30日安装工作全部结束，比计划时间提前了1个月，为设备调试的提前进行创造了条件。铜带材生产线所属设备均属集机、电、液为一体的采用计算机控制的具有90年代国际先进水平的现代化设备。因此，调试周期长，技术难度大，针对这一情况，厂成立了设备调试验收领导小组和专业组，按照“统一领导、层层把关、协调一致、密切配合”的要求，把技术责任制以量化落实到人。

1998年6月30日，水平连铸一号机列一次试车成功，标志着设备安装调试工作首战告捷。随后，多项设备通过验收。参加轧机调试的外方人员丹尼尔先生高兴地说：“这套设备是我经手安装的第7台，也是最顺利的一台，沈阳造币厂是唯一一家没有铜加工经验的用户，你们干得这样出色，我们感到非常惊奇。”

铜币生产线技改项目两年建设预计三年投产的目标已提前完成，其建设速度在国内同类项目中屈指可数，整个工程项目共节约资金1600多万元。

1999年底，沈阳造币厂又新建了铜币坯饼生产车间，它的建成使沈阳造币厂的铜币生产能力扩大了1倍，同时也使整个铜合金硬币生产基地进一步完善。

（作者：韩宝峰）

国家的货币发行与国民经济的形势联系紧密，细数新中国成立以来几十年的历史，为了服从国家对硬币的指令生产任务时多时少的调度，造币业的规模（包括基建、设备、人员）几经调整。早在1958年整个印钞造币行业就形成了“主业为主，多种经营”的方针，一直强调挖掘现有设备、人员的潜力。随后，中国造币业的设备鲜有更新，直至1979年改革开放后，才有了设备全面更新换代、工艺技术全面提升的现实可能。

硬币压印机的研制

20世纪80年代，为使造币生产能力满足发行的需求，沈阳造币厂与齐齐哈尔第二机床厂联合研制了YB86型压印机，1989年12月8日，中国印钞造币总公司（由印制总公司更名而来）对该机进行验收。验收过程中，该机运行平稳，动作可靠，报警灵敏。该机研制成功，是高速精密硬币印花机实现国产化的重大成果。YB86型压印机投入使用后，在内多边形1角币等品种的生产中发挥了积极的作用。

90年代初，国民经济发展迅速，国家对货币发行的需求日益增长，当时生产流通硬币的主要设备为80年代末引进的设备，以及70年代、80年代研制的国产化设备，这些设备已经不能够满足发行的要求。

为了使造币生产能力既能满足发行，又有适当储备，中国印钞造币总公司在1990年第13次印制会议上作出了一项战略性的决定——立项研制新型硬币压印机，推动我国造币生产能力在数量和质量上的飞跃。同年7月，中国印钞造币总公司在北京召

YBW150压印机生产线

开造币设备研讨会，集中行业的优势兵力，研制硬币高速压印机——YBW150。

南京造币厂派出的人员长住上海，在陈国良的带领下，参与设计的老、中、青三代技术人员最终完成了设计图纸，机械零部件944种1917件、图纸1285张。鉴于客观的历史原因，当时很多国家的尖端技术禁止对我国出售，相关的技术资料散见于各处。

仅在纸面上解读技术是无法制造出符合我们生产实际需要的机械的，为此，项目组针对关键技术进行了严密的模拟试验。“20世纪在计算机和电子控制领域，新技术层出不穷，对于这些技术的运用，我们和国外差不多是在同一起跑线上，为了解和追踪当代科学技术的最新发展动态，项目组的工程师收集、分析了大量的技术资料。”通过一手资料，反复分析，终于研究出了性能优越的工艺技术。其中三项技术在当时国内的印花机上首次使用，虽然此后相关技术不断被更新，但是时隔19年，这三项技术依然在使用中。

在中国印钞造币总公司统一领导下，设备的设计工作以上海造币厂为主、南京造币厂联合研制，设计组领军人物是陈国良，沈阳造币厂作为用户单位参与项目。1991年7月15~21日，中国印钞造币总公司组织召开设计方案可行性论证会，原副总经理周瑞熙、中科院北京自动化所副研究员陈龙、东河公司五〇三厂、上海造币厂、南京造币厂的专家及技术人员参会。经过机械、电器两个专业小组的讨论，基本通过了设计方案。随后，试制样机的工作转入南京造币厂进行。

新型硬币压印机样机的制造以南京造币厂为主、上海造币厂配合。当时南京造币厂面临着工厂设备搬迁，以及零配件加工技术方面存在很多困难，他们硬是靠顽强的拼搏精神，逐一突破技术难点，使压印机的研制工作顺利完成。

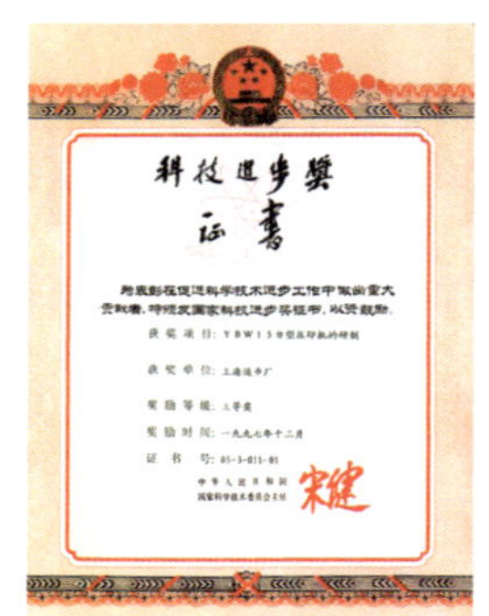
科技進步獎
證書
獲獎項目：YBW150型压印机的研制
獲獎單位：上海造币厂
獎勵等級：三等奖
獎勵時間：一九九七年十二月

1997年12月YBW150压印机的研制获得国家科技进步奖

1994年12月，YBW150型压印机通过中国人民银行的技术鉴定，荣获1995年度金融科技进步一等奖、1997年度国家科技进步三等奖，参与研制的主要人员有：陈国良、邬国强、王信诚、张立安、范玉民、高伟、沈敏华、李凡善、周建栋、张武军、夏永胜、乔水国、王江涛、张志华、徐立群。新型国产硬币压印机——YBW150的成功研制打破了我国硬币高速压印机依赖进口、缺乏核心技术的局面。在其后短短几年里，新型压印机投入大批量制造，现已成为我国造币企业的主力机型。

造币专家陈国良

陈国良小传：高级工程师，人民银行授予其“印钞造币勋章”，人事部批准为享受政府特殊津贴专家。陈国良1958年大学毕业后，一直从事造币技术、设备的科研工作，先后主持和参加造币设备的更新改造、引进设备的消化吸收，研制开发国产造币、印钞设备。为我国造币生产的现代化、装备技术赶上国际水平、培养年轻技术人才、提高社会经济效益作出了突出贡献

链接：忆造币设备

20世纪90年代，我们碰上了难得的机遇。1990年，第13次印制会议提出了要采用更先进的高速压印机再次更新现有的YB78机和YB86机。在1990年7月总公司召开的研讨会上，确定研制YBW150国产卧式压印机。1991年底，由上海造币厂和南京造币厂合作完成了该项目的设计，南京造币厂试制样机。1993年，样机试制成功，经过试生产和多次改进完善，于1996年投入批量生产，随后制造了大批量YBW150压印机，完成了第二次压印机的更新。

同一时期，由于纪念币（章）生产规模的不断扩大，上海造币厂决定自行研制精制币压印机，从1992年到1996年，我和我的同事们设计研制了YB350、YB650压印机，并获得成功。

以上多种压印机的研制成功，填补了国内空白，摆脱了长期以来依赖进口的局面。三个项目分别获得了金融科

技成果奖和国家科技进步奖。在取得成果的同时，也锻炼了技术队伍，培养了技术力量。以上成果的取得是与各级领导的关心支持分不开的，是与客观形势提供的机遇密切相关的，是我和我的同事们以及南京造币厂共同合作努力的结果。

（作者：陈国良）

链接：中国硬币压印机
——YBW150、WB350、YB650硬币压印机研制记

WB350压印机

要保证国家货币的正常发行，又有适当的储备，国内造币设备必须更新换代。在当时的国情条件下，如果全部采用进口机器替代旧设备，不仅需要支付天价的外汇，在备件和维修上还要受外方的牵制，一旦生产过程中发生故障，势必造成极大的不便。

1990年初，总公司在第13次印制会议上作出一项战略性的决定：立项研制开发新一代国产硬币压印机，推动我国硬币生产能力在数量和质量上的飞跃。同年7月，总公司在北京召开造币设备研讨会，确定：集中全行业的优势兵力，研制国产化卧式硬币压印机——YBW150。

YBW150项目的研制工作由总公司统一布置，上海造币厂、南京造币厂派出了最强的力量组成联合设计组，共有21名技术人员参加。项目负责人陈国良是清华大学机械制造系金属压力加工及设备专业高才生、高级工程师、上海造币厂副总工程师。

经过近三年的拼搏奋斗，YBW150两台样机制造成功。

1993年8月，样机通过总公司验收，各项技术指标全面达到或超过设计任务书的要求。此后，分别在两厂投入生产性试验。1994年12月，中国人民银行组织了以中国科学院和国家级研究所的资深专家为首的专家组，对YBW150研制项目进行了检测、鉴定，YBW150研制成功。

YB650压印机

90年代中期，YB350和YB650硬币压印机相继研制成功，这两种新机型具有吨位压力大、工艺精度高等特点，主要用于规格比较大的金银纪念币（章）生产。特别是YB650压印机，对开展大直径的高浮雕大铜章生产起了很大的作用。

YBW150卧式压印机的研制荣获1995年度“金融科技进步一等奖”，荣获1997年度“国家科技进步三等奖”。

YB350立式压印机的研制荣获1995年度“金融科学技术进步一等奖”。

YB650立式压印机的研制荣获1999年度“金融科学技术进步二等奖”。

（作者：刘启瑞）

从1992年6月1日起，第四套人民币硬币圆角币正式发行，这实现了中国造币人打造新系列流通硬币的梦想。这套硬币从真正意义上参与了流通，而不是小批量、象征性地在国内发行。同时，这套硬币也见证了中国造币工艺、造币设备、造币人才梯队的发展，成为中国造币业值得骄傲的成果。

第五章
走进新时代的第五套人民币（1999年版）

印钞篇

第五套人民币自1999年10月1日开始发行，至2004年7月30日，共发行了100元券、50元券、20元券、10元券、5元券、1元券六种纸币和1元、5角、1角三种硬币。第五套人民币根据市场流通需要，增加了20元券面额，取消了2元券面额，使票面结构更加合理。

第一节
经济建设提速货币投放增加
研制发行新版货币势在必行

党的十一届三中全会以来，随着改革开放的深入，国民经济的快速发展，金融改革开放的不断推进，人民币逐步向可自由兑换货币方向发展，这也要求人民币在券别结构、钞票材质、制版印刷技术、机读性能及防伪措施等方面都要具有国际先进水平。上述这些都对现行流通货币从质和量两个方面提出了更高的要求，为此，尽快研制具有高防伪性能、达到国际先进水平的第五套人民币势在必行。

■第五套人民币出台的原因

国家经济建设发展的需要。中国经济持续、稳定、快速地增长，商品交易对现金的需求日益增大，货币投放量呈明显上升趋势。

人民币达到世界可流通货币的需要。随着我国经济、金融改革开放的发展，人民币将逐步走向世界，这就要求人民币在券别结构、钞票材质、制版印刷技术、机读性能及防伪措施等方面都应当达到国际先进水平。

防假币反假币斗争的需要。随着国民经济的快速发展，经济领域里的犯罪行为不可避免地出现，流通领域里的假人民币不仅给国家财产和人民生活造成损失，也损害了人民币的良好信誉。现代化的复制手段也迫使我们必须采用高新技术印制人民币，以便更有效地防假反假。

钞票自动化处理的需要。随着钞票自动化处理进程的不断加快，也要求有一套适应现代化钞票清分处理系统（包括鉴别、清分、销毁）的新货币与之相适应。

展示改革开放成就的需要。改革开放以来，我国的综合国力日益增强，人民币是展现综合国力的重要载体之一。为了反映我国改革开放及社会主义现代化建设取得的巨大成就和科学技术取得的多项成果，研制新一代货币也是顺理成章。

货币战略储备的需要。中国人民银行提出人民币生产要本着“生产一代，储备一代，研制一代”的思想，对第五套人民币的研发要及早准备。中国印钞造币总公司（时称中国人民银行印制总公司，下同）在第18次印制会议上提出：将研制第五套人民币作为工作重点，以此为龙头，带动人民币印制质量的提升和科技水平的提高。

第二节
十年报批道路曲折
设计主题几经变更

■漫漫的设计、审批路

1988年10月，中国印钞造币总公司在主管副行长童赠银的支持下，提出准备设计第五套人民币的问题，并以此推动印制科技、生产及其他各项工作的发展。

1989年8月14日中国印钞造币总公司召开了第五套人民币设计领导小组会议，会议议定了新版人民币的主题，研究了纸张、油墨、印刷以及拟采用的防伪措施。

8月18日，中国印钞造币总公司向中国人民银行报告《关于第五套人民币设计主题思想和内容的请示》，在《关于第五套人民币设计印制建议书》中提出了第五套人民币要充分地体现现代钞票的特点，加强货币防伪能力，适应银行业务、电脑化使用、自动货币处理系统的需要，做到艺术与技术、传统与创新、专家意见与群众意见的统一，专业性防伪与群众性防伪相结合，反映中华民族悠久的文化艺术，反映现代科学技术的新成就、新水平等相关建议。

12月18日，中国印钞造币总公司召开了第五套人民币设计会议，确定了新版人民币的面额及各面额正背面的主景内容。

1993年1月，有关领导传达了国务院总理李鹏关于设计大面额钞票主景要使用领袖人物头像的意见。同年7月，国务院副总理朱镕基提出票面统一采用毛泽东主席的头像的建议。

1995年8月14日，中国印钞造币总公司在长春市召开科技与发展工作会议，总经理赵鹏华在工作报告中，正式提出要研制开发“高质量、高防伪、可机读”的第五套人民币。会后，印钞造币行业设计人员、专业技术人员围绕“两高一机读”的目标，对新产品进行研发攻关。长春科技会议奏响了第五套人民币研发的序曲。

9月，中国人民银行向国务院提交了《关于研制第五套人民币的请示》。10月18日，时任国务院副总理兼中国人民银行行长朱镕基正式批复同意研制第五套人民币。

1996年初，中国人民银行成立了以行长戴相龙为组长的第五套人民币研制工作领导小组，并提出“全面提高新版人民币整体水平，使跨世纪的第五套人民币在设计水平、印制质量、综合防伪技术方面赶上、达到国际先进水平”的工作目标。领导小组下设以货币金银司为主的秘书组和以中国印钞造币总公司为主的设计开发组，并确立了第五套人民币设计原则、时间进度。

2月至6月，中国人民银行分别邀请中宣部、国家档案局、中央党史研究室、中央文献研究室、社科院历史所和现代所等部门以及中国人民银行的有关专家就新产品研发的设计构想方案，特别是主景人物选择进行了认真的讨论。

6月，中国人民银行先后召开三次行长办公会议对新产品研发、设计构想进行了认真研究，并于同年8月12日、9月16日分别向朱镕基副总理并国务院上报了第五套人民币设计构想方案。同年9月至10月，国务院先后两次对人民银行上报的第五套人民币设计方案进行研究，并作了批复。

11月13日，中共中央政治局常务委员会讨论并原则通过第五套人民币设计方案。

1997年8月6日，国务院办公会原则上通过第五套人民币设计方案，12月16日总理办公会原则上通过彩色稿。

1998年2月20日，中央政治局常委会再次审查第五套人民币设计彩稿，对1元券、10元券和50元券背面主景提出修改意见。

4月10日，第五套人民币所有彩色设计画稿均得到中央政治局常委会一致同意。

4月20日，中国人民银行正式得到党中央的批复，第五套人民币纸币彩色画稿、硬币样稿设计工作全部结束。

设计主题几经变化

设计第五套人民币时，先后经过了几个主题的变化。

第一个主题是古代历史人物，以朝代为序：春秋战国时期的孔丘、屈原，汉朝的司马迁、蔡伦、张衡，南北朝的祖冲之，唐朝的李白，宋朝的毕昇，明朝的郑和、李时珍。这些名人曾在中国人民银行1983年为成套发行历史人物纪念币时，报送中共中央宣传部并得到批准。背面主景是与正面人物像相关的景、物或作品，使票面的正背面相呼应。

第二个主题是当代领袖人物。这些领袖人物是毛泽东、周恩来、刘少奇、朱德、邓小平、宋庆龄。

第三个主题是毛泽东的头像。是1993年时任国务院副总理朱镕基提出的建议。背面以中国知名风景、知名建筑为主题。

在此过程中还有领导建议，以展示改革开放伟大成就为主题，票面上要反映工、农、科技、交通、军事等，具体有上海南浦大桥、北京西客站、“三北”防护林、酒泉发射场等。

在四个主题相继确立后，中国印钞造币总公司对各个方案都设计出了彩色稿并上报中国人民银行，中国人民银行又上报国务院讨论。最终确定的第五套人民币纸币设计方案是：

六种纸钞券别的正面主景均采用毛泽东同志新中国成立初期

的同一头像；背面主景从中国的名胜古迹和建筑、风景中，选用了人民大会堂、布达拉宫、桂林山水、三峡、泰山、西湖等著名建筑和风景。

硬币：正面为面额、行名和年号；背面主景分别选用兰花、荷花、菊花。

朱镕基的批示为新币研发吹响号角

1995年9月24日，中国人民银行向国务院请示第五套人民币的有关问题，报告阐述了研制第五套人民币必要性和紧迫性。

报告特别提出当今高科技的防伪技术迅速发展，使研制具有较强防伪功能的第五套人民币成为可能。近几年一些新的防伪技术如有色、无色纤维丝、缩微文字、光可变油墨、隐形图纹及红外油墨等工艺技术均已开发，有的已在有价证券中应用。如能将国内外先进的防伪技术应用到人民币上，将使我国的货币防伪功能大大增强。报告建议立即着手组织第五套人民币的研制，以满足市场经济发展对货币流通的需要。

时任国务院副秘书长周正庆对中国人民银行的报告作出批示：拟同意，请椿霖同志核报镕基同志审阅。随后朱镕基签字批准，时间是1995年10月18日。朱镕基的批示为第五套人民币的研发吹响了号角，从此第五套人民币的研发（代号1018工程）步入快速发展的轨道。

链接：第五套人民币研制的前期

原中国印钞造币总公司总经理赵鹏华向我们回忆起第五套人民币的研发，介绍了起步阶段的情况，他说：第五套人民币的设计从1988年就开始提出了，因为货币发行量增长很快，当时正在生产发行第四套人民币的各个券别，印钞造币行业加班加点多，生产任务压力大，为了改变这种状况，就着手研究今后的发展方向，提出设备、技术、人员、产品要有储备。因此同年10月就提出准备第五套人民币的设计，目的就是用第五套的设计开发来带动印制科学、防伪技术的提高及整个印制事业的发展。

1989年8月和12月分别召开了第五套人民币设计领导小组会议和设计会议，确定了新版人民币的主题、面额及正背面的主景，1990年12月21日正式向副行长童赠银汇报第五套人民币历史人物的素描稿。

第五套人民币应用的防伪技术（除光可变油墨是合资生产外）都是自行研制开发的。这些防伪技术的开发，很好地锻炼了印制行业的研发队伍，促使其进一步发展壮大。

（作者：刘万银）

第三节
刘文西深情绘制再现毛泽东伟人风采
三大突破三大功能凸显新型设计理念

票面选用了新中国成立初期毛泽东主席头像

为什么第五套人民币票面要选新中国成立初期毛泽东主席的头像呢？原中国印钞造币总公司总工程师、第五套人民币研发工程办公室主任梁友杰向我们介绍了其中的原因：

第五套人民币设计之初，按照上级领导的意图，设计组画了好多幅毛泽东头像画稿，这些画稿有毛泽东各个时期的标准像，也有天安门城楼上悬挂的标准像，因为全国人民最熟悉这张画像，好多老百姓家里张贴的也是毛泽东的这张标准像。设计组最初也是采用天安门城楼的毛泽东画像，我们向国务院秘书局上报画稿时，国务院副秘书长周正庆建议用现在票面上的毛泽东头像，他说这张毛泽东头像好，是1949年政治协商会议上的一张照片，是毛泽东精力充沛、风华正茂的时候，最能代表他的形象的一张照片。后来我们就采纳了周正庆的建议。

刘文西创作的毛泽东头像素描稿

1996年8月，根据国务院秘书局的意见设计出样稿后，又向总理办公会议汇报。中国人民银行行长戴相龙带队，同行的有货币发行司司长夏立平、印钞造币总公司总经理赵敬盈和我四人，我们携带两套设计方案图稿到北戴河会场，直接向到会的领导汇报了新版人民币图案的设计意图、防伪技术方案等。领导们看得特别认真，提出的问题也是很明确的。记得当时李鹏总理说，这人民币没有英文，都是方块字，国际友人不认识，所以票面采用的图案最好是世界各国人民很熟悉的，一看就知道是中国的钞票。设计稿正面毛泽东头像就满足了这个要求，因为毛泽东在国际上有一定的威望和知名度。于是毛泽东正面头像就被确定用于第五套人民币的正面主景。关于钞券背面主题，与会国务院领导的一致意见，不采用表现时代感强的改革开放伟大成就主题，而采用国内著名风景和建筑主题这套方案。

毛泽东主席头像素描稿出自画家刘文西之手

中央决定采用毛泽东的正面像作为新版人民币的主景后，中国印钞造币总公司先是组织行业内的专业技术人员画毛主席像。大家画出来的大效果尚可，但均有欠缺。梁友杰委托刘延年去中央美术学院请专家绘画毛泽东像。一位教授应邀创作毛泽东头像，但是由于他用的是木炭笔，细节的地方表现不够，而雕刻需要用点线来表现，需要有表现细节的素描稿作为依据。后来，又通过陈明光，找到正在北京参加人民代表大会的西安美术学院名誉院长、西安美术学院研究院院长刘文西教授来画毛主席的头像，他创作的素描稿先后经过两次修改，就成为现在流通的第五套人民币票面正面主景的素描稿。

链接：画毛主席像，我心中有数

画家刘文西在陕北

2007年4月的一天，刘文西向我们讲述了当年如何接受创作毛泽东头像素描稿的任务，自己是如何构思、表现伟人的内在气质和外在形象的……

1997年3月的一天，我正在北京开人民代表大会，中国印钞造币总公司派人找到我，他们说要准备一套新的人民币，中央决定用毛主席头像做钞票的正面主景，说我画毛泽东人像画得多，让我画。我一看照片不是很清晰就犹豫不决，不想画。他们对我说，如果钞票上选用您的作品，中国十几亿人就都能看到您的作品了。我想了想也有道理，就接过来了。

如何把毛泽东主席画得像，让老百姓满意，画出他的精神风貌和气质神采，我这一生都在研究。我研究毛泽东主席的照片很多很多。延安时期、杨家岭时期、西柏坡时期、“文革”前期、中期和后期的。我要了解毛主席在陕北生活、工作情况，毛主席在陕北走过的村子我都走过了。在杨家岭采风时，我就住在毛主席警卫员的窑洞里。我研究了主席的方方面面，我熟悉了毛主席内在气质和外在的形象，我画毛主席像多，各个时期的像我都画过，还出了一本画册，所以我对画毛主席头像心中有数。

创作这张毛泽东头像时，我认为人物要有立体感，不能像西洋素描那样一块一块地拼接。我画的时候摆脱素描的画法，因为我想绘画技巧要符合印钞工艺，印钞雕刻原版时是靠点和线来表现。另外在绘画时要有自己的理解和创造，我不到15天就画出来了，是一气呵成的，比较痛快，没有用过橡皮擦。拿到北京中国印钞造币总公司，他们提出了相关意见，我修改了两次，就成功了。

（作者：刘万银）

票面设计集传统、现代于一身

跨世纪的第五套人民币既保持了中国传统钞票的设计特点，又具有鲜明的时代特征，充分体现了现代货币特点，突出了防伪技术的应用，强化了使用功能，按照梁友杰总工程师的说法，第五套人民币是按国际现代货币理念标准研制生产的，成功地达到了“高防伪，能机读，方便流通，有利于反假”的预期目标。

从票面的构图上看，具有鲜明的中国特色。各个票面全部采用一个主景，这在人民币的设计中是第一次。正面由毛泽东头像、民族图案、花卉构成，毛泽东是开国元勋，世人知晓；图案中有中国漆器、刺绣等元素，极具民族文化的气息；花卉喻示着国家的欣欣向荣。背面主图案为最有代表性的建筑和中国的壮丽山河，辅之以有代表性的民族装饰花纹。整个票面都表现出了

1999年版100元券背面

极强的中国文化特色，无论是中国人还是外国人，一看就知是中国钞票。特别值得一提的是，100元券的背面设计，设计者为高级工艺美术师邵国伟与沈志云，他们遵循现代艺术法则和设计理念，摒弃了传统的以花边、花球为边框的形式，整个票面呈开放式的结构，增大了防伪设计的空间，同时，采用元素性结合与散点透视的手法，将人民大会堂的庄严与祥和融为一体，堪称经典之作。邵国伟、沈志云的设计方案在众多的方案中脱颖而出，很快通过专家和领导的评审，经过修改完善后正式应用到钞票上。另外，第五套人民币还增加了机读技术，便于机具的清分处理。

■票面设计中的三大突破

设计理念上的改变。综观前几套人民币的设计，均强调政治性，而艺术性、防伪性都处于服务、服从的地位。第五套人民币研发之初就强调防伪技术的运用，强调政治性、艺术性、防伪性的协调统一。同时还增强了人性化的设计理念，强调了货币的流通性，如大头像、大面额数字、大水印的采用，有利于公众的识别。采用了开放式的设计，给防伪技术的运用以更多的空间。

领袖人物头像的使用。我国以前发行的钞票，票面正面多为工、农、兵、少数民族形象，或者是风景名胜。应当看到我国钞票的发展与世界钞票的发展是同步的，从风景，到半胸像，到头像，它的发展是一个美学与技术发展、进步的过程。第五套人民币领袖人物头像的运用和开放式结构，使得我国钞票与世界钞票设计的潮流趋近了。

计算机辅助设计的运用。在第五套人民币设计中，局部运用了计算机辅助设计，使我国的钞票设计进入了一个新的时代，计算机可以快速应对钞票设计中的调整，缩短了设计雕刻制版的时间，提高了效率，也与世界钞票设计现代化手段的运用接轨。

■实现了钞票的“三大功能”

第五套人民币的防伪技术无论在数量上、质量上和总体防伪效果上，较之第四套人民币都有显著的提高。研发期间签订了攻关合同400多项，有25项新技术运用在新版人民币上，使得这套人民币跻身于国际先进技术行列，与英国、日本、奥地利、荷兰、比利时五国的钞票基本处于同一水平线上。

使用功能。第五套人民币票面简洁、色彩明快，不同券别主色调冷暖相间，强调突出了大头像、大水印、大面额字，方便公众识别与使用，符合我国广大人民群众的审美习惯和使用要求。

防伪功能。第五套人民币的正面，防伪技术是呈环形分布，有利于宣传和公众记忆、识别，也有利于银行机具检测。此次人民币的设计充分考虑了防伪功能与现代防伪技术的有机结合，尽可能地使钞票的防伪功能与成本、质量、使用寿命、审美、民俗等诸多因素达到统一和协调。

机读功能。可机读是现代钞票的重要防伪特征之一。第五套人民币在设计中充分考虑了这个功能，应用了我国研制的特有的防伪技术，并将其合理分布，更有利于机具识别。使采用机具点钞、分拣、清分，使自动兑换、自动售货成为可能，同时对杜绝假钞进入流通领域也有积极的防范作用。

主景图案的设计与雕刻

第五套人民币除了钞票正面人像是由刘文西创作的素描稿之外，其余主景、图案全是由印钞造币行业内的专业技术人员设计、雕刻的。在研制开发之初，中国印钞造币总公司就本着“集中领导、集中人才、集中时间、集中智慧”的原则，多次组织行业内的设计人员集中创作，让他们参与票面主景、团花、装饰及纸张水印的设计、雕刻工作，设计、雕刻人员为能够获得这次机遇激动不已，夜以继日、呕心沥血，共完成题材稿、方向稿、各要素布局稿、意向稿、彩色稿等200多幅，专业技术水平得到很大的提高。这套人民币的成功研制体现了印钞造币行业设计、雕刻人员的真正实力。

徐永才在雕刻毛泽东头像

马荣在雕刻毛泽东头像

第五套人民币正面主景进入雕刻阶段时，中国印钞造币总公司组织了全行业的雕刻人员参加刻制并以竞标的方式确定胜出者。第一个品种是100元券毛泽东主席头像主景，最后选用上海印钞厂高级工艺美术师徐永才雕刻的作品。

第二个品种是50元券、20元券、10元券中正面主景毛泽东主席头像，最终选用的是北京印钞厂的工艺美术师马荣雕刻的作品。

第三个品种是5元券、1元券正面主景毛泽东主席头像，最终选用的也是马荣雕刻的作品。

第五套人民币各券别票面的背面主景设计人员分别是：100元券背面主景“人民大会堂”的设计者是邵国伟、沈志云；50元券背面主景“布达拉宫”的设计者是曲振荣；20元券背面主景“桂林山水”的设计者是李艳春；10元券背面主景“长江三峡”的设计者是刘金星；5元券背面“泰山”的设计者是李祥元；1元券背面主景“西湖风光”的设计者是朱文发、沈志云。

第五套人民币各券别票面设计制版总负责人为刘延年。

链接：人民币印章的变化

1999年10月1日开始发行的第五套人民币，其印章从1元至100元均印在钞票背面。印章的使用又有了重大改革，由原来两枚印章改为只印一枚“行长之章”，去掉了“副行长章”。印制工艺与第四套人民币相同，印章规格尺寸统一为5.5mm。

（作者：石大振）

钞纸水印的设计与雕刻

20元券荷花、10元券月季花、5元券水仙花固定花卉水印图

第五套人民币用纸是由中国印钞造币行业自主研发的。纸张水印的设计雕刻由新产品研发办公室组织相关技术人员来公平竞争。除了100元券、50元券是依据的刘文西创作的毛泽东头像的素描稿进行雕刻外，其余票面的花卉水印是行业内技术人员自行设计、雕刻的。

参与第五套人民币钞票纸水印设计、雕刻的人员有夏冠英、骆富文、侯雅林、胡福庆、王继斌、李迎朝、王安云、王平、陈广松等。经过角逐，各票面的中标情况是：100元券毛泽东正面人像固定水印雕刻者陈广松，50元券毛泽东正面人像固定水印雕刻者王安云；20元券荷花水印设计者为王平、李迎朝，雕刻者为李迎朝；10元券月季花水印设计为王安云、王平，雕刻者为王平；5元券水仙花水印设计、雕刻者为王安云；1元券兰花水印设计为李迎朝，雕刻者为王继斌。

第五套人民币所用纸张水印设计、制版总负责人为孙义山、岳保民等。

第四节
新技术孕育在艰辛攻关路
新产品生产于坎坷试印途

第五套人民币使用了新的防伪技术、新的工艺、新的材料和新的设备，因此，在第五套人民币各券别的生产中，遇到了很多的困难。中国人民银行党组和有关领导对研发工作高度重视，货币金银局领导具体协调、指挥，中国印钞造币总公司周密安排，各研发企业积极组织，广大技术人员和企业员工群策群力，通过一次次的试验、调整，攻克了一个又一个难关，第五套人民币各券别按时完成，如期发行。

■领导挂帅、分工负责

中国人民银行对第五套人民币的设计开发工作十分重视，时任行长戴相龙经常过问工作进度，并对设计思想等政策性较强的问题给予具体的指导；前后分管印钞造币企业的副行长有童赠银、殷介炎、朱小华、史纪良、刘廷焕、胡晓炼、马德伦，他们都在任期内直接指挥过研发工作。由人民银行领导及有关司局领导组成的新产品研发领导小组，全面负责第五套人民币的设计研制工作，审定设计方案，核准上报国务院的报告、设计稿和原版样。由货币金银局领导及有关处室人员组成的秘书组，主要负责组织、协调有关第五套人民币研制工作，提出设计思想、券别结构、主色调、票幅尺寸及防伪措施等总体要求，起草上报国务院设计稿和原版样的报告；由中国印钞造币总公司（包括所属企业、印制研究所）有关人员组成的设计开发组，主要负责组织、协调具体设计、研制、开发工作，按设计要求提出具体实施方案、意向稿、设计稿、原版样两套以上，供领导选择。

参与者呕心沥血　组织者各负其责

由于研制第五套人民币（1999年版）前后有10年之久，在此期间，曾经担任印钞造币总公司主要领导的赵鹏华、赵敬盈、刘世安、贺林更是倾注了大量的心智。为了不间断地做好设计开发等相关工作，中国印钞造币总公司成立的研制第五套人民币的领导小组也因情况的变化而变动了几次。主持研发工作的领导有赵鹏华、赵敬盈、刘世安、贺林以及单连田、梁友杰、张周甫、古道明、杨启宽、邵国伟等，他们的主要职责是在人民银行研制第五套人民币领导小组的领导下，全面负责第五套人民币的设计、研制、开发工作，审定设计稿及原版样，核准上报人民银行的总体实施方案。

第五套人民币研发工作办公室的成员也是多次调整，先后有梁友杰、董惠珍、章星、徐正铭、刘永江、吕英杰、张东辉、刘凤仙、栗婉、李晓伟、刘延年、孙义山、胡福庆、岳保民等。办公室的主要职责是发挥综合、组织、协调作用，提出新产品研发工程的总体实施方案、技术开发方案、设计方案，制订研制工作计划，督促检查计划进度和执行情况，提供从图案设计到原版制作及打出原版样全过程的具体总结报告。

随着工作的不断推进，1997年9月又成立原版工艺技术组。全面负责原版制作工艺、技术、质量。1999年2月成立原版制版、试印工作领导小组，全面协调指挥原版制版，试印工作。

与此同时中国印钞造币总公司也要求各厂主管科技工作的副厂长负责新产品研发的组织领导工作。

■首发100元券，大红新容颜

1999年版100元券正面

中国人民银行决定在1999年10月发行100元券。为此，中国印钞造币总公司把首发券的设计制版、印刷工作放在上海印钞厂。这绝对是一次挑战，从彩色设计稿到产品，要经过制版、制墨、印刷等几十道工序，上海印钞厂对此高度重视，领导统一指挥展开攻关工作。时任上海印钞厂新产品设计组组长、高级工艺美术师邵国伟带领制版团队，改变传统制版工艺，采用自行研制的计算机辅助设计系统进行胶凹印原版制作，历尽艰辛，终于取得圆满成功。

传统的凹印原版制作工艺烦琐，周期长，不能适应生产的需要。上海印钞厂，北京印钞厂，成都印钞公司纷纷进行了新工艺研制工作。时任上海印钞厂制版车间主任的孙建华带领技术人员，发扬拼搏精神，群策群力，反复试验，完成了我国第一块由手工雕刻人像与腐蚀图纹集成的100元首发券凹印原版。

摆在高级工艺美术师徐永才面前的是一张刘文西创作的毛泽东头像素描稿。徐永才懂得，自己雕刻的不仅仅是一件供人欣赏的艺术品，更是钞票的原版，有了它，才能翻制无数块印版，才能装在高速凹印机上，印制出亿万张钞票来。原版要与油墨、纸张、工艺、环境等诸多因素共同作用，并取得相互的平衡与协调，才能印出优质的产品来。艺术效果必须和现代化大生产相统一，这才是关键。所以当徐永才创作的钢版雕刻原版通过了审核，他的工作也仅仅是完成了一大半，因为雕刻作品能否经得住大生产的考验还是未知数。在整个生产试印阶段，他紧跟机台，和技术人员与机台工人一起，埋头分析试印品质量与印版之间的关系，研究改进方案，作出相应的调整。为了使原版与大生产相结合，制版人员还不断探索，运用新方法、新技术，成功开发出“冷胶硬铜制版法”，填补了我国印钞制版史上的一项空白。

第五套人民币100元券最先进的技术之一是凹印油墨的研制。高级工程师张嘉申说，早在1993年上海印钞厂科技处的油墨化工组就接到了任务，只是当时谁都不知道它将应用在哪里。任务要求按国际高标准开发新一代印钞油墨，什么是国际高级标准？也就是国际公认的标准要求，具体来说，也就是油墨必须适用于每小时10000张的高速印刷，特别是擦版后排放的废水要容易处理。上海印钞厂的科研人员从油墨原材料、颜料、连结料入手，反复调整配方100多次，终于研制出适应第五套人民币100元券印刷的油墨。

人民币印刷的前期准备最终要在钞票纸上体现，这堪比绣花，各种针有了，各色线也齐了，绣面也被装在绷架上了，接着就该绣花了。

第五套人民币采取了20多项防伪措施，比第四套人民币100元券增加了一倍还多，这是给造假者设置的难题，但同样的难题也出给了自己。100元券的试印是1998年4月在上海印钞厂胶印车间开始的，胶印印刷还算顺利。5月，胶印半成品进入凹印车间，试印也进入了攻坚阶段。凹印工序的第一阶段试印，竟被查出有36个问题。时任上海印钞厂总工程师、新品研制负责人赵永才，想到这36个问题要在半年时间内解决，从不沾烟酒的他，举着烟犯愣、端着酒发愁。但是在厂领导班子成员的支持下，他多次召集现场人员开会，组织相关人员对印版、油墨进行改进、调整，使它们逐步适应高速印钞机的高温以及纸张的性状，36个问题逐一得到解决。

上海印钞厂凹印车间92型印钞机

100元券的正式投产是在1999年初，大生产中的产品质量却不尽如人意，印品出现“桃花”、人像脸部“长胡子”等问题，主要原因是印版与印刷机不相适应。上海印钞厂制版车间从调整人像适应印刷的需求入手，通过多次调整印版，基本上适应印钞机的高速运转。但初期的作废率还是较高，原因在于机器速度太快，机台的操作人员和新产品、新工艺、新要求之间还缺少磨合过程，上海印钞厂的广大员工迎难而上，在新中国成立五十周年中国人民银行规定的第五套人民币100元券发行日之前，胜利完成了预定的产量目标。

■20元券研发，百年老厂立新功

20元券的设计由百年老厂——北京印钞厂承担，这个曾经主要承担第一套、第二套、第三套、第四套人民币设计、雕刻任务的老企业，在新任务面前坚持创新，提出新品种上马、设计雕刻上档次、上水平的工作目标，在新产品的研发上下工夫，出精品。该厂领导召开雕刻人员会议，鼓励大家总结以往的经验，精心雕刻。厂里的设计人员为了使装饰花团既达到设计稿的效果又有别于以往的产品，采用了暗花装饰为主的点线装饰相结合的办法，在手工雕刻和机器雕刻人员相互配合下，达到了满意的效果。

工艺美术师马荣为了更好地创作，查阅了毛泽东的相关图片资料，细心揣摩伟人毛泽东的气度和风貌。在雕刻时认真领会素描稿，对细节的地方进行精妙的处理，并对小规格与大规格头像的不同之处进行体会。她加班加点，放弃了休息日是常事。进入上机试印阶段后，她经常赶到现场，多次调整印版，力求达到最佳效果。

背面主景是由高级工艺美术师吴依正承担。他翻阅了大量涉及桂林山水的资料，虽然此时他身患疾病，但他全然不顾，投入创作之中，他顽强拼搏数月，圆满地完成了任务。

在胶凹原版的制作过程中，大家认真分析了设计稿，巧妙运用新方法，经过多次调整打样，使最后的印品接近彩色画稿的效果。在制版过程中，参与人员都本着高标准、严要求，哪怕是版面上的几根线、几个点、一处套印也要反复推敲。高质量的原版，为后序工作的进行打下了坚实的基础。

在20元券的试印过程中，北京印钞厂领导严密组织生产，还带领相关管理部门和技术人员下到车间现场办公，加强产品质量的过程管理，及时发现和解决问题；主业车间接受任务后，召开动员大会，将生产任务层层分解落实到班组、机台和个人，明确责任和目标。由于大家共同努力，新产品试产开局良好，所报样张获得中国印钞造币总公司批准，产品质量控制在较好水平，为进入大生产阶段创造了条件。

1999年12月23日，20元券人民币开印，时任主管副行长史纪良亲自按下印刷机的按钮，当一张张飘着墨香的印品从机器上迅速飞来时，大家激动不已。因为成功是所有参与设计、印制的职工打造精品，精心操作，努力拼搏得来的。

史纪良副行长按下印钞机的按钮

印刷是实现钞票设计意图的关键，也是保证钞票质量的关键。在20元券印刷过程中，遇到的问题最多。正面主景人像衣纹部分挂墨，技术人员几次修改、制版，对衣纹部分进行调整；为了解决洗版不带脏点问题，他们试验过多种方法，甚至采用从超市买来的海绵洗版的方法；由于新产品实行了新的工艺，印品作废较多，北京印钞厂改进检查工序的工艺流程，由原来的检查大张到逐条检查，检查人员的工作量加大了，连续加班15天；机修车间钳工班分成若干抢修小组，先后对各类机器进行了较大范围的改进和调整，保证了设备的正常运行。

10元券，集高防伪技术于一身

时任中国人民银行副行长史纪良要求：第五套人民币要一个券别比一个券别好，防伪技术要一个券别比一个券别高。因此，10元券首次使用了开窗安全线等新的防伪技术。

2000年9月20日，西安印钞厂被批准为新品10元券研发生产单位。这是西安印钞厂建厂50年来首次独立开发新产品，协调会后，他们迅速成立了研发领导小组和技术小组，结合兄弟厂的试印经验，逐级分解油墨、印版、印刷工艺任务，周密筹划，制订了精确到日的进度计划。

西安印钞厂仅用9天时间就完成第一次小试，又用5天时间完成了第二次小试，提前三天顺利完成中试计划。精心制作的色模辊在全行业首次达到了接线公差范围“零对零”，平均耐印率达到并超过了新品水洗尼龙色模板的平均耐印率指标。特别是根据中国印钞造币总公司提出的号码技术创新要求，通过一个多月的反复试验、研究，全面达到了中国印钞造币总公司关于工艺技术方面的要求。

2001年3月5日，10元券开机仪式在西安印钞厂隆重举行。中国人民银行货币金银局副局长张双想、中国印钞造币总公司副总经理古道明、杨启宽以及相关人员出席了开机仪式。随着电钮的按动，一张张精美的产品从接线凹印机上翻飞而出，10元券的印制初战告捷。

10元券采用号码印刷新技术，在初期的大生产中，出现了号码断线、浅花、粘脏等问题，西安印钞厂成立了由副厂长杨海沂牵头，生产技术质量部、印码车间、设动处、动力维修车间组成的攻关小组，他们深入机台，逐一排查质量隐患产生的问题。在熬过无数个不眠之夜后，终于形成了详细的解决方案，顺利地解决了难题。

10元券以其精美的印刷质量和高难的印制技术受到了国际同行的高度评价，还被大英博物馆收藏。

■新的油墨防伪材料的研制

人民币防伪技术的开发与应用，在第四套上开始形成初步规模并在此期间完成人员和技术的储备，为第五套人民币的设计和生产奠定了一定基础。到了20世纪90年代后期，人民币面临复制技术、数码技术伪造系统的严重威胁。世界各国的钞票界普遍有一个理念：要走在商用防伪技术的前列，要领先20年。

任何一种产品都有其生命周期。1999年，印制研究所高级工程师黄小义等人又提出新的油墨防伪思路。这可是一项全新的事物，也是一项国内空白，开发出来其社会意义和经济价值甚为可观，但也具有了更大的难度系数。该项目组副组长、现总公司技术中心(印制科学技术研究所更名而来)防伪材料室主任刘卫东说：“要实现这项防伪新措施，我们没有这方面的经验。总公司承担了很大的风险允许我们进行印刷试验，领导的信任增添了我们的信心和克服困难的勇气。”黄小义说：我们这个团队的研发经验和能力已经和1989年时完全不同，比以前聪明、进步了许多，可以说我们用最短的研发时间、最少量的试验、最经济的成本、最合理的设计方案完成了设计开发。应该说这个材料比前面防伪材料技术含量要高，防伪效果更好。

据统计，第五套人民币上运用的第二、第三线防伪技术中有6种都是总公司技术中心直接提供产品支持。几代印制技术科研人员在关键时刻，从技术上起到了特种部队和快速反应部队的作用，成为人民币更新换代技术的主要支撑。

■细薄安全线，全息、磁性各一面

10元券用纸采用的全息磁性开窗安全线，一面是全息标防伪，是中钞信用卡厂负责攻关的；另一面是磁性编码，是保定钞票纸厂负责攻关的。一根细细的、薄薄的安全线，却在双面使用了不同的防伪技术，成为第五套人民币众多防伪技术中的一个亮点。但因其细小，一位业内人士称其为“螺丝壳里做道场”，也如古代的“核舟”，场地虽小，内容却十分丰富，为第五套人民币增加了高端的防伪技术。

1996年保定钞票纸厂成立的“磁性编码”项目小组，在组长常为民的带领下，他们上山西、下广东，走访了多家高等学府、科研机构及相关企业，还与外国专家进行过交流，最后确定了研究方向，提出了缩微文字、磁性编码安全线的研制目标。在一无

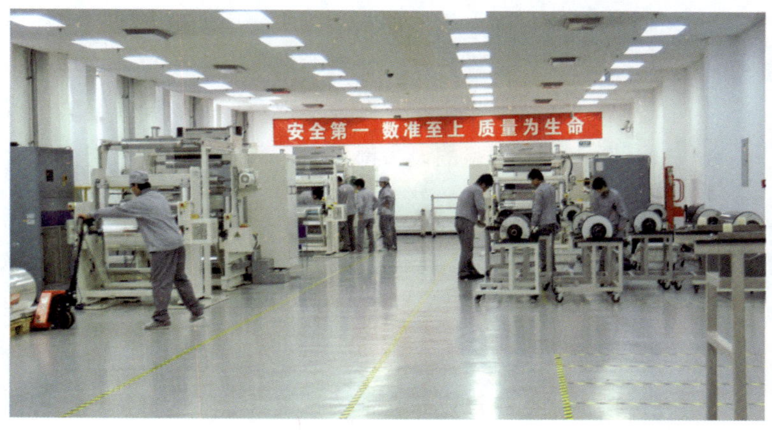

中钞特种防伪科技公司生产现场

资料、二无设备的情况下，他们因陋就简自制了小砂磨机、打样机等实验仪器，借用计算机等工具，开始了艰辛的摸索、试验。为了做好印刷版的试验工作，项目组租用到一家小手工制版厂，试验解决版墨的结合问题。

经过一年多的不懈努力、前后五轮的试验、优选，安全线科研攻关小组终于攻克了原料选用、生产工艺参数的研究和控制等多个难题，于1997年10月生产出集缩微文字、磁性编码于一身的安全线，其中磁性编码和胶的研制获得了“专利证书”。

1993年中国印钞造币总公司向正在北京理工大学教书的博士生导师张静芳伸出了橄榄枝，请她一起做信用卡的防伪技术。面对一个特殊的国有企业，面对展示光学防伪事业的舞台，面对求贤若渴的领导的期盼，张静芳于1994年初毅然来到印制系统。2000年6月，中国印钞造币总公司决定在第五套人民币10元券上采用“开窗式”安全线，并提高安全线的技术含量。已经是中钞信用卡厂厂长的张静芳打报告，希望在安全线上用到光学（以下简称“全息”）防伪技术，因为这是一个非常直观、易于识别的大众防伪技术。中国印钞造币总公司非常重视，并由科技处处长章星组织全息标识用于安全线科研项目的攻关。

全息标识的一切工艺都是从头开始的，工艺流程、数字管理、质量控制、库房管理、电视监控等都要在两个多月的时间里建立起来。特别是第一次把全息标识用于钞票纸的安全线上，而且是用在“开窗”那一面，这没有经验可以借鉴，况且连安全线试验的设备都没有，只能找协作厂进行试验。但印制人硬是经过艰苦的努力，终于攻克了一个个技术难关，摸索出了安全线生产中质量控制的规律。

安全线生产出来了，但在纸厂抄纸时安全线被开窗出来的部分有黏度，生产时黏缸，他们协助造纸厂解决黏缸问题后，终于生产出了合格的钞票纸。10元券用纸到印钞厂上机试印时，安全线又黏墨色辊，张静芳和项目组成员通过多次攻关，终于解决了这一问题，合格的全息标识安全线通过大生产的验证终于研制成功了。

第五节
变革管理模式实行“五统一”
新机型成功研制提高装备水平

2000年，第五套人民币100元券发行到海南时，当地银行反映同是100元的钞票但是颜色深浅不一，以致对钞票的真假有疑问。中国人民银行的领导指示，一定要解决同一产品的一致性问题。中国印钞造币总公司认真进行总结反思，找到在产品开发方面还存在许多问题，如生产周期长，生产工艺、原材料使用、设备等方面不尽相同。经过认真的分析、研究，以党委书记、法人代表刘世安为首的领导班子提出“五统一”，以此来提高行业生产组织的总体水平，促进产品质量和产品一致性的进一步提高。“五统一”是历任印制行业领导的心愿，因为种种原因没有实现，直到2000年的杭州萧山会议，中国印钞造币总公司正式提出实行“五统一”，从而拉开了变革行业生产管理模式的序幕。

链接：什么是“五统一”

“五统一”是指生产钞券的印版、油墨、生产工艺流程、使用机型、生产所用原材料的统一。其中原材料包括：生产钞票的纸张统一，生产纸张的棉花、化工原料的统一，钞票生产使用油墨的颜料与连结料的统一。

整合力量　统一制版

中国印钞造币总公司从20世纪80年代就提起成立行业的设计制版中心，90年代曾进行过调研论证，2001年才真正得以实施，统筹规划，集中人力、物力、财力，建立了中国印钞造币总公司设计制版中心。8月18日，又成立了北京中钞钞券设计制版有限公司。以上两项措施的目的是将钞票、硬币的原版、原模的设计、研究进行集中管理。该公司重新对行业的技术资源进行整合，集中了北京印钞厂、上海印钞厂以及行业内的原版设计、雕刻人员，特别是北京印钞厂的优秀的制版技术人才；在调集印钞造币行业设计制版设备的同时又引进了具有国际先进水平的制版技术和设备。他们在统一原版制作的基础上，还统一了对各印钞企业的原版供应，形成了设计、原版雕刻、制作原版并统一供应全行业的格局。第五套人民币100元券是原版制作及集中供应的第一个品种，在统一供应原版后，有效地解决了设计、制版与印刷之间的矛盾、问题，缩小了其间的差异，此举为100元券及后续品种票面外观质量的一致性迈出了极其重要的一步。

印钞造币行业设计、制版技术资源的有效整合，使设计、制版技术有了快速的进步，从单一的制版技术发展到多种制版技术，也使制版技术从落后国外大约10年时间发展到当今基本处在同一个平台上。建立专门的设计、制版有限公司，是印制行业走向专业化生产的标志之一。

油墨统一　产品一致

中钞油墨公司生产现场

油墨的统一牵涉到6家印钞企业，当时各印钞厂都有油墨车间，一旦统一势必对各厂的生产组织、原料及设备的处置、人员安置等方面带来很大影响，难度最大。因此最初考虑用3~5年时间逐步过渡、统一。

油墨是印钞的主要原材料，票面颜色的一致性主要取决于油墨。而各厂采购的原材料、辅料各异，油墨分而治之的局面难以保证钞票外观质量的一致性。但是，当时作为第五套人民币首发100元券，在公众使用过程中，暴露了如产品耐脏性较差、颜色一致性不好等问题，引起相关的反映，从而降低了人民币的信誉。为此，中国印钞造币总公司决定组建中钞油墨有限公司，将全行业的油墨生产集中进行，并以100元券油墨为切入点，加快了油墨按标准、集中生产、统一供应的步伐。2001年，中国印钞造币总公司在上海浦东组建了设备、工艺先进的中钞油墨有限公司，负责全行业印钞油墨的统一生产、供应。

位于上海浦东的中钞油墨公司外景

为了克服100元券生产企业多、所用机型不同、南北方气候、温湿度差异大的困难，中钞油墨有限公司首先到各家印钞厂进行调研，了解各厂油墨生产工艺路线的长短，在此基础上进行技术分析，确定了统一的油墨配方，并在2001年10月至次年3月，分别在5家印钞厂进行各项小试、中试和大试，相继得到了满意的结果。

2002年，中国人民银行要求增加100元券的生产任务，由于原有生产100元券的各厂生产任务已经饱和，所以将任务安排在尚未生产过100元券的石家庄印钞厂。中钞油墨有限公司抓住这个机会，把它作为加速油墨统一生产、供应进程的突破口，将统一配方的油墨送到石家庄印钞厂的印钞机上。石家庄印钞厂首次进行100元券转产，仅仅只用了1个月时间就完成了试印、找色和生产线的贯通，相比以往一个产品转产至少需要3个月的时间大大缩短，转产的顺利出乎每个人的意料。这一成果不仅得到了中国印钞造币总公司领导的充分肯定，也使各家印钞厂意识到了油墨统一带来的益处，从思想上、行动上支持油墨的统一供应。仅在1999年版人民币的印制中，该公司就提供了近120个品种的油墨，及时供应了各印钞厂，从而为印钞产品的一致性创造了条件。

2002年11月1日，中国印钞造币总公司正式发文："从即日起，第五套人民币印钞油墨全部由中钞油墨有限公司统一研制、统一生产、统一供应。"印钞油墨的制造从此进入了高速发展的轨道。2003年7月，第五套人民币5元券和100元券油墨标准重新编制完成，第五套人民币油墨产品标准化步入新的阶段。

设备统一　指日可待

M97型机现场

为了统一设备机型，中国印钞造币总公司进行了大规模的设备更新改造和新设备的研制开发。从1998年开始，实施了专用设备的科研与批量生产的一体化管理，综合考虑设备科研、批量生产与需求的衔接配套。先后组织了M97型机、YBW150型机、YB350型机、YB650型机的批量生产，组织J98型机、J99型机，SD型机、92型机等设备科研与批量生产，组织了大张检查机、多功能印码机研制的部分前期工作。2000年又提出研制独具中国特色的印钞设备体系，并提出要具有目前国际同行尚没有的新功能、新工艺。同时组织其他一些具有国际领先技术水平的研究项目，并将多功能印码机，大张检查机等重要设备作为配套项目进行研究开发。还大力引进消化吸收了在线检测、大张检查机等先进机械设备。

上述设备研制成功，并批量装备到现场，成为印制生产的主体设备，使总公司提出的印制同一产品要使用同一机型的目标得以实现，从硬件上为钞票外观质量的一致性提供了保证。同一产品使用同一机型，使得产品的一致性越来越好。

中国印钞造币总公司从造纸生产这个源头抓起。一个品种指定一家钞纸企业使用同一纸机生产，促进了钞纸的统一。在产品印刷时，各印钞厂使用同一机型印刷同一产品，进一步促进了产品的一致性。

链接：W92型四色凹版印钞机的研制

W92型四色凹印机现场图

20世纪90年代初，为了研制与我国钞券实际需求相适应的印钞设备，印钞设备专家李根绪、郝连元又组织了第四代标准型四色凹印机的设计，并于1994年完成W92型四色凹版印钞机（以下简称92型机）整机设计，1996年完成样机制造。标准型四色凹版印钞机是在总结我国印钞机的设计原理和结构设计原理的基础上，消化、吸收了国内外先进技术进行设计的。2006年，92型机荣获中国人民银行组织评选的科技发展奖一等奖。

92型机是我国新一代具有国际先进水平的超凹印钞机，是我国“九五”期间印制科技重点项目，它的诞生解决了长期存在的“货币印制不能适应市场需求”的问题，同时也提高了印制事业在市场竞争中的地位。2000年，总公司决定对92型机进行性能改进和提升，并将这一任务交给了南京造币厂。而此时，南京造币厂在发展方向上已经被总公司定位为中国印钞造币设备制造基地，这对南京造币厂来说意味着一个重要的发展机遇。

2000年初，造机分厂设计组的同志放弃节假日，放弃双休日，抓紧时间进行设计。92型机的零件加工一环扣一环。为了完成任务，二车间240台套设备全部启动，为解决92型机的大齿轮磨削问题，工人们将立车改装成立磨，这样保证了直径1000毫米以上的圆平面磨削的加工要求。92型机在试运行过程中出现了“规线不准”的问题。设计人员在解决“规线不准”的战斗中苦战了100个日日夜夜，他们找原因，查源头，经过反复验证，把突破点集中在“进纸”和“印刷”两大部位，后经过多方努力，终于解决了问题。

2001年8月14日至17日，92型样机一次性通过总公司验收，现已批量生产，装备各印钞企业。

（作者：邓德斌）

链接：J98型印钞机研制

J98型胶印机现场

J98型印钞机是近年开发的功能多样、防伪技术先进、综合性能达到国际先进水平的新机型，也是首次以南京造币厂为主设计制造的大型印钞机械。

1998年10月，J98型胶印机机电设计组在南京造币厂成立，由造机分厂技术设计室和总公司印研所一批年轻科技人员组成，高卫担任组长，毕明、唐承德担任副组长。

J98型胶印机的设计与研制是一项系统工程，设计项目分成多个板块，有进纸、印刷、墨车、传动、收纸、润滑、液压罩壳、栏杆踏板、电气控制等，分别进行了分工。J98型胶印机印刷工艺复杂，机构性能先进，大量采用先进技术和科研成果，设计的部件有90多种，零件有4000多个。为了避免设计人员在设计时采用标准及水准不同造成绘制图纸出现差别的现象，设计组制定了《印钞造币机械产品设计标准与执行规定》等5个技术管理标准制度，规范了设计程序与要求。经过大家的努力，J98型机的设计图纸达到很高的水平，在技术图纸审定会上，得到行业专家们的一致好评。

设计是产品实现的第一步，制造是产品实现的关键一步，要在一年的时间内完成样机的加工与装配，这在南京造币厂产品制造史上是前所未有的。机械生产的特点是零件品种杂、工序多、周期长，特别是样机单件加工技术难题多，造机分厂严格落实计划，严密组织生产，根据加工的难易程度、工序长短、装配先后等要素，合理安排生产。

2001年8月，J98型机通过了总公司组织的出厂验收，验收试验表明J98型机各项性能十分优越，达到了国际先进水平。

1995年，印制研究所副所长郝连元提出研制J99型胶印机，并于1999年完成了总体设计方案，2002年6月完成了12台J99型胶印印钞机的生产。J99型机是我国第一台齿轮外置型全封闭式高速胶印印钞机，采用了标准、系列的设计，在印机设计、制造技术方面有了实质性的突破。J99型印钞机印刷速度快、印品精度高、操作性能佳、安全可靠，对提高第五套人民币的印制质量和防伪效果，实施“精品工程”发挥了重要作用。

（作者：姚家笠　邓德斌）

工艺统一　操作规范

从2000年开始，行业逐步推行“五统一”，其中包括实现印钞工艺的统一，促进产品一致性趋好和产品质量的提高。

总公司严格制定生产工艺流程、统一生产样张的标准，规范了生产规程、操作规程，要求各企业生产的同一品种必须采用相同的生产工艺流程，依据相同的样张进行。使得企业转换品种快，可以实现一个厂同时生产几个品种的需要。

“五统一”的重要意义

“五统一”是几代印钞人的愿望，是中国钞票设计与制造面临的重大课题，是时代的呼唤，目前已经成为现实。

由于采用了“五统一”的生产组织方式，解决了产品的一致性问题。生产同一产品使用同一机型、同一家钞票纸厂的纸张、同一公司生产的油墨、同一公司提供的原版、采用同一种工艺流程，这为产品的一致性提供了全方位的保障，很好地解决了钞票外观在颜色和内在品质等方面的差异性。

更为深远的是“五统一”的生产组织方式，带来了观念上的变革，摒弃了各自为政的思想，逐步树立起协作、配合、共赢的新观念；解决了印钞、造币各企业长期存在的“大而全”和“小而全”的问题，整合了行业的科技力量、人力资源，形成合力，增强了专业队伍的实力；强化了行业的统一指挥和调度，实现了行业的科技研发、设计、生产、综合管理、安全、质量、产品标准等方面的高度统一和管理，使行业综合能力得到极大的提高。

第六节
主要特征源于高科技
防伪技术关键在创新

主要特征

票幅尺寸。票幅比例比第四套人民币小，券别由大到小呈递减的尺寸，从而节约了原材料，同时为机具自动化识别处理和不同券别的手工分检提供了便利条件。

冠字号码。100元券、50元券采用横竖双号码，20元券、10元券、5元券、1元券则采用了双色横号码。两种号码都有较强的艺术效果，而且具有较高的科技含量。

票面颜色。从主色调看，第五套人民币100元券、50元券、20元券、10元券、5元券、1元券的主色调依次为红色、绿色、棕色、蓝黑色、紫色和橄榄绿，突出了庄重、大方的设计理念，颜色冷暖相间，便于识别。各面额的底纹色调与主色调相协调，配合衬托自然。

固定水印、安全线。不同面额所用纸张特征在防伪性能、流通寿命等方面有不同的要求。1元券、5元券以流通寿命为主，强调纸张强度，防伪措施采用满版水印、满幅有色纤维。10元券、20元券、50元券、100元券防伪性能与流通寿命并重，采用固定人像水印并施加安全线及有色纤维。

凹印手感。钢版雕刻制版工艺技术，充分体现了雕刻凹版的印品特点。用手触摸有明显的凹凸感，具有显著的大众防伪作用。

油墨技术。胶印油墨墨性及印品耐性好；凹印油墨墨膜光亮，线条光洁无毛刺，耐磨、耐揉，流通中不掉色、不掉墨；光变油墨面额数字的位置明显、颜色醒目、易于识别；盲文识别符号在票面正面，便于手摸识别。

开窗式安全线的局部放大图

先进的防伪技术

第五套人民币总结了中国印制技术的经验，沿用了传统的水印、安全线、凹版雕刻等防伪技术，还采用了固定花卉水印、红、蓝彩色纤维等新的防伪技术。同时借鉴了国外钞票设计的理念，将防伪技术充分地应用在钞票的机读功能中，在适应货币处理现代化方面有了较大提高，使第五套人民币的防伪技术达到了国际先进水平。

水印：50元券、100元券为固定水印——毛泽东头像；1元券、5元券、10元券、20元券为固定水印——花卉，固定花卉水印的生产与固定人像水印的生产技术基本相同，要求清晰度高、立体感强、形象逼真。

安全线：各券别分别采用了全埋式、开窗式安全线，位于票面正面中间偏左。迎光观察，可见“RMB”缩微文字和数字字符的全息图案，仪器检测有磁性。

随机分布的彩色纤维放大图

红、蓝色纤维：各券别中（除1元券外）可看到纸张中有随机分布在票面不同区域的红色和蓝色纤维。

隐形面额数字的局部放大图

隐形面额数字：各券别中均使用了隐形面额数字，位于正面右上方一装饰图案，将票面置于与眼睛接近平行的位置，面对光源作平面旋转45度或90度角，可看到面额数字字样。隐形面额数字是以雕刻凹印技术为基础平台的，其他商业复制技术和现代数字复制技术均无法达到这种效果。隐形面额数字具有专有、易识别、防复制的特点。

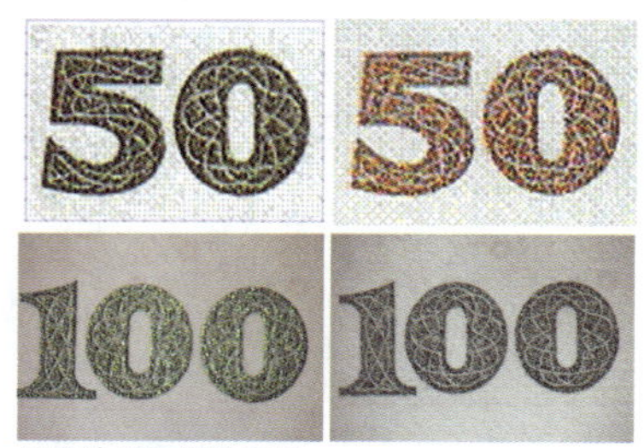

光变油墨面额数字图

光变油墨面额数字：100元券、50元券正面左下方用光变油墨印刷了面额数字。当视线与100元券票面垂直观察其为绿色，而倾斜一定的角度观察则变为蓝色；当视线与50元券票面垂直观察其为金色，倾斜一定的角度则变为绿色。该油墨是防伪技术中的优秀品种之一。

正背面互补图案局部放大图

胶印正背面互补对印：100元券、50元券、10元券正面左下角和背面右下方各有一圆形局部图案，透光观察，正背图案组成一个完整的古钱币图案，这项技术简称“对印”，“对印”又分为正面、背面互补对印和正面背面同图案对印，是迄今为止胶印中最为有效的防伪技术之一。

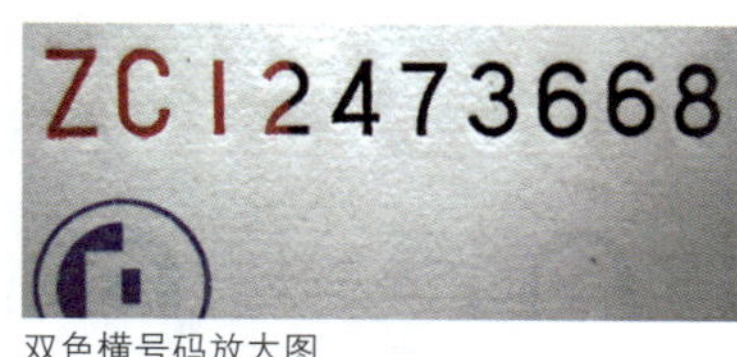

双色横号码放大图

100元券、5元券人民币上的胶印缩微文字局部放大图

特色号码：100元券为横竖双号码，横号码为黑色，竖号码为蓝色。双色横号码：20元券、10元券、5元券和1元券使用了双色横号码，左侧部分为红色，右侧部分为黑色。

缩微文字：胶印缩微文字：第五套人民币100元券正面上方椭圆形图案中，多处印有缩微文字，在放大镜下可看到“100”和“RMB100”字样；50元券票面正面上方图案中，多处印有缩微文字“RMB50”字样；20元券正面右侧和下方及背面图案中，多处印有缩微文字“RMB20”；10元券正面上方胶印图案中，多处有“RMB10”字样。5元券正面上方胶印图案中多处有“RMB5”字样。1元券背面下方胶印图案中有“RMB1”字样。

与前四套人民币相比，第五套人民币（1999年版）具有鲜明的特点：较为先进的理念、先进的防伪技术和基本的机读功能。它在设计上通过领袖人像、民族文化元素、知名建筑、著名风景，反映了我们祖国的伟大、文化的悠久、山河的壮丽、建筑的雄伟；它的主景人像、水印、面额数字均较以前放大，便于群众识别，体现了以人为本的设计思想；它应用了先进的科学技术，在防伪性能和适应现代化货币处理方面较前四套人民币有了长足的进步。经过专家论证，它的设计水平和印刷技术均已达到了国际先进水平。

造 币 篇

20世纪80年代末，第五套人民币纸钞和硬币的整体设计研制工作逐步展开，截至2008年3月，第五套人民币硬币先后发行了1角铝合金、1元钢芯镀镍、5角钢芯镀铜、1角不锈钢硬币。

第一节
硬币制造与纸钞同步规划实施
新系列硬币求质求量注重功能

在20世纪90年代中后期，国民经济的快速发展使得国内商品交易对现金的需求量日益增加；精细加工业和工业自动化技术的快速发展使得硬币的防假反假工作面临新的挑战；随着自动售货系统的普及，货币需要提供新的服务功能，以上种种因素对现行流通货币在质和量两个方面都提出了新要求。

伴随着我国国力的显著提高，人民币的纸钞印制与硬币铸造终于实现了筹划、研制、发行的同步，整套人民币同期公布，分次发行。

1996年，第五套人民币硬币的研制工作进入实施阶段。同年召开了第五套人民币设计开发信息通报会，中国人民银行货币金银司司长夏立平、中国印钞造币总公司生产技术部副主任吕英杰等参会，会上人民银行明确提出第五套人民币的设计开发要求，硬币的面额结构、所用的材质及图案。第五套人民币硬币的设计研制工作正式启动。

为了更好地完成第五套人民币的设计与研制工作，中国人民银行成立了第五套人民币的专项工作办公室，根据纸钞和硬币研制及管理工作职能，在不同的时期调整并配备相关专业的管理或技术人员，总体统筹设计、研制、生产中的相关事宜，为产品的顺利研发提供了良好的保障。

货币金银局和中国印钞造币总公司还联合开展了数次硬币调研工作，其深度与广度前所未有。调研工作结合目前国外硬币制作发行的有关情况，对我国流通硬币的材质、规格、面额结构、防伪技术及机具应用等进行了广泛深入的分析和研究，使流通硬币的设计、研制工作更加审慎、科学地开展。

第二节
花卉再次成为新硬币图案
包覆材料成为新硬币主材

第五套人民币在图案设计方面的主导思想是体现国家的祥和与发展。根据中国人民银行的总体策划案：正面图案确定为“中国人民银行”行名、币值、年号，背面图案有两个甄选方案，它们分别是吉祥动物与花卉。

花卉再次成为新硬币的主图案

在围绕两个方案听取林业部专家意见的时候，专家就动物的生活习性等各个方面作了详细的介绍，认为吉祥动物的评选标准很难界定，在选择上存在一定的难度，同时受到硬币直径和厚度的限制，动物的形象很难栩栩如生地表现出来。为此放弃了采用吉祥动物的方案，确定了采用花卉的方案。

1元硬币正、背面

为了确定具体的花卉方案，中国印钞造币总公司组织专门人员走访林业部花卉协会的专家，了解相关情况。在了解当时评选国花及四季名花的信息基础上，1角硬币背面图案被设定为春兰、5角硬币背面图案被设定为夏荷、1元硬币背面图案被设定为秋菊。

具体方案确定之后，1996年末，中国印钞造币总公司给沈阳造币厂和上海造币厂下达图稿设计通知书。两厂的设计人员收集了大量的资料，设计了不同风格的图稿，并上报中国印钞造币总公司。随后，中国印钞造币总公司组织召开了图稿审定会，根据两个厂报的画稿，形成两个方案：一是延续前一套硬币花卉的风格，选取花卉的侧面加以表现；二是打破原有的风格，选取花卉的正面加以表现。这两个方案上报中国人民银行后，人民银行的意见是要全新花卉，打破前一套的形态；要选取正面怒放形的，不要采用侧面表现的形态。经设计人员进行几轮修改后，选定了沈阳造币厂常欢手工绘制的“兰花”和“荷花”为1角硬币和5角硬币的背面图案；沈阳造币厂王福德手工绘制“菊花”为1元硬币的背面图案。

根据相关要求，这一系列硬币的上报方案中附加了上海造币厂张斌通过CAD软件制作而成的效果图，这套效果图在手绘图稿的基础上略有修改。

■新硬币材质的选择

造币材料的选取需要考虑本国的资源、材料的成本、材料本身的抗腐蚀、抗变色、抗磨损、防伪、机读和加工性能以及硬币发行、使用的便利性等多方面因素。

铝合金是常青树　铝合金是新中国造币材质中的常青树，其优点是价格便宜，加工性能和耐蚀性能比较好，在20世纪五六十年代使用的国家比较多。但是随着高面值硬币的增加，由于铝的

铝合金带材生产现场

材质较轻，所以目前大多数国家已经不再生产新的铝合金硬币。目前西班牙、意大利、日本、韩国等国在低面值硬币上还有使用。在第五套人民币硬币中，1角币是低面值硬币，从生产成本等多方面因素考虑，早期的1角币仍旧沿用这个材质。

铜包钢坯饼

铜包钢是新材质　铜包钢是20世纪末发展起来的一种新兴造币材料，它在欧元、英镑和港元上使用，同时也在马来西亚、菲律宾等国使用。结合我国实际情况，第五套人民币5角硬币采用了铜包钢这一新兴材质。

钢芯镀镍坯饼

镍包钢合乎国情　改革开放之后，我国造币业的对外技术交往日趋频繁，引进了新兴的造币材料——钢芯镀镍（也称镍包钢）及其加工工艺，通过引进吸收的方式确定了这一满足中国大规模流通的材质，并使用在1992年开始发行的1元硬币上，第五套人民币硬币的1元币也沿用了这一材质。

不锈钢取代铝合金　在国际货币印制领域，通过改版不换套的形式增添新的防伪措施逐渐成为一种常规的满足防假、反假需要的手段。作为全球经济活动的参与者，我国货币概莫能外。到了21世纪初，为了适应货币防假、反假工作的新需要，更好地利用新兴的科技成果服务于印钞造币工作，第五套人民币纸钞的提升工作与1角硬币改材质的工作同期策划、研制，同期公布，同期发行。1角不锈钢币的发行使我国大规模铸造铝合金币的历史告一段落，迄今为止，我国仅剩1分铝合金币还在进行小规模生产。

第三节
1元币“边缘滚字”增防伪
5角币“三个不变”保品质

1996年10月18日，国务院副总理朱镕基批准了第五套人民币系列的规格、图案的送审稿，从而也拉开了第五套人民币硬币工艺试制的帷幕。

1角币、5角币、1元币的正、背面试验室阶段的工艺试制任务由沈阳造币厂、上海造币厂分别承担。1角币、5角币、1元币正面的图案一致，由沈阳造币厂直接雕刻铜型；背面模具的试制工作由上海造币厂承担。1998年，中国印钞造币总公司组织上海造币厂和沈阳造币厂按期完成第五套人民币1角币、5角币、1元币的原模样币制作任务，并上报中国人民银行审批。

在专项工作办公室的全面部署下，1角币、1元币的正、背面中试阶段的工艺试制任务由上海造币厂承担，中试阶段的模具雕刻由沈阳造币厂承担。5角币中试阶段的工艺试制任务由南京造币厂承担，中试阶段的模具雕刻由上海造币厂承担。

1角币在冲压中“过飘”

第五套人民币硬币1角铝合金币与前一组中的1角铝合金币相比，在规格和单枚质量都减少了很多，在研制过程中，为解决在高速压印过程中“过飘”的问题，上海造币厂数次调整规格和单枚质量，在压印机工装上进行改进。在试制的过程中，沈阳造币厂在模具雕刻方面给予了支持与协助。

1999年10月18日，上海造币厂通过100万枚大规模试产鉴定会后，及时向沈阳造币厂提供了新产品详细的技术标准资料和新1角币背面原模，使沈阳造币厂新产品100万枚大规模试产工作进入倒计时阶段。1999年11月18日，沈阳造币厂一次性通过了1角币的100万枚鉴定，1角币顺利转产。

1元硬币采用“边缘滚字”新工艺

早在1997年下半年，1元币的实物样品已经研制成功，但由于某些特殊原因，硬币的规格需作进一步的改进。1998年，上海造币厂重新投入研制工作，从模具的手工雕刻开始制作。另外，20世纪90年代末，市场上出现了1元假硬币，根据指令，上海造币厂等研制出“流通硬币边缘滚字工艺”，满足了工艺和生产的要求，提高1元币的防伪性能、增强防伪效果、增加造假难度。1999年，1元币在上海造币厂通过100万枚试产鉴定，随后顺利转产。

5角硬币要实现“三个不变”

相比较而言，5角币的试制工作面临了更多的困难与压力。其中一个工艺难题就是第四套人民币中硬币铜合金5角币流通情况良好，为此第五套人民币5角币的研制需要遵循“三个不变”：直径不变、厚度不变、重量不变。造币通常是先做试验，试制样币，确定产品参数，这一次却是先设定产品参数，再制作样币。因为铜包钢和铜合金这两种材质的比重不一样，如果外形完全一样，可想而知单枚质量肯定不一样。在外形规格不变的前提下，只有通过调整图纹来实现这“三个不变”。中国印钞造币总公司组织南京造币厂通过反复试验，包括设定图纹高度、分布，通过计算最终得出可以实现“三个不变”的结论。根据南京造币厂提的供试验参数，上海造币厂完成了样币模具的试制工作。

第四节
1角铝币换脸不锈钢 整合资源再建生产线

三家造币厂忙于三种硬币的制造

印花机群

第五套人民币硬币的样币经中国印钞造币总公司报请中国人民银行批准后，报送国务院，经国务院总理朱镕基批示同意后于1999年开始正式铸造。1999年10月28日，1角铝合金币于上海造币厂正式投产，沈阳造币厂于1999年参与铸造；1999年，1元币在上海造币厂正式投产，随后沈阳造币厂于2002年开始参与铸造；2002年，5角币于南京造币厂正式投产，2002年，沈阳造币厂参与铸造；2004年，1角不锈钢币于南京造币厂正式投产，沈阳造币厂于2004年参与铸造。2005年，1角币的材质由造币铝合金改为不锈钢，2004年，材质为造币铝合金的1角币停止铸造。通过第五套人民币硬币的研制，我国流通硬币领域陆续增添了铜包钢币、不锈钢币这两个新品种。

技术改造 配套完善

在第五套人民币硬币项目的实施过程中，采用了新的管理模式，整合了多方面的资源，缩短了设计、研制、生产的时间，节约了人力、物力，提高了效率。同时铜合金币、镍包钢币的生产基地通过逐步推行技术改造、配套设施建设得以完善；通过前期的经验积累，我国造币业建设新的铜包钢币、不锈钢币生产基地的步伐明显加快，工作效率明显提高。

铜包钢项目的紧急上马

南京造币厂铜包钢生产线

除了工艺问题之外，另一个核心的问题就是生产线的问题。5角币采用铜包钢材质的构想早在20世纪90年代中期就提出来了。1998年，国家计委批准铜包钢项目立项；1999年，铜包钢项目引进设备签约；2001年1月2日，南京造币厂成立铜包钢造币分厂。此时距离发行只有1年左右的时间，以往类似的项目从基建到投产需要的时间是3~5年。时间问题凸显，在1年左右的时间里需要工程技术人员的培养、解决小型样机的生产与大规模的工业化运用之间的转换、关键设备与配套设备之间的衔接等问题。面对外方工程技术人员也感到棘手的技术难题，南京造币厂的工程技术人员冷静分析，边安装、边调试、边改进，找出问题的症结，使设备的安装调试符合了工业化大生产的需要。对于某些外方没考虑的地方，包括现场在线分析、废水处理能力不足等问题，南京造币厂工程技术人员根据实际工作的需要，作了相应的调改。铜包钢项目从基建到投产用时15个月。2002年10月28日，南京造币厂生产出第一桶合格的铜包钢坯饼产品。经过半个月左右的反复调试，生产线正常运行，产品转入大生产。

链接：探索者的足迹——铜包钢工程建设侧记

铜包钢项目是国家“十五”重点技术改造项目。项目建设从2000年7月工程的破土动工到2002年7月26日通过国家验收，跨越24个月，创造了造币行业的奇迹。

领导身先士卒　为符合电镀硬币坯饼高质量的要求，电镀配液操作人员必须严格执行操作工艺和规程。南京造币厂厂长宁应成召开电镀线操作工、管理人员30多人的座

南京造币厂新印花大楼

谈会，并决定首次配药由厂领导率先操作示范。2001年10月23日上午，厂长宁应成穿上工作服，走进配药间带头示范。在长达4个小时的配药过程中，他严谨操作并及时排除了罐内的搅拌器叶轮脱落等意外故障，顺利地完成了配药任务，给大家作出了表率。

降服镀液中的“精灵”　电镀生产中，保持镀液成分配比在标准值内是保证产品质量的关键。

化学反应是那样的快捷、神秘，宛如藏身于镀液里的精灵。为了降服这个精灵，工艺员小曹有时就忘了吃饭，每天都工作十几个小时，可就是这样还是难免有失误，小曹下定决心要尽快掌握镀液调整规律。他给自己定下了目标，要在3个月内摸清镀液化学变化的规律。经过不断摸索总结，他的技能迅速提高。

2002年2月6日，外方调试人员回国，镀液工艺调整工作就落到小曹等年轻的工艺员肩上。外方调试人员在厂时，多半是大剂量的添加所需化学药品从而达到调整镀液的目的，这不仅严重影响了坯饼的镀层质量，也造成镀液的很大浪费。小曹经过一段时间的摸索，改进了工艺办法，为稳定坯饼镀层质量立下了汗马功劳。

诡秘的精灵不仅藏匿于镀液中，而且在处理废水使之达标排放的摸索过程中，南京造币厂工程技术人员与它进行了一次又一次较量。废水处理是国家环保部门严密监控的环节，化工专业出身的铜包钢分厂厂长陆慧峰，自承担该项目以来，一直带头学习，创造性地开展工作。试生产初期，连续几天出现废水超标，需返回处理，外方技术人员也一筹莫展。陆慧峰带领工艺技术人员对电镀废水处理系统的工艺原理和实施程序进行充分消化研究，认真分析废水来源和电镀工艺的关系，由于废水处理连续运行，工艺参数改动的影响很缓慢，陆慧峰为了能掌握第一手的情况，连续36个小时不分昼夜地盯在废水处理线上，一个槽罐一个槽罐地分析，最终找出了外方在工艺设计和行车控制程序上的不合理之处，并组织了相应的工艺管道修改，亲自制定一系列规章制度，彻底解决了这一问题。老外从此改称他为“陆博士”。

徒弟跟师傅“叫板” 2001年9月，调试工作开始，电气技术人员在设备安装之前就进行了充分的准备，通过翻译外方安装手册、操作手册等进行学习和初步研究。外方进厂调试后，他们克服语言沟通障碍，多问多干，迅速消化吸收技术，成为外方调试人员的得力助手。

令外方专家没有想到的是，南京造币厂这帮徒弟竟敢跟师傅“叫板”。左震龙是一位年轻的工程技术人员，负责与美方技术人员马克调试行车。马克人高马大，初来时满脸傲气，但几件事使他逐渐变得谦和起来。调试中，2#线行车每次都会冲出所应停止的站位，马克认为是行车刹车存在故障，执意要更换刹车装置。左震龙则要求重新设定激光器参数。马克不同意，双方发生了争议。最终，按左震龙的建议试验，行车运行正常。试生产阶段，一度批量出现镀后坯饼颜色偏红现象（俗称“红饼”）。34个电镀站位，同样的镀液，为什么前面17个站位镀出的是合格品？我方人员把求助的目光投向了马克，希望他从电气控制方面找原因。马克坚决拒绝，认为这纯属工艺问题，并证明控制系统没有错误，双方僵持不下。×万枚生产任务时间紧迫，继续争执下去只会延误战机！左震龙想，控制系统上看不出错误，会不会在控制点上出了问题。他系统思考，深入控制终端，终于查出后17个电镀站位整流器主板地址设置有错误。逐个纠正之后，令人揪心的“红饼”消失了。从此，马克彻底服了自己的徒弟，亲热地称他为“佐罗”。

（作者：冒元兰）

国务院批准1角币使用不锈钢材质

2003年9月，国务院正式批复了中国人民银行、中国印钞造币总公司关于更换第五套人民币1角铝合金币材质的请示。根据“1角硬币材质由铝合金改为不锈钢，规格、外形和图案不变”的要求，中国印钞造币总公司组织有关工程技术人员成立了硬币材质攻关项目组，负责组织沈阳、上海、南京造币厂完成了选材的调研工作，组织沈阳、上海、南京造币厂完成了不锈钢材质的造币工艺及模具调整与试验，其中沈阳、上海造币厂负责模具的试制工作，南京造币厂负责冲光洗工艺试验。

造币专用不锈钢需要研制　这项工作存在的一个难点就是不能直接使用社会上通用标号的不锈钢运用于造币生产，而是需要制造出适合造币生产的造币专用不锈钢材料。不锈钢的光泽度、耐磨性和耐蚀性都比较好，但是对于制造硬币而言，最大的问题就是它的硬度较大，会给压印工艺带来不少的困难。2003年我国就已经开始了对造币专用不锈钢材料的研制工作，在试验过程中暴露出来的问题大多与材料的特性有关，经过反复试验摸索，这种专用材料于2005年研制成功。

两厂建设不锈钢硬币生产线

铝带工地

要大规模生产，就必须建立起配套的生产线。按总体部署，沈阳造币厂和南京造币厂同期开始不锈钢生产线的建设工作。为确保工程项目的顺利实施，沈阳造币厂经过反复论证，最终确定的方案是利用原铝线压延、冲光洗以及印花车间工地改造建设不锈钢生产线。在报请中国印钞造币总公司同意后，2003年10月，沈阳造币厂通过网上发布、竞卖的方式，对铝线设备进行了资产评估和招标处理，并在两个月的时间内，完成了整条生产设备拆除、基础拆除，墙体拆除及地下油库回填处理等工程，实现了建筑厂址的“三通一平”，使基地建设正式进入实施阶段。截至2004年5月30日，先后完成了从主体基础梁施工工程、钢结构吊装工程、水、电、风、气专业施工到内外装饰的大部分工程，使一二层具备了使用条件，实现了车间的封闭使用。随后的设备安装调试用了不到1个月的时间，就基本满足了不锈钢币生产工艺的需要，为1角不锈钢币的正式投产创造了条件。按照总体部署，这条不锈钢币生产线的生产任务量比原铝合金币生产线的生产负荷增加了一倍以上。鉴于生产厂房面积和人员都无法增加的实际情况，沈阳造币厂决定在增加核心生产设备的基础上，采用先进的物流系统，确保不锈钢币生产计划顺利完成。经与多家单位合作，不锈钢生产线设计采用了冲光洗生产线物流传输系统、坯饼物流传输系统、花饼检查自动上料系统和包装联动生产线系统达到了优化工艺流程、提高生产效率、节约人力物力的目的。

第五套人民币5角币发行后，南京造币厂的生产任务很紧，按总体部署，2004年下半年不锈钢币的生产任务已经下达，这就意味着2004年上半年不锈钢生产线必须安装调试完毕，而下半年只有满负荷运行才能完成生产任务。军令如山，为了不锈钢币生产线的全线贯通按期完成任务，工程技术人员不依赖外方，连夜改造被安装反了的冲床，保证了第二天的工作计划能如期开

刚刚压制出的不锈钢1角硬币

展。辅助设备生产厂家第一次生产造币用清洗设备，生产出来的设备出现了滚筒清洗状态不适合、产品翻转不均匀、强度不够等情况，不锈钢坯饼经过处理以后，适合于压印的模不均匀，有时还洗不干净，发黑，压出来产品有时是黑的、花的，有时黏模，问题不一而足。工程技术人员针对问题与高校联合研究，刻苦攻关，最终将存在的问题逐一解决。

2004年，不锈钢币生产线的全线贯通有力地保障了1角不锈钢币的生产。

各条生产线的引进与吸收不仅改善了生产环境、提高了生产效率和产品品质，更重要的是建立了新的造币工艺路线，重新梳理了造币工艺流程、造币生产控制与管理平台、培养了新一代造币工作者，为我国造币业的可持续发展奠定了基础。我国造币技术人员经过数次实战历练，培养了信心、积累了经验；我国造币企业抓住发展机遇，根据国家部署，锐意探索、建立并完善了拥有各自发展特点的生产基地。20世纪90年代末至21世纪初，硬币生产伴随着造币行业的技改工作，全面进入了数控时代。

自动化生产场景（硬币自动封包线、无人控制货运车）

上海造币厂硬币生产场景

为了更好地适应发展的需要，中国印钞造币总公司组建技术中心，整合技术平台，梳理技术管理模式与流程，根据总体部署，于2007年将造币技术研究所纳入了技术中心。

中国印钞造币总公司技术中心大楼

链接：凝　智

造币是一门精湛的技艺。

从我国第一枚硬币诞生至今，造币生产为保证国家经济建设与发展作出了不可磨灭的贡献，而在每一枚硬币的后面凝聚的却是无数造币人的智慧和心血。

1953年，在第一套人民币1分币、2分币、5分币原模制作中，由于受技术条件的限制，在分币正面，国徽上的字均是由工作人员用铝片手工雕刻后镶嵌完成的，而这种状况一直持续到20世纪70年代，这是对制模人员手雕技法的最为严格的考验。在我国生产铝币过程中曾几次改变铝币金属成分配比，其中就有由于电力紧张为减少造币带材退火工序而作出的决定。而就是在这种艰苦的条件下，造币人在完成国内货币生产的同时，还先后完成了为部分友好国家设计、生产铝币的任务。

如今，我国的造币生产从模具的设计制作、造币带材金属成分的控制、造币坯饼的处理、产品的包装、造币科技研发等多个主要工序均实现了与世界先进造币水平的接轨，一部分技术达到了国际领先水平。解放初期，完成一个造币铜型的电镀需要二十多天，而如今只需要五六天，大大缩短了模具制作的周期。造币人在长期的工作实践中还通过总结积累钢材使用经验，借鉴现代先进的电渣重熔、粉末冶金等钢材熔炼方式，通过优选模具钢料及对热处理工艺、镀层技术等关键工艺进行不断的调整和试验，以及浮雕参数调整，坯饼制作工艺、压印生产条件、管理因素等手段综合运用和持续改进，成功地解决了模具裂纹、断裂、磨损等影响耐印量多项难题，使我国造币模具耐印量持续攀升，无论是最初的铝币，还是现今的镍包钢、铜包钢、不锈钢硬币产品压印，目前模具耐印量均接近当今世界的最好成绩。造币人还以多年的攻关实践为基础，在不锈钢硬币生产后不久实现坯饼清洗液与光饰液的国产化，有效降低了生产成本，摆脱了以往对国外生产辅料的依赖和海外供货的诸多不便，赢得了生产主动权。

1996年中国印钞造币总公司成立了造币技术研发专门机构造币技术研究所（沈阳），经过十年的发展，已经成为国内掌控流通硬币、普通纪念币和金银纪念币及其他相关产品等多项国内、国际核心造币及防伪技术的权威研发机构，研究所研发储备了包括丝齿滚字技术、凹槽滚凸字技术、斜丝齿技术、微缩图纹技术、隐形雕刻技术、全齿间隔半齿技术等多项具有国内、国际先进水平的造币新技术及大众防伪技术，一部分技术已经成功转化，具备批量生产的能力。

全心、全智、全力造精品，造币人用自身的实际行动续写着中国造币业的瑰丽篇章。

（作者：魏宏坤）

“十五”计划的实施，是中国印钞造币事业飞速发展的时期。各项造币新技术和造币生产流水线的建设，为日后中国造币事业的发展奠定了坚实的基础。广大员工进一步认识到：技术日益成为经济增长的推动力，市场与需求成为技术进步的条件和牵引力；科学技术逐步成为增强综合国力和提高国际竞争力的重要因素；社会需求和市场竞争是高技术研究发展和产业化的根本动力。面对未来，不能否认计算机、信息技术及网络的发展对今后的货币流通将产生革命性的影响，从国情出发，流通领域客观存在的需求对流通硬币在提高内在品质等方面提出了全新的要求。为适应发展需要，21世纪的硬币需要在币材品种、技术构成和生产工艺等方面作更深入的研究，进一步创新。中国印钞造币员工正朝这个方向努力前行。

第六章
高新技术闪耀的第五套人民币（2005年版）

时间回到2005年8月31日，这是一个平常的日子，可这一天对于中国人民银行的员工来说却是记忆犹新。因为这一天，中国人民银行一次公布全部发行第五套人民币2005年版100元券、50元券、20元券、10元券、5元券纸币和1角硬币。

这一天，对于承担人民币设计与制造的中国印钞造币总公司3万多名员工来说，是充满欢欣鼓舞的一天，因为凝聚着他们的心智、渗透着他们的汗水、标志着印制技术高速发展的2005年版人民币终于面世了。

虽然2005年版人民币纸币规格、主色调、主景人像、主要图案、固定人像水印等大的要素没有变化，但新币上应用的数字白水印、凹印手感线、防复印等新技术，使它的识别标记更加明显、科技含量更加丰富，2005年版人民币的防伪水平和印制质量都踏上了一个新台阶，跻身于世界发达国家先进水平货币印制之列。

第一节
新版为提升防伪技术水平
新版为缩短更新换代时间

也许有人要问，中国人民银行不是从1999年10月1日开始，陆续发行了第五套人民币的各个面额吗，为什么还要发行2005年版人民币呢?

第五套人民币1999年版发行后，受到社会各界的欢迎和认可，也受到国际印钞造币行业专家的好评，因为1999年版人民币从设计、防伪方面较第四套人民币都有着长足的进步。但受当时的经济发展、科技水平、印制条件的限制，1999年版人民币也存在着纸币的防伪技术缺乏系列化，硬币的技术含量不高等问题，反假人民币斗争的形势也对人民币的质量和防伪技术提出更高的要求。同时随着世界印钞造币领域科学技术的不断发展变化，国家对科学技术发展的重视，相关激励政策的出台，人民银行及其所属中国印钞造币总公司又成功地研制出一批新的、成熟的防伪技术，在生产工艺、质量控制等方面也有了进一步的改进和提高。因此，经报国务院批准，中国人民银行从2003年开始，组织货币金银局等相关司局和中国印钞造币总公司实施第五套人民币100元券、50元券、20元券、10元券、5元券纸币和1角硬币的技术改进、生产工艺的提升工作。

提升后的第五套人民币票样图

■1999年版人民币优化提升的原因

解决在流通中存在的问题　1999年第五套人民币陆续发行后，中国人民银行也收到一些群众来信，反映新版人民币存在的票面上个别元素缺少、假币屡有出现等情况，这些问题使中国人民银行认为有必要对第五套人民币进行优化提升。

实现防伪技术系列化　由于是1999年10月1日发行第一个面额100元券，以后几年陆续发行其他面额。1999年版人民币上的防伪技术是随着时间的推移、防伪技术的成熟而不断增加的。如10元券使用了接线号码技术，1元券使用了手感线等先进技术，而先期发行的100元券、50元券等大面额却没有使用这些防伪技术。出现了小面额防伪水平高于大面额，防伪技术缺乏系列化的问题。通过优化提升，使整套人民币的防伪技术实现系列化已经势在必行。

提高防伪技术应用水平　随着科学技术的发展，钞票防伪技术的生命周期日益缩短。1999年发行第一个品种100元券，在当时的历史条件下，所应用的防伪技术是先进的。但随着科技的不断进步，更先进的防伪技术不断研制成功。因此，优化提升1999年版人民币的防伪技术是科学技术发展的客观要求。

缩短更新换代的时间　根据防假钞的需要，世界发达国家的钞票流通寿命（换版或改版时间）从原来的10~12年缩短为4~7年。而我国每套人民币流通的时间（除具有过渡性质的第一套人民币外）都在十几年，第三套人民币流通时间为28年。因此，钞票更新换代时间缩短是必然趋势。

第二节
多项高新科研成果作为支撑
基础设施设备提升奠定基础

《中华人民共和国人民币管理条例》的颁布为提升工作提供了法律支持，其中第十七条为“因防伪或者其他原因，需要改变人民币的印制材料、技术或者工艺的，由中国人民银行决定。”这样我们可以通过改年号来实行提升，从而改变以往要更新就要换代的做法。

多项高新技术的研制成功，是提升工作的重要支撑　近年来，印钞造币行业加强了与世界同行的沟通交流，及时了解世界先进印钞造币技术的动态；加大了对科技研发的投入，每年用于科技研发的费用不断增加；强化了科技管理，制定了多项标准；建立健全了对科技人员的激励机制等，获得国际、国内领先的科技成果近百项。

设备的提升为产品的提升打下了良好的基础　印钞造币行业进行较大规模的技术改造，使得厂房等基础设施得到明显的改善；在设备引进的基础上，工程技术人员注重对引进技术的消化吸收；加强对人才的吸引、培养和管理，激发他们的创新能力，使他们研制出具有国际水平的印钞、造币设备及配套设施，这使印钞造币的装备水平得到了很大的提高。

先进的生产管理、有效的质量控制为提升创造了有利条件　在线检测技术的广泛应用、检封工艺的不断改进、先进配套设备的应用，使得管理工作朝着高科技、精准、集约的方向发展，生产效率大大提高；质量管理理念的转变、ISO 9000质量认证的普遍推广、精品工程的实施，使得质量控制更加有效，产品质量不断提高。

第三节
主题不变改年号进行优化提升
国务院领导审批方案最终敲定

正是由于上述原因和有利条件，2002年，货币金银局、中国印钞造币总公司多次向中国人民银行报告，提出在不改变票面正、背面主题和主图案的情况下，通过改“年号”的形式，对1999年版人民币进行优化，提升钞票的防伪技术和印制质量，争取全面达到发达国家流通货币的水平。

货币金银局、中国印钞造币总公司的建议正是中国人民银行领导关心和十分重视的问题。2002年12月3日，时任中国人民银行行长戴相龙主持行长办公会议就此进行讨论，会议同意第五套人民币的提升方案，并同意调整1角硬币材质由原来的铝合金改为不锈钢，规格、外形和图案不变。会上还责成货币金银局会同中国印钞造币总公司组织专家学者和社会相关人士就上述问题进行论证后，形成关于第五套人民币提升方案的报告，于2003年5月底前报国务院。

2003年8月16日，中国人民银行上报《关于调整第五套人民币结构、规格、材质等问题的请示》，9月8日，经国务院总理温家宝、副总理黄菊批准，决定对第五套人民币1999年版进行优化提升。

第四节
设计、防伪、印制实现“三高”
提升后高新技术增强识别效果

■提升目标——实现“三高”

2005年版的提升目标是实现“三高”：设计高水平，防伪高技术，印制高质量。从而适应防假币反假币斗争的需要，达到人民币可自由流通、兑换的需要，达到世界发达国家流通货币的水平。

增强识别效果　提出“五秒钟”识别的概念，让公众在5秒钟之内通过“一听二看三摸”就能够准确地对钞票的真伪作出判断。一听：听钞票纸特有的清脆、挺括的声音；二看：看钞票全息、开窗安全线、黑白水印；三摸：就是摸凹印部分的点线。

■提升的原则

一是根据《中华人民共和国人民币管理条例》，不改变正背面主景图案和主要设计要素，重点在提升印制质量和防伪水平。二是坚持提升方案与印制技术相结合的原则，做到设计制版与实际生产紧密衔接，做到票面设计和防伪设计与实际生产能力、生产工艺技术紧密结合。三是坚持产品开发与标准制定同步，做到在设计、开发阶段就启动产品技术标准的制定工作，在中试阶段就完成产品技术标准的试行工作，在大试阶段就确定工艺技术标准和大生产公差样。

■提升的主要内容

根据中国人民银行办公厅《关于改进第五套人民币生产工艺、技术有关问题的通知》的要求，中国印钞造币总公司党委、经理部组织印制行业科研人员和试印单位相关人员，对1999年版人民币100元券、50元券、20元券、10元券、5元券在部分图案结构、防伪特征、印制质量三个方面进行修改、调整和提升。通过优化提升后的2005年版人民币在票面主景、颜色等方面并没有“旧貌换新颜”，只是增加了白水印等新的防伪技术，而这些新技术的运用为造假者造假增加了难度、提高了他们的成本，迫使造假者望而却步，从而使人民币的法定地位更加坚挺。

■提高了印制质量

提高磁性编码安全线的稳定性，有利于机读；提高水印的清晰度、提高光变油墨的光变效果，有利于识别；提高油墨的印刷适应性，严格工艺技术标准，确保产品的一致性。

■加强了机读防伪性能

在增加新的机读特征的同时，注意机读指标的量化，使其保证清分机和各种机具的识别。在增加了防伪的层次性的同时注重了防伪技术的标准化，使2005年版人民币逐步向世界各国货币均强调的安全、可靠、智能方向发展。

■提升前后的人民币的相同处

2005年版100元券票样

1999年版100元券票样

2005年版与1999年版人民币在规格、主色调、主景人像、“中国人民银行”行名和汉语拼音行名、面额数字、花卉图案、国徽、盲文面额标记、民族文字等票面特征，固定人像水印、手工雕刻头像、胶印微缩文字、雕刻凹版印刷等防伪特征均为相同。

■提升前后的100元券主要不同之处的比较

◆调整防伪特征布局

正面左下角胶印对印图案调整到正面主景图案左侧中间处，光变油墨面额数字左移至原胶印对印图案处。背面右下角胶印对印图案调整到背面主景图案右侧中间处。

隐形面额文字

◆调整防伪特征　隐形面额数字：调整隐形面额数字观察角度。正面右上方有一装饰性图案，将票面置于与眼睛接近平行的位置，面对光源做上下倾斜晃动，即可以看到面额数字“100”字样。

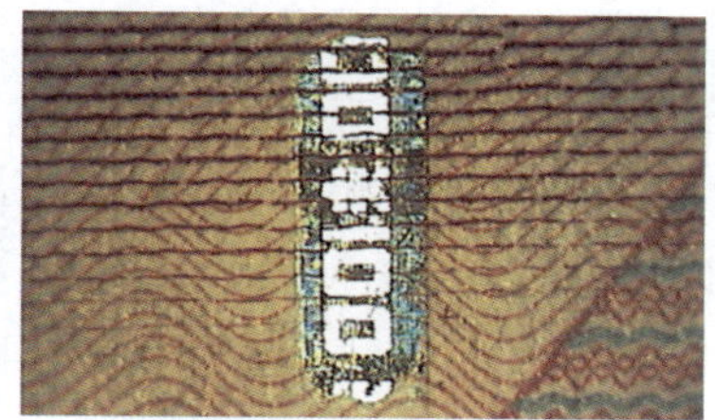
开窗安全线上的缩微字符

◆全息磁性开窗安全线　将原磁性微缩文字安全线改为全息磁性开窗安全线。背面中间偏右，有一条开窗安全线，开窗部分可以看到由微缩字符“￥100”组成的全息图案，仪器检测有磁性。

AF00000004

双色异形横号码

◆双色异形横号码　将原横竖双号码改为双色异形横号码。正面左下角印有双色异形横号码，左侧部分为暗红色，右侧部分为黑色。字符由中间向左右两边逐渐变小。

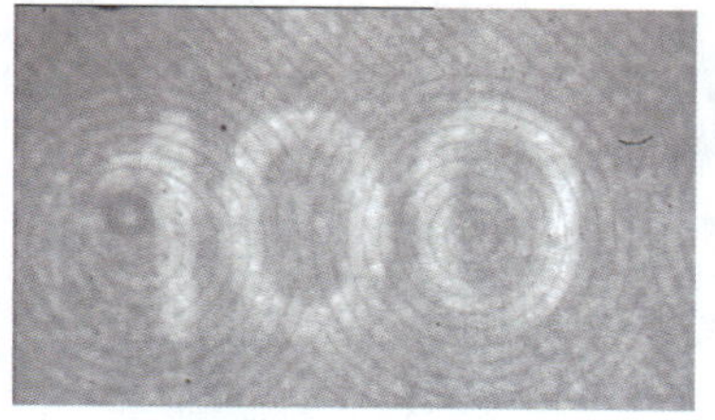
100元券上的数字白水印

■提升后的人民币之增加防伪技术

◆数字白水印　位于正面双色异形横号码下方，迎光透视，可以看到透光性很强的水印“100”字样。

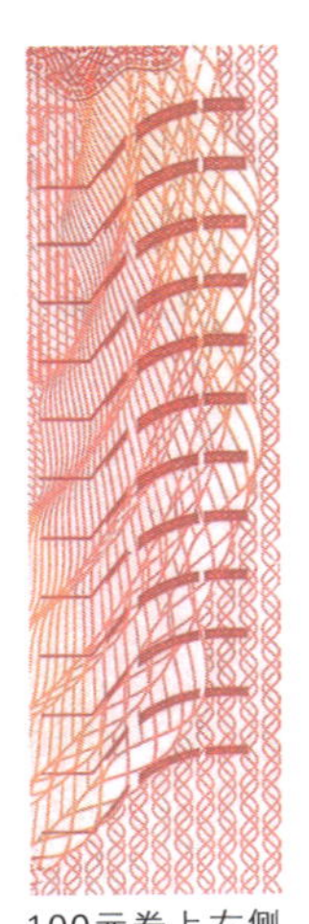

100元券上右侧的“手感线”

◆凹印手感线　正面主景图案右侧，有一组自上而下规则排列的线纹，采用凹版印刷工艺印制，用手指触摸，有较强的凹凸感。

■提升后人民币的取消防伪技术

取消纸张中随机分布的红、蓝色纤维。

第五节
钞票纸生产进行革命新技术再增
制版、油墨、生产工艺不断改进

2005年版人民币使用了新材料、新工艺、新设备，纸张、印版、油墨的生产工艺都发生了很大变化，这为新的防伪技术的实现打下了坚实的基础。

■钞票纸生产进行了重大革命

新型的钞票纸生产工艺　2005年版人民币采用了新型钞纸的生产工艺，这是造纸技术上的重大革命，使钞票纸生产在环保方面迈出了重要的一步；钞票纸在采用传统的黑水印技术的同时又增加了数字白水印，使大众识别效果更加明显和有效；安全线的施放方式变全埋式为开窗式，安全线本身的防伪技术也有了进一步的提高。

保定钞票纸厂新型钞纸生产场景

2003年6月24日，新中国成立以来的第一张新型钞票纸从保定钞票纸厂13号纸机走下了生产流水线。同年7月至10月，该厂采用新型抄造工艺分批次完成了中国银行澳门钞票纸张的生产任务，其物理指标全部达到要求。

在耐流通性方面，抗磨损试验达到一二级。新型钞票纸生产工艺为提升中国银行澳门钞票的整体质量水平，提升中国印钞造币总公司在国际同行中的地位立下了汗马功劳。

2003年12月，保定钞票纸厂全部转为新型抄纸工艺生产钞票纸，用于2005年版人民币的生产。截至2004年7月，这项钞票纸生产工艺在各钞票纸生产厂家全面推广。

2006年1月9日，在全国科学技术大会上，这项钞票纸生产工艺获得了2005年度“国家科技进步二等奖”，为这项新工艺画上了最绚丽的一笔。

镜像水印的产生　由于安全线施放方式的变化带来了100元券、50元券水印生成方向也发生了变化，业内称为“镜像水印”。

链接：“镜像水印”是怎样产生的

由于100元券、50元券两个面额的安全线开窗在票面的背面，固定人像水印由原来的左边移至右边，毛泽东主席人像的方向也要相反，才能在实际中与原1999年版相一致，为此需要对原水印版重新雕刻。

中国印钞造币总公司组织了专业水印设计雕刻人员来竞争，大家完成雕刻作品并试抄出纸张样品后，总公司领导和专家都感到有所欠缺。成都印钞公司的雕刻师骆富文建议：手工雕刻和机器雕刻各有优势，可采用机雕和手雕同时进行的方法。总公司领导同意了，但要求他解决水印清晰度问题。骆富文继续坚持他的机雕试验，制作进入后期时，水印清晰度问题基本得到解决。总公司派刘延年、孙义山两位专家，对人像水印的衣领、脸的侧面、眼睛、嘴线、头发等方面进行了细微的调整，使原版达到了要求。同时其他参与人员的原版都经过了试抄、选样，纸张送到上海印钞厂试印后，骆富文的机雕水印版100元券、50元券两个品种都中标了。

（作者：李奉友）

5元券、10元券上的数字白水印

数字白水印清晰可辨　钞票上的水印可识别性强，是经典、传统的防伪技术，在反射光和投射光下观察效果完全不同，具有极强的防伪性、专用性和公众鉴别性。我国钞票纸生产已成功开发使用了清晰度高、立体感强、形象逼真、神态生动的黑白灰多层次水印。那么，成都印钞公司是如何开发出数字白水印的呢?

从1999年6月，总公司根据第五套人民币大众防伪的需要，把钞票纸白水印制作技术列为重点科技项目。成钞公司钞票纸事业部成立“钞票纸白水印制作技术研究”项目课题组。项目负责人是主管钞纸事业部工艺技术副部长田德卿，赵永康、王化平协助工作。

项目组走访考察，通过多次技术交流、专题研讨、进行试验、不断改造，使之适用于钞票白水印纸制作。项目组又先后解决了数字白水印的定位、白水印变形等问题。11月起，课题攻关组制作了不同的白水印数码“和平鸽、古钱币、小辣椒”等艺术图案，并进行上机试运行的综合试验，其抄样均显示白水印效果达到了中国印钞造币总公司规定的艺术和工艺要求。随后，在中国印钞造币总公司的统一安排下，将其样张交由成钞公司印钞分厂和北京印钞厂试印。试印报告称：白水印清晰，不影响印刷线条、文字、图案的完整性，正背面均不互透印或反脏，水印定位直观准确、不变形、操作方便。

2000年，钞票纸白水印技术通过中国人民银行的鉴定，数字白水印应用于2005年版人民币的生产。2002年9月，钞票纸白水印技术成果获得中国人民银行2001年度“科技发展一等奖”。

链接：什么是“白水印”

白水印是在造纸过程中使用一种特殊设施和方法抄造出来的，白水印具备清晰度高、透光性好、难以复制，以及不用借助仪器即可识别等特点，具有极好的大众防伪功能。适用于钞券及其他有价证券面额数字等。2005年版人民币的100元券、50元券、20元券、10元券、5元券均采用了数字白水印。

在制版技术上的改进

凹印原版由以前的钢版雕刻制成原版，再翻成二原版、印刷版。2005年版人民币设计制版时，采用计算机钞票设计系统绘制好图像，应用计算机辅助制版的新工艺，调整版纹结构，提高原版线条质量，达到增强凹印手感的效果；再通过计算机辅助制版系统进行处理，制成醇洗尼龙凹版，就可上机印刷，这样有效地解决了设计制版与印刷之间的差距；现在生产一块胶印用水洗尼龙版只要45分钟到1小时就解决了，大大缩短了制版时间，提高了效率。

油墨技术上的改进

2005年版人民币，被评价为“五个第一次”，即第一次同时使用了新型的版、纸、墨、工艺和印材，加上新防伪技术的应用等多种因素，从而给看似简单的新品提升工作带来了意想不到的难点。油墨设计人员面对前所未有的困难、压力和风险，积极探索，寻求解决方案。

作为第五套人民币提升品设计开发中的重要环节，油墨不仅要适应新印版、新纸张带来的新要求，还要直接面对满足印刷工艺和质量的新要求。

为了获得满意的油墨印刷适应性和产品效果，油墨设计人员不断重复着“找色—制墨—试印—再找色—再制墨—再试印”的循环，在提升品油墨设计开发的一年多时间里，他们先后到5家印钞单位现场参加试制试印。

为尽可能在最短时间内解决问题，油墨设计人员、技术人员一边主动与技术中心、设计制版、印刷技术人员沟通、交流；一边认真分析、积极思考，在不断地平衡、调整油墨配方中，寻求最佳方案。

提升品上马时，发现新采用的一项防伪技术怎么改都达不到设计效果，试印进度为此而耽搁了整整两个星期。而此时100元券提升品也已准备上马，如果问题不解决，两个品种试印进度都将受到影响。当得知该问题与油墨有密切关系时，油墨设计人员十分着急，查阅资料，根据油墨的特点试验分析，为了抓紧时间，试验一旦有眉目就赶紧做墨，采取试验与试印同步进行，经过1个星期的奋战，终于使新的防伪技术达到了较好的应用效果。

在提升中，根据新的防伪功能的应用及机读的要求，防伪性能由原来的定性变成了量化指标，检测方法的建立就迫在眉睫。技术人员结合实际情况，研究方法，摸索数据，在保证正常生产的防伪油墨机读效果的同时，为总公司防伪油墨标准的编写提供了正确、可靠的数据。

从设计开发入手，建立程序，不断补充和完善资料，是2005年版人民币生产过程中油墨技术改进的又一亮点。设计开发有调整依据、有生产配方、有质量控制、有试印反馈等，记录了开发的全部过程，既为大生产有效控制提供了保障，又为记录的可追溯性提供了保证。

在那些限期攻关的日子里，油墨项目组不断讨论，一个方案接一个方案地试印对比，进行了大量的试验油墨和印品的检测。在短短的1个月内，共参与试印约16次，完成试墨82批，总量达4.16吨，印品检测124次。

2005年版人民币的油墨工艺通过应用新型胶、凹印油墨，提高了油墨与版、油墨与印刷的协调性、适应性。

■加快工艺改革向自动化要产量、要质量、要安全

多年来，中国印钞造币总公司制定、实施了“九五”计划、“十五”计划、“十一五”规划，对所属企业的厂房等基础设施进行更新、改造，对主要设备引进、制造，这其中也包括许多配套设备的添置、研制，印钞、造币生产中的包括印刷、铸造、检查、封装等工序的自动化质量控制等，引发了生产工艺的一次次改革。

目前，在各个印钞企业都普遍研发和采用了在线检测系统装置或综合检测技术，实现了胶印离线检测控制墨色，凹印在线检测控制连续废，印码在线检测控制号码、荧光和水印废品，大张检查机标废、清分机做半废品和剔废，初步实现印刷过程质量机检为主和人工检查相结合的生产质量控制。系统的质量控制措施使产品质量得到明显的提高，成本得到有效的控制。

印刷工序高精的质量控制手段，使得产品质量大大提高，为检封工序工艺改革创造了条件，使检封工序实现了产品裁切、抽查、数封、塑封流水线的作业方式，将检封产品的周转期缩短；同时，使得检封工序从人海战术过渡到流水线作业，从流水线向自动流水线过渡，检封工序也真正由人员密集型向技术密集型迈进。2005年底，全行业实现检封联动线43条，印钞检封工序产品做到“日清日结”，提高了生产效率和产品安全系数。尤其是近年来印制企业大张记废，小张分拣和质量动态管理系统的研制，为推动检封工艺改革注入了新的生命力。

检封工艺不断改革，使得劳动效率得以提高，有效解决检封工序的“瓶颈”问题。保证了2005年版人民币生产任务顺利完成。2006年、2007年，在产量连年递增十几个、二十几个百分点的情况下，印钞造币行业仍旧能保证发行需要，不能不归功于科学技术的发展、工艺技术的改革。

与此同时，造币企业与造纸企业工艺的改革也在实施当中，造币成品质量在线检查正成功应用，纸机的在线检测已经安装，成品率不断提高，纸张检查中人海战术的状况正在改变。

时任中国印钞造币总公司生产技术部主任陈义清感慨地说：工艺改革突破传统模式，带动了观念的更新，强化了工序管理，提高了职工素质，增加了科技含量，促进了企业管理，提高了经济效益。

链接：国产系列号码机的研发

1981年，因发行需要，胶印品的角票大幅度增产，但印码机生产力严重不足，制约着角票的增产。李根绪急生产之所急，提出用J208型对开单色胶印机改装印码机，当年设计就将样机改装成功（M81型印码机），投入批量制造，解决角票增产的燃眉之急，生产效率提高6倍以上，节约制造费用500余万元，此成果获得国家“实用专利证书”。

1998年，M95型印码机投产。M95型印码机是一台多功能印码机，可以实现上下、左右、对角线接线。

1997年立项进行测绘的M97型印码机于2000年投产11台。为了使这批双色印码机顺利通过出厂验收，南京造币厂在生产过程中，严格控制零件加工质量，精心装配，在印码机的调试和验收之前分别进行动员，明确责任，提出要求。调试过程中实行科技人员、装配钳工、电工三合一调试，要求对机器的每次运行情况作详细的记录。针对前一批印码机制造过程中存在的不足，组织有关技术人员和生产骨干，进行认真仔细的分析，提出切实可行的方案，在印码机生产过程中加以解决。

多功能印码机于2001年5月立项批复，2004年完成新工艺试验，制造完成的12台用于第五套人民币的生产中。

（作者：刘万银）

链接：印钞造币设备的自主研发

印钞造币专用设备研制是印制系统发展的重要支柱，是印制技术发展的重要标志。在面临国际封锁、国内协作艰难的情况下，专用设备研制取得了令人瞩目的成绩，既保证了货币印制、发行的需要，促进了产品工艺和防伪技术的提高；同时标志着中国印制系统在国际印制领域的显著地位，是独立自主、自力更生的生动体现。

回顾印钞造币专用设备发展的数十年历程，经过自主研制、生产与引进相结合，特别是经历了“七五”、“八五”、“九五”、“十五”期间的持续改造和更新，中国货币印制设备能力和技术水平基本达到国际先进水平。印制系统装备能力和水平得到很大改善，形成了以自制设备和进口设备为主体、适应印制生产的设备保障体系，提高了印制生产能力，保证了印制任务的及时完成，基本解决了印制生产能力不适应的问题。同时，提高了印制产品质量，满足了货币发行的需要。为应对20世纪80年代和90年代发生的几次货币发行高峰作出了巨大贡献。

20世纪90年代至今，印制系统在专用设备研制生产方面，取得了令人瞩目的成绩，奠定了我国在国际印钞造币机械制造领域的应有地位。先后组织了M97型印码机、YBW150型、YB350型、YB650型印花机的批量生产，研制了J98型胶印机、J99型胶印机、92型凹印机、SD型凹印机、DM02印码机、DM06印码机、CJ01型大张质量检查机、YBL160型印花机，这些设备的研制成功，并批量装备到印制各企业，成为目前印制生产的主体设备，奠定了货币印制的设备基础，健全了货币印制的设备体系，促进了货币印制工艺的创新。既有效地提高了货币印制质量水平，也为货币开发独特的防伪技术提供了设备基础。除部分硬币坯饼生产、造纸设备外，大部分印制生产的主要设备均为印制系统自行研制、生产，并占据了半壁河山，而且呈现良好的发展态势。同时，印制系统形成了完整的专用设备设计、试制和批量生产的生产能力和组织体系。

（作者：陈亮）

第六节
攻坚克难产品企业同提升
亲历亲为几任领导共关怀

时任上海市委书记习近平视察上海印钞厂、上海造币厂

第五套人民币的优化提升工作在两年时间就完成了5个品种的纸币和1个品种的硬币，实现了一次公布、同时发行。这项工程充分体现了党中央、国务院的正确决策，体现了中国人民银行以及各个相关司局的关心重视和坚强领导，体现了中国印钞造币总公司强大的科技实力、良好的组织协调能力和广大印制员工敢打硬仗、善打硬仗的精神风貌和实战能力。

■各级领导亲临现场，上上下下形成合力

时任主管副行长史纪良对人民币提升工作十分重视，他亲自指挥、精心组织、积极协调，使得提升人民币的报批进展十分顺利。同时他提出不改变主景图案、不改变颜色、只改年号的建议，得到人民银行党委的赞同和国务院领导的批准。时任主管副行长刘廷焕亲自到石家庄印钞厂，为提升的第一个品种——1元券的印制启动了印钞机，拉开了这场战斗的序幕；时任行长助理胡晓炼在分管期间经常过问提升工作的进展，并邀请、陪同近100名女部长亲临现场查看生产情况，向各界领导介绍了印制行业在经济建设中的重

要作用；时任行长助理马德伦在分管印制工作以后，做了大量的组织、协调工作，使得生产乃至发行工作都非常顺利。中国人民银行货币金银局的领导经常深入印制企业检查指导，了解工作进度，现场办公，积极解决印制生产中出现的难题。

为了保证2005年版人民币提升工作的顺利进行，中国人民银行货币金银局、中国印钞造币总公司成立了领导小组和办公室，专职负责优化提升的工作；建立了工作例会制度，及时沟通进展情况，检查工作进度；总公司各相关职能部门、总公司技术中心与各印制企业、各企业之间通力合作，共同攻关，全力解决优化提升工作中遇到的各种问题。

2005年版人民币的提升相对于1999年版的研发来说是顺利的，但因为票面技术含量高了，遇到的问题更棘手、解决的过程也更加艰难，如2006年下半年，有群众来信反映钞票不慎被洗衣粉洗涤以后就出现掉墨、掉色问题。中国人民银行对此给予高度重视，中国印钞造币总公司成立由经理部领导、相关部门、技术中心和钞票纸厂、印钞厂、油墨公司的技术人员联合组成的耐机洗攻关小组，进行了反复的分析、研究，找出由于纸张的抄造工艺的变化导致油墨与纸张结合发生变化这一主要原因，从而进行相关的调整，耐机洗问题得到了很好的解决。

1元券，1999年版走向2005年版的桥梁

1元券，是搭起第五套人民币1999年版与2005年版的一座桥，因为它是1999年版最后发行的一个面额，也是提升版实现手感线和防复印等防伪技术最早的一个品种。

2004年2月6日下午1时45分，时任中国人民银行副行长刘廷焕亲手按下了石家庄印钞厂W92型机的开机按钮，机器声顿时响起，第一张1元券产品从机器中匆匆掠过，随后是第二张、第三张……一张张优质产品在流动、叠加，仿佛是一曲畅快淋漓的交

响曲。在众人的注视中，人民银行货币金银局局长叶英男签署了第五套人民币1元券的生产样张……

链接：精印人民币塑造石钞人
——石家庄印钞厂研制2005年版人民币1元券小记

2003年10月10日，石家庄印钞厂得知中国印钞造币总公司正式把1元券开发试印任务交给他们时，全厂职工为之振奋、激动，因为独立开发新产品是他们多年的愿望。

如何使产品更好地达到设计要求？最好的方法就是设计和印刷的充分结合。在试印的那段日子里，企业主管生产、工艺、质量的领导、部门和机台人员，会同设计制版中心的设计人员，每天不知要沟通多少次。试印、评审、再试印、再评审，一次次循环下来，无论印的还是评的，都不知疲倦地坚持着。制版人员在征得设计人员的意见后对原版先后改版3次，背面主景改动两次，而为了药水纯净，镀镍、镀铜的职工一天要连续倒缸两三次，面对无形增大的工作量，他们没有半句怨言。

怎样才能在大生产中实现凹印手感线、防复印等新增的防伪技术效果，这需要项目组研讨、摸索、试验、总结。整个小试期间，中国印钞造币总公司总工程师梁友杰、制版中心主任刘永江、中钞油墨公司的技术人员与副厂长丁少东等有关人员从第一天早上7点到第二天早上6点，没有一个离开现场，没有一个人合眼。

凹印试印一开始确定的机型是W82型，摄氏75度的版温造成的干版又必须用酒精和煤油洗刷。机台人员在氤氲刺鼻的酒精煤油气味中，一次洗刷就要半个小时，窗外是寒冷的冬季，窗内是汗水涓涓淌下浸湿了工装。只要参与到研发试印中的人，都是尽心尽责，有的领导晚上陪着一线职工试印，白天还要开会总结沟通，有的管理人员连续两三天连轴转，没有一刻休息时间。

研发出的1元券是要立即适应大生产的，这是中国印钞造币总公司的要求，也是石家庄印钞厂的目标。1元券研发后要形成一整套技术资料，使得产品分流后其他企业能顺利上马。但资料的得来却殊为不易，凹印车间的几个小伙子，为了其中一个手感线的指标，在狭小的机器空间中一调整就是十几个小时。

这是一场争分夺秒、没日没夜的战斗，石钞人赢了，而“精印人民币，塑造石钞人”的石钞精神，也在研发1元券的过程中得到了彰显。

（作者：樊华）

南昌印钞厂生产现场

5元券，南昌印钞厂梦圆提升

2005年版5元券的提升对南昌印钞厂来说是一个历史性的突破。开发新产品，是南昌印钞厂全体职工的梦想，5元券的提升给他们提供了实现梦想的舞台。

南昌印钞厂一直在承印1999年版人民币5元券产品，这于提升5元券有一定的基础。2005年版5元券的小试是从2004年8月25日胶印工序开始的，两次胶印、两次凹印印刷，只用了19天就把胶印、凹印刷生产线打通。中试是从10月16日开始，12月29日就完成了号码的印刷。小试、中试和大试一共用了5个月的时间，完成了整个开发过程，2005年1月投入了大生产，2月完成了对行业内兄弟厂的产品分流，完成了5元券的印制说明书的制作，产品标准、生产工艺规程的编写。3月完成生产公差样，为全行业的正常生产打下了基础。

在5元券的设计方面，南昌印钞厂提出了三个方面的修改建议：这使5元券与整个2005年版人民币成为系列。

在整个小试、中试过程中，南昌印钞厂试用了油墨70个批次，其中胶印油墨15个批次、凹印油墨55个批次。为油墨中心对油墨配方的调整给予了积极的配合。

2005年版人民币通过改进印制生产工艺、技术，提高了人民币整体印制质量。通过防伪措施增加与整合，实现防伪技术应用系统化，提高了人民币的整体防伪水平。将年号版改为“2005年”，是对现行流通的1999年版第五套人民币的继承，又是对1999年版第五套人民币的创新和提高。

第五套2005年版人民币成功地实施了优化提升，它在公众防伪、专业防伪、机读防伪水平、流通耐性、印制质量等方面均达到了世界发达国家钞票的水平。它的成功研制，缩小了人民币与国际可兑换货币印制水平的差距。这是印钞造币行业忠诚地履行“安全优质保发行”，生产高质量的人民币，为中央银行履行职责服好务的行业宗旨最为有力的证明。

第七章
币苑绽放奇葩——纪念币、纪念钞

第一节
改革开放与世界钱币文化交融
底蕴深厚纪念币面世受到追捧

■纪念币应运而生

1977年9月9日，毛泽东主席逝世一周年，为了纪念新中国的缔造者，印制管理局和国营六一四厂计划铸造“毛泽东逝世一周年”银质纪念章。当时，新中国还没有铸造和发行过纪念币或纪念章。1978年4月13日，国营六一四厂派员到北京报送纪念章样章，未果。但是此举却引来上层领导对设计生产纪念币（章）的关注。

1978年4月17日上午，原中国人民银行副行长耿道明、香港宝生银行副总经理曹成安以及研究国外金银流通纪念币的专家等9人开会研讨纪念币的问题，其中的一个议题是：外宾到中国访问都希望带回中国的纪念币，为此非常需要有纪念币作为外事活动的礼品。宝生银行还介绍了中国香港纪念币的相关情况。鉴于当时国家尚有“人民币不能出口”的规定，会议决定先做纪念章，题材选用北京风景。

经过半年左右的研制，新中国第一套金质纪念章——“北京风景”在国营六一四厂问世。1979年1月，中国人民银行委托香港宝生银行为香港地区的总经销，在香港地区首次发行“北京风景”金质纪念章。信息发出后，在发售的前一天晚上，客户已排起长队，首批发售的1500套在几个小时内就销售一空。此后，外商频密来函来电提出购买我国现行流通人民币，以供国外货币收藏者收藏。

北京风景金质纪念章背面

北京风景金质纪念章正面

1979年7月11日，国务院批准铸造1角、2角、5角及1元硬币（因1元主图案为长城，故被收藏者称为 “长城币” ）。“长城”圆角币虽在国内少量投放，却将国内的收藏市场点燃，生产发行我们自己的纪念币已是众望所归。

■第一套贵金属纪念币的诞生

从1979年开始，国务院同意中国人民银行设计生产金银纪念币，第一套是“中华人民共和国成立三十周年”，共四枚，材质为金，直径27毫米，单枚重量为1/2盎司。纪念币正面均为国徽和“中华人民共和国成立30周年　1949–1979” 字样。背面分别为表现中国政治文化中心——天安门广场的主要建筑：天安门、人民英雄纪念碑、人民大会堂、毛主席纪念堂，并镌刻有面值。铸造量仅有70000套。由国营六一四厂、六一五厂生产铸造。

此后的40年时间里，先后研制开发了“中国金银纪念币”、“中国生肖系列纪念币”、“中国熊猫金银币”、“中国杰出历史人物纪念币”、“中国金银纪念章”、“中国珍惜野生动物系列纪

中华人民共和国成立三十周年纪念币正面

中华人民共和国成立三十周年纪念币背面

念币”、“世界文化名人系列纪念币”、“中国民间诸神系列纪念章”等。近年来，贵金属纪念币涉及的题材更加广泛，包括国内外重大事件、传统文化系列、古代名画系列、有关的节庆活动等，并逐步发展成为“纪念性金银币”和“普制金银币”两大类。

金银纪念币因其选材独特，设计新颖、铸工精湛，不少作品在国际上连连获奖，如1983年“中国壬戌(狗)年纪念银币”首获国际大奖，1985年“中国熊猫金银币（1983年版）”、“马可·波罗纪念币”又分别夺得三项国际大奖。近年又有不少作品获得世界级的奖项。

贵金属纪念币前期的研制、生产均由中国印钞造币总公司承担；后期由于职能的划分，由中国金币总公司主持研发，但大部分的设计、生产仍由中国印钞造币总公司及所属上海、沈阳两家企业承担；近年来，在中国金币总公司的贵金属纪念币的设计招标中，中国印钞造币总公司以及所属企业积极参与竞标并连连中标，同时承担相当一部分的金银纪念币的生产铸造。

中华人民共和国成立三十五周年纪念币正面

中华人民共和国成立三十五周年纪念币背面

第一套普通纪念币的面世

从1984年起，普通纪念币的研制有了突破性的进展，第一套是“中华人民共和国成立三十五周年”纪念币成功研制。这套纪念币一套三枚，面值：1元，直径30毫米，材质为铜镍合金，纪念币的正面同为国徽、礼花、天安门广场；背面分别为开国大典、民族大团结、祖国万岁。1984年10月1日发行，中国百姓欣喜地看到人民币的另一个币种——普通纪念币，虽然人民银行的发行公告写的是与现行人民币等额流通，但是一经发行很快就被收藏沉淀。这套纪念币的发行使得中国百姓包括国外的收藏者对普通纪念币的喜爱一发而不可收，“收藏”悄然成为社会上的流行语，纪念币成了百姓收得起的藏品。

在以后的25年里，中国人民银行先后发行几十套上百枚的普通纪念币，共分为重大事件普通纪念币(区域重大事件普通纪念币、国内重大事件普通纪念币、国际重大事件普通纪念币)，人物系列普通纪念币，文、体活动系列普通纪念币（体育活动系列普通纪念币、文化活动系列普通纪念币），中国珍稀野生动物普通纪念币，世界文化遗产普通纪念币，中国宝岛台湾普通纪念币，贺岁普通纪念币等系列。

迎接新世纪纪念币正、背面

普通纪念币始终由中国印钞造币总公司研制开发并组织生产铸造。由于题材广泛、铸工精湛、品质优良、种类齐全，具有浓郁的民族风情、鲜明的中国特色，深受广大群众喜爱。

第二节
庆祝新中国五十华诞
首张纪念钞闪亮登场

纪念钞纪念祖国日益强盛

半个世纪以来，特别是改革开放以来，我们伟大的祖国政治稳定，经济持续、快速、健康发展，科技进步，文化艺术繁荣，民族团结，社会各项事业稳步前进，国际地位显著提高，香港已顺利回归祖国，统一祖国大业的步伐正有力地向前迈进，取得了举世瞩目的伟大成就，为庆祝中华人民共和国成立五十周年，中国人民银行于1999年9月20日发行“庆祝中华人民共和国成立五十周年”纪念钞一套（1张），面额50元，与现行人民币等值流通，具有相同的货币职能。

庆祝中华人民共和国成立五十周年纪念钞主色调为红色，票幅长165毫米，宽80毫米，正面主景为开国大典盛况组合图景，左侧为天安门与“50”组合的动态全息图案，左下方为盲文面额标记。背面主景为地球、和平鸽、铜狮、华表等组合图景，背面左上方为中华人民共和国国徽图案，右上方为“中国人民银行”汉语拼音和蒙、藏、维、壮四种民族文字的“中国人民银行”字样和面额。纸张水印为天安门，钞纸上第一次使用了开窗安全线。

庆祝中华人民共和国成立五十周年纪念钞正、背面

■纪念钞的设计别具一格

纪念钞的主设计者，现任中国印钞造币总公司技术总监邵国伟回忆自己的创作过程说：

纪念钞的正面主景图主要是我设计的，曲振荣也参与了正面设计工作，背面主景图是曲振荣设计的，沈志云参与正面主景设计与制版。当时，中国印钞造币总公司组织北京印钞厂、上海印钞厂、成都印钞公司的专业技术人员一起来设计，一共有38幅作品参加竞标。最后专家评审是我和曲振荣合作的设计稿。设计中每位技术人员都用历史博物馆里陈列的董希文创作的油画“开国大典”作参考，因为这幅画有代表性，标志着中国人民站起来了，对于庆祝中华人民共和国成立五十周年很有意义。

这张纪念钞虽然源自于董希文的油画，但我在设计时又进行了调整，油画表现的是开国大典的场景，是一个群体，我采用的就是毛泽东主席一个人的人像。我的想法是，毛泽东主席在天安门宣布中华人民共和国成立，是我们中国人民最自豪的时候，毛泽东主席是伟人，他的声音代表了中华民族的声音，不只属于他个人，所以我特别强调话筒，把话筒放在突出位置，通过话筒把中国人民站起来的消息传遍全中国和世界各地。再有就是广场上的人民大众，源于原画，又进行了寓意上的再创作。

设计稿由花瑞松雕刻后，徐永才根据专家提出的意见进行了修改雕刻。

庆祝中华人民共和国成立五十周年纪念钞印制过程中占有了几个第一：是我国第一张纪念钞；是第一次使用开窗安全线；是第一次使用调色的钞纸（色调偏黄，以往都是白色的纸张）；是第一次运用全息防伪标识；是第一次使用异形号码印刷。

开窗安全线——一项全新的技术　1998年7月8日，中国印钞造币总公司根据国务院批准研制“庆祝新中国成立五十周年流通纪念钞”文件精神，特在北京召开纪念钞纸张防伪技术方案及其生产技术研讨会，会议确定采用开窗安全线技术并成立了项目小组。该项目负责人田德卿，主要研制人员有骆富文、张静芳、胡学义、叶中东等。这是我国在安全防伪纸张生产中第一次运用安全线开窗技术的产品。钞票纸开窗式安全线施放技术，填补了我国钞票纸生产技术的空白，它标志着人民币纸张的大众防伪水平进入了世界先进行列。

开窗式安全线，即安全线局部埋入纸张中，局部裸露在纸张上的一种安全线，包括全息开窗式安全线，全息磁性开窗式安全线等。开窗式安全线与普通的全埋入式安全线比较，其施放技术要求更高，一线大众防伪效果更好。

1992年至1997年，成都印钞公司钞票纸厂就在全埋入式安全线技术的基础上开始研发安全线开窗技术。1998年7月8日北京会议后，项目小组随即全面开展新的开窗安全线的研制工作。针对新的技术和新的要求，项目小组总结过去成功的经验，拟定了新的研制措施。为使纪念钞成为博采众家之长，集现代先进技术于一身的全新产品，在运用多种新技术和新工艺的同时，对原材料进行了调整和色彩调色试验。

各项准备工作尽善尽美，技术试验也力求万无一失，但为使试抄工作取得圆满成功，自1998年9月18日起再次组织试抄实验。在技术问题逐一解决之后，1998年9月28日下午正式进行该产品试抄，对出纸的效果进行分析后得出：水印、安全线等防伪技术效果符合研发要求。

第三节
迎接新世纪全球经济高速发展
情寄纪念钞中国升龙闪转腾挪

为了迎接新世纪的到来，1999年5月初，中国人民银行下达了设计、印制2000年纪念钞的任务。中国印钞造币总公司党委、经理部高度重视，立即成立了设计研制工作领导小组，提出了主题设计思路以及具体的工作进度、要求，并决定由北京印钞厂具体承担设计研制工作。

北京印钞厂高度重视，迅速组织设计人员全力以赴投入紧张的创意设计之中。为了出精品，他们在设计之中引入竞争机制。经过几轮反复的报送筛选，最终采用了赵克俭的设计方案，并将这枚纪念钞票定名为“迎接新世纪纪念钞”。同时决定印刷的载体由传统的纸质材料改用塑料材料，这是我国货币发行史上第一张塑料纪念钞。

■围绕主题　精心构思

正面主题。设计者赵克俭在钞票正面，设计了一条腾空攀升的金鳞游龙，喻意着中华民族蓄势腾飞、奋发向上的民族精神。

背面主题。背面以唐代藻井纹饰为衬托，主景选用建设中的中华世纪坛，形象地展示出钞券产生的时代特征；世纪坛上方是选自敦煌壁画上盛唐时期的飞天图案，恢弘的现代建筑上空，花瓣缤纷、随风飞舞，飞天衣带飘飘、姿态曼妙，为整个券面带来温馨、灵动与浪漫，昭示文明古国民族文化流传至今，中华民族在新的世纪具有更加广阔的空间和美好的未来。

正面胶印底纹大量使用中国红灯笼造型线条，变化丰富，整个券面设计突出的是喜庆祥和的氛围与浓厚深沉的民族情结。

■大胆应用计算机辅助设计技术

“迎接新世纪纪念钞”在设计过程当中，大胆并成功地应用了计算机辅助技术。

设计人员在设计中运用图像软件工具、采用各种图形及特技等手段，使图形不断产生一些意想不到的变化，达到设计的理想化效果。而设计人员也从中不断得到灵感，创作出了理想的、新颖的设计方案。

运用计算机辅助设计相对于传统的设计方法，有着更大的优越性，表现为：有异常丰富的表现形式和快捷精确的制作方法；有灵活多样的调整功能和多样的输出方式。这些优越性可以说在设计“迎接新世纪纪念钞”的过程中得到了充分的体现，也成为提高“迎接新世纪纪念钞”设计质量和速度的有效手段之一。

纪念钞的雕刻

“迎接新世纪纪念钞”正、背面主景图案均采用手工钢版雕刻工艺制作完成，工艺美术师刘益民、孔维云承担了正、背面主景“龙”和“坛”的钢版雕刻。世纪钞的主要创意以及“龙”的形象的采用为总公司高级工艺美术师孙义山提出，“龙”的素描稿由邸乃基绘制，画面上火球的雕刻者为韩继宗。

迎接新世纪纪念钞正面

链接：雕刻者刘益民谈主景“龙”的雕刻

“迎接新世纪纪念钞”是我国第一次采用塑料片基为承印物的钞券。纪念钞正面主景的龙取材于北京北海九龙壁左数第三条“升龙”，它展示了中华民族奋发向上的精神。当我拿到邸乃基先生的素描稿时，看到一条生动奔放、蜿蜒飞舞的龙跃然纸上，我被它的神态所深深打动。

中华世纪坛的独特造型和它所代表的现代思想要求它的艺术表现形式必须具有现代感和一定的超前意识。用凹版雕刻的方法表现世纪坛，不仅要有艺术性，还要有防止复制的安全要求，更重要的是塑料钞的制版、印刷工艺在我国尚属首次应用，由此带来了一系列印钞技术的变革。在钞票原版雕刻上我采用了传统手工雕刻技法与现代表现技巧相结合的方法，用一根根短线错落有致地排列出世纪坛的主体，不仅较好地表现了世纪坛的宏伟壮丽，也综合考虑了防伪的功能。在原版制作上采用了雕刻凹版与晒版腐蚀凹版相结合的制作方法，根据塑料钞印刷工艺的要求，在雕刻制版中还采用了特殊的点线处理方法，经过后期加工、调整，达到了印刷新工艺的要求。我雕刻的中华世纪坛景最终被选用在塑料纪念钞上，这使我感到非常欣慰。

这张不同寻常的塑料纪念钞，伴随着新世纪的钟声从一个世纪跨越到另一个新的世纪，围绕塑料纪念钞的设计、雕刻与印制，奏响了一曲新时代的凯歌。

（作者系背面主景“中华世纪坛”的雕刻者孔维云）

迎接新世纪纪念钞背面

■新世纪纪念钞的印制　新承印物的尝试

设计雕刻图案得到批准以后，如何印制，面临许多技术难题。因为塑料钞是以塑料基片为承印物，对于设计制版、印刷油墨性能，都有不同于纸张的技术要求。印制过程中，为了使胶印油墨的固着性、干燥性与实际生产用“塑料纸”有机结合，技术人员反复试验，在加入适量干燥剂的同时加入凹印墨用的复合干燥剂，保证了油墨的使用性能。纸质样张与塑料钞的颜色效果有所不同，技术人员进行了20多次调整，油墨颜色最终达到印品要求。

为了印制“迎接新世纪纪念钞”，北京印钞厂使用自行研制的异形号码机和隔色印刷工艺时，又对设备进行了调整，解决了隔色印刷等新的技术难题，使其印刷效果达到字体清晰、进位准确、质量稳定，大大增加了世纪钞的科技含量。

世纪钞虽然只有一个品种，印刷量小，但是生产时间紧，工艺复杂，试验项目多，质量要求高，给生产组织带来很大难度。企业应对困难，超常组织，从1999年底开始，取消休息日，进入倒计时，全力以赴开始世纪钞的生产。生产中，又根据出现的问题，先后解决了油墨渗透性、塑料纸受压变形走纸不顺等技术问题。同时，加大安全检查力度，做到“日清日结”，确保了生产全过程产品的安全。

为了确保生产进度，承担印刷任务的车间从2000年4月12日塑料纸进厂至5月31日完成全部产品的印刷、付出，在历时44天的生产过程中没有休息日；负责检封任务的96车间从5月1日至7月10日生产完成，职工两个月内没有公休，特殊时期曾连续工作14个小时。

2000年11月28日，中国人民银行公开发行了“迎接新世纪纪念钞”。这是我国首次发行塑料纪念钞，填补了国家印钞技术的空白，结束了我国没有设计印制塑料钞票的历史，使我国跻身于世界上为数不多的能够设计印制塑料钞票的国家行列。

■独具特色的防伪特征

透明视窗。票面左下方设计的云朵形状与“生龙”主题相吻合，也与右上方的全息图案相呼应，这种透明效果具有很强的防伪功效，用电脑扫描、照相、电子分色、复印等都很难仿制。

激光防伪图案。在透明视窗的中偏下部，设计有一肉眼不易察觉的、约4毫米的无色正方形，它只有迎白炽灯聚光透视或激光透射影像可见变形的“中”字图案。

防复印图案。在透明视窗的中间，票面正面设计的是印有金属油墨的天坛图案。天坛不仅是我国著名的世界文化遗产，而且“龙”、“云”、“天”在同一票面中也有内在的联系，天坛图案具有防彩色复印功能。

彩色涂层。在票面背面是衬托“天坛”的“A”形图案。印有蓝、深蓝、红三色，这种颜色不是通过油墨印刷上去的，而是制造塑料基片时制作上去的，它是防伪技术上的一个新手段。

浅影2000。在透明视窗的上方，透光可见隐藏在基片中的2000。

■传统的防伪技术的运用

凹版印刷工艺。用于塑料的正背两面，同时将正面的“升龙”与背面的“中华世纪坛”、“国徽”首次运用在胶凹套印的钞票之中。

有色荧光印刷。主景龙图案中的黄色地纹，在特定波长的紫外光下显示黄色荧光图案，它不仅烘托出黄色的金“龙”，而且也加大了仿制的难度。

动态全息效果。正面主景右侧，设计成一本打开的书的外形，象征中国人民携手跨入新世纪，中华民族的历史又翻开了崭新的一页。全息图案从不同的角度和方向观看可见颜色变化的“灯笼”、“千年”和双“2000”图案。

此外，在印制中还应用了一系列防伪印刷技术，如光变油墨金额数字、隐形面额数字、凹印接线印刷、胶印缩微文字、双色异形号码等，这些都有效地提高了“迎接新世纪纪念钞”的防伪特性。

第四节
北京奥运会圆中华百年梦想 纪念钞、币锦上添花压群芳

■全球征集设计图稿

2001年7月13日，北京获得第二十九届奥运会举办权，举国欢庆。为了迎接这一盛会，宣传奥林匹克精神，弘扬中华民族文化，中国人民银行拟发行第二十九届奥林匹克运动会纪念币（包括纪念钞、普通纪念币和贵金属纪念币）。并于2003年10月28日面向海内外广泛征集第二十九届奥林匹克运动会的纪念钞、普通纪念币、贵金属纪念币的设计图稿。

发行奥林匹克运动会纪念钞在人类历史上尚属首次，而面向全球公开征集设计图稿，也是我国纪念钞币发行史上的首次。人民银行为此在公告中对奥运纪念钞（币）的图稿主题提出了明确的设计要求：体现出“更高、更快、更强”的奥林匹克精神，反映北京奥运会“新北京、新奥运”的主题，表达北京奥运会“绿色奥运、科技奥运、人文奥运”的理念，表现中国、北京的传统文化和独特的形象，展现世界文明、古老文明和现代文明在北京的和谐交融。其中，纪念钞要集中反映奥林匹克精神，表现中华悠久体育历史和现代体育的发展，重点反映新北京、新奥运，图

案的主题选择可相对独立，不作具体规定。普通纪念币正面图案主要围绕奥运会举办地——北京的风貌、比赛主要场馆及会徽等内容设计，背面图案采用现代手法表现速度力量型、耐力型、唯美型、技能准确型、隔网对抗型、同场对抗型、格斗对抗型、综合型八大类体育项目。

这次征集主要面向国内外机构和个人，征集时限确定为2003年10月28日至2004年2月16日。

中标稿产生过程

随着征集方案的宣布，中国人民银行同期成立了奥运纪念钞、奥运普通纪念币和奥运贵金属纪念币项目领导小组，组长由时任中国人民银行副行长史纪良担任，成员包括货币金银局、中国印钞造币总公司、中国金币总公司等相关司局和单位的领导及专家，主要分征集和初审两个阶段进行。

2003年11月至2004年1月，中国人民银行奥运纪念钞、奥运普通纪念币和奥运贵金属纪念币项目领导小组分别在北京、上海、成都、深圳四个地区开展征稿活动。

截至2004年2月16日——公告发布的最后截止日，中国人民银行共收到奥运纪念钞、普通纪念币和贵金属纪念币设计图稿2417幅，经过初步审查，确定符合图稿设计要求的共有2412幅。其中，奥运纪念钞设计图稿166幅，奥运普通纪念币图稿395幅，贵金属纪念币设计图稿1851幅。除印制行业外的全国各专业艺术院校、各行业、各单位踊跃投稿，还有瑞士、新加坡等国家专业人士的投稿，共计1355幅，其中，纪念钞31幅，普通纪念币233幅，贵金属纪念币1091幅。

在初审阶段，中国人民银行根据征集要求对征集上来的设计图稿进行初评，中国金币总公司主要负责奥运贵金属纪念币图稿的初评工作，中国印钞造币总公司主要负责奥运纪念钞、奥运普通纪念币的初评工作。2004年3月15日，中国人民银行组织15位专家及相关领导进行初评，在三类征集上来的设计图稿中，各选出10套参加下一轮评选，其中，奥运纪念钞一套为一个正面、一个背面，合计20幅；奥运纪念币一套为一个正面、八个背面，合计90幅。

2004年3月30日，由中国人民银行牵头进行进一步的评选，在各10套设计图稿中，精选出各5套作为入围稿。设计图稿中，每一个图画可以说都充分利用了奥运的设计元素，并融合了中国、北京的历史、人文、建筑等特点。

2004年4月1日，中国人民银行组织专家及相关领导对5套入围稿进行评审。为了体现公平、公正、公开的原则，在整个评审中引进了层层监督机制，并由公证处进行公证。2004年4月2日，经过专家们的精心评选，推荐出中标稿一套。

随后，邀请中央美术学院、清华工美专家周令钊、侯一民、陈若菊、邓澍、曹春生等听取意见。

在中标的纪念钞设计图稿中，正面图案是将鸟巢、北京天坛剪影造型作为主背景，还有一些运动符号。背面的主图案为掷铁饼者造型，还有奥运会会徽、国徽、运动场景和祥云火炬等图案。首选的纪念币设计图稿，正面图案画面端庄、大方、规范，背面图稿主体图形较为准确地把握和运用了中国书法的笔画，充分表现出书法的韵味。“京”字人物造型的运动感、结构和运动类型的典型特征得到了充分体现。

■设计图稿的调整修改

从2004年4月奥运纪念钞设计图稿中标稿的选出到2008年7月8日纪念钞正式公开发行，在历经4年多的时间里，中国人民银行对奥运纪念钞的设计图稿在征求北京奥组委意见后，进行了将近3年时间的修改和调整。其中主要的原因是：设计图稿产生之初，奥运主场馆、主要奥运标志特别是奥运主会场鸟巢建筑等还未建成或定案。随着时间的推移和奥运系列标志的产生，纪念钞设计图稿也必然存在着需要相应调整的问题。

■纪念钞的修改和调整

面额的调整：2003年10月，人民银行发布公告时，初步确定面额为20元。2005年2月，人民银行、奥组委经过多次反复协商，最终确定将面额调整为10元。

主要设计元素的调整：2006年至2007年，根据奥组委和有关方面的意见，取消主场馆上方火炬的形象图案，调整主场馆与运动员人物形象；增加盲文面额标记、年号，调整面额图案；调整部分印刷工艺，取消胶印对印图案等。

主色调、规格尺寸的调整：2007年6月，经协商确定，将纪念钞规格由原来的165.0毫米×80.0毫米调整为148.5毫米×72.0毫米，主色调由黄绿色调整为蓝绿色。

2007年8月，奥运纪念钞设计稿最终定稿。

在奥运纪念钞的设计图稿中，充分运用了中国传统的设计元素或属于北京的、传统的、经典的图案。

正面：鸟巢图案作为正面主景，体现了第二十九届奥运会的纪念性，它是国家体育场，又是奥运会的开、闭幕式主会场，是典型的北京奥运会标志性建筑，具有象征意义，同时它也成为新时期北京的标志性建筑；天坛剪影，因为它是北京的典型的、历史的标志性建筑，是北京历史文化的最集中的体现之一；会徽的使用，这也是北京奥运会最典型、最有代表性的一个符号，其他如发行行名、面额数字、汉字等，都是钞票必需的元素。

背面：运动群像，既表现了古老形象，又表现了现代形象，如掷铁饼者，代表了古希腊奥林匹克运动会的最早起源；如体操、田径、长跑、乒乓球、足球等运动元素，表现了现代奥林匹克的体育特征。

第29届奥林匹克运动会纪念钞正、背面

■奥运普通纪念币的修改和调整

面额的调整：征稿时，确定的面额是5元，经协商最后调整为1元。

规格的调整：征稿时，确定的规格是直径30毫米，经协商最后调整为25毫米。

主景图案的调整：经协商确定，对原来最早的“京”字形人物造型设计进行了调整。

纪念币正面

举重（速度力量型 福娃晶晶）
编号8-1（2006年发行）

游泳（耐力型 福娃贝贝）
编号8-2（2006年发行）

体操（表现唯美型 福娃迎迎）
编号8-3（2007年发行）

射箭（技能准确型 福娃晶晶）
编号8-4（2007年发行）

乒乓球（隔网对抗型 福娃迎迎）
编号8-5（2007年发行）

足球（同场对抗型 福娃欢欢）
编号8-6（2008年发行）

击剑（格斗对抗型 福娃妮妮）
编号8-7（2008年发行）

现代五项（综合型 福娃欢欢）
编号8-8（2008年发行）

链接：献给北京奥运会的厚礼
——上海造币公司参加北京奥运会纪念币图稿设计竞标追记

举世瞩目的第二十九届奥林匹克运动会（以下简称北京奥运会）举办之前，中国人民银行分三组发行了32枚北京奥运会普通纪念币和贵金属纪念币，印钞造币人向北京奥运会献上了一份沉甸甸的厚礼。这32枚纪念币包括9枚普通纪念币（1枚纪念钞、8枚普通纪念币），23枚贵金属纪念币（6枚1/3盎司金币、12枚1盎司银币、2枚5盎司金币、2枚1公斤银币和1枚10公斤金币），它饱含了印钞造币人忠诚印制、追求第一的智慧、辛劳和赤诚，它体现了印钞造币行业设计、铸造国际一流纪念币（钞）的能力、风格和水准。

2003年9月23日，我参加了中国印钞造币总公司（以下简称总公司）纪念币设计研讨会。这是一次北京奥运会纪念币设计图稿竞标的战前动员会。杨启宽副总经理带来了刘世安书记的四点意见：一个坚持（坚持第一的原则），两个创新（设计创新、工艺创新），三个结合（与北京首都文化特点相结合、与历史的传统的钱币文化相结合、与国际奥运的主题相结合），四个精心（精心组织、精心构思、精心设计、精心评审），并明确提出了“让奥运纪念币在奥运史上留下灿烂的一笔，让世人永远难忘”的目标。

2003年10月28日，中国人民银行发布公告，向国内外公开征集北京奥运会纪念币的设计图稿。公告发布后，我们深入地分析、研究奥运纪念币的设计主题要求、设计要素和表现方法等。还将所征集的39枚奥运纪念币进行分类，发动设计人员根据各人的特长和喜好选择项目，做到每个类别的图稿都有人设计。同时，从公司到各有关部门都积极行动起来，协调关系、合理组织、科学管理、创造条件、营造氛围、适应规律、讲求实效，为设计人员创造最好的工作条件，提供最及时的服务和帮助。 2003年11

月24日，我们对收到的163幅图稿进行第一次初评。我们肯定了一些具有较好的选择题材、表现方法和构思新颖、构图独特的设计稿，而对一些有发展前途的设计稿提出进一步修改完善的建议，同时淘汰了一些缺乏新意和竞争力的设计稿。2003年12月12日，我们第二次收集到设计图稿90幅。经过评审和整理，于12月16日向总公司报出北京奥运纪念币设计图稿82幅。

2004年1月12日，我参加了总公司的行业内奥运纪念币初评意见反馈会。会上展示了经过初评的97幅，其中上海造币公司的设计稿45幅。总公司领导分别介绍了评审的过程和修改意见，并对前一段的工作给予充分的肯定，要求各厂组织力量，把现在已经初选的稿子进一步修改完善。

2004年2月4日，经过精益求精、反复认真修改完善，我们第二次报送了104幅设计图稿。

2004年3月15日，北京奥运会纪念币设计图稿评审委员会对全部设计图稿进行初评，各种类型的纪念币各评出10套。2004年3月30日，图稿评审委员会在10套初评稿中评选出5套入围稿。在最后征求了北京奥组委意见的基础上，正式评选出了中标的设计图稿。上海造币公司有30幅图稿中标，占普通纪念币和贵金属纪念币（除纪念钞外）所有40幅设计图稿的75%。分别是赵樯的8幅普通纪念币图稿和8幅1/3盎司金币的图稿，俞霞薇的12幅1盎司银币的图稿，余敏的2幅1公斤银币的图稿。

早在图稿征集之前，我们有许多设计人员就已开始了有关资料的收集工作。在设计过程中，又对所掌握的大量资料进行分析、整理，去芜存菁，吸取精华，参考国际上先进的设计理念，结合民族的艺术特色，精心构思，创新设计，都尽其所能，力求做到尽善尽美。在最后的冲刺阶段，许多设计人员食不甘味，夜不能寐，全身心都浸透在奥运纪念币的设计中。特别可贵的是他们不怕失败、不言放弃、坚持不懈、拼搏到底的精神。如余敏设计的1公斤银币图稿，原来两幅图稿中拔河和划船运动员的运动方向是同向的，评委们建议这2枚产品是1套，如果将运动方向改成相向可能效果更好。余敏同志采纳了评委的意见，作了修改，这套设计图稿最终中标。又如俞霞薇的1盎司银币设计稿，在第一次评审时由于主题不突出，画面显得凌乱，被列入淘汰行列。可是她不气馁、不放弃，在听取评委的意见后大胆修改，逐步完善，在近20天时间里把一套16幅银币的图稿，从立意、构图、元素及方法等几乎都重新来了一遍。第二次评审时，她的设计图稿让评委们眼前一亮，有一种脱胎换骨的感觉。最终她的1盎司银币16幅图稿有12幅中标。再如2003年2月4日把上海造币公司的奥运纪念币设计图稿上报总公司后，设计师赵樯突然又有了新的创作冲动，在距离图稿设计截止仅10天的时间里，他又设计了一套1/3盎司金币的8幅图稿，直接寄给了总公司。这套设计图稿，以古代瓦当与古代体育造型相结合，具有很强烈的民族特色和体育特点，最终中标。

在奥运币设计图稿评审结束后，总公司和金币总公司又组织行业内和社会上的美术设计专家与原作者一起对中标设计图稿进行了修改。在此后进行的普通纪念币和贵金属纪念币石膏模型竞标、样币竞标中，上海造币公司也取得了可喜的成绩。上海造币公司参与了北京奥运会普通纪念币和贵金属纪念币所有品种的生产，成为唯一生产各种北京奥运币品种的“大满贯”企业。

我们为北京奥运会献上了一份璀璨夺目的厚礼，同时，北京奥运会赋予了我们一份宝贵的精神财富。

（作者:方茂森）

防伪工艺及防伪特点

奥运纪念钞的防伪工艺及防伪特点

工艺特点：为更加完善现行印刷工艺路线，提升印刷工艺水平和防伪技术水平，奥运纪念钞在原有钞券印制工艺的基础上，增加了丝网印刷、烫印等工艺。

防伪技术特点：奥运纪念钞的研制开发历时两年，完成了光变全息开窗安全线、光彩光变等多项新技术应用的工程化试验；实现了光变全息开窗安全线、光彩光变等多项防伪特征在纪念钞上的首次应用。

光彩光变面额数字：位于票面正面左上方。垂直观察，面额数字呈绿色，中部有横向亮条；平视时，面额数字呈蓝色。随着观察角度的改变，面额数字颜色在绿色和蓝色之间交替变化，同时亮条出现上下滚动效果。

水印：位于票面正面左侧空白区域。透光观察可见清晰的北京2008年奥林匹克运动会主会场——国家体育场图案，其上方为具有明暗渐变效果的面额数字水印“10”，下方为“第29届奥林匹克运动会”字样。

全息定位镂空标识：位于票面正面左下方。标识主景图案为古希腊雕塑“掷铁饼者”，上方为面额数字“10”，下方为“2008”。变换角度观察时，标识的颜色和明暗随之变化。透光观察，可见镂空文字“BEIJING2008”、“29”字样。

双色接线异形号码：位于票面正面主景图案左下方。冠字号码前四位为上边红色与下边黑色接线，后五位为上边黑色与下边红色接线。

珠光图案：位于正面主景右方，平视时，可见“★”、“10”等图案。

雕刻凹版印刷：票面正面北京2008年奥林匹克运动会主会场——国家体育场图案、中国人民银行行名、国徽图案、第29届奥林匹克运动会会徽图案、手感线等均采用雕刻凹版印刷，用手触摸具有明显凹凸感。

光变全息开窗安全线：票面背面左侧有5.5毫米宽光变全息开窗安全线，安全线两侧有缩微文字“BEIJING2008”，中间有全息图案“10”。变换角度观察时，安全线两侧颜色在绿色与品红色之间交替变化。

胶印缩微文字：票面正、背面胶印图案中有“BEIJING 2008”、“10”及“同一个世界同一个梦想”字样的胶印缩微文字。

奥运纪念币的防伪工艺及防伪特点

奥运纪念币采用了隐性雕刻、全齿间隔半齿等技术。隐形雕刻技术在奥运纪念币上主要体现在从币面一侧观察，可以看到数字“2008”；从另一侧观察，可以看到“五环标志”。全齿间隔半齿技术则运用在边部。

奥运纪念钞的生产

2008年6月28日北京印钞有限公司奥运钞生产完成仪式上全体人员合影

奥运纪念钞的印制任务主要由北京印钞有限公司担负。通过组织技术人员和一线骨干，对每一道印刷工艺（胶印、丝网、贴全息标、凹印、印码）进行严格实验，北京印钞公司于2007年12月底完成了奥运纪念钞的原版样制作，由中国印钞造币总公司上报中国人民银行。2008年初中国人民银行批复：同意生产。

在生产过程中，北京印钞有限公司一线职工和技术人员克服了众多困难，发扬团结协作、众志成城的拼搏精神，在短时间内，高质量、高水平地完成了奥运纪念钞的生产任务。2008年6月底，奥运纪念钞全部印刷完毕，装箱入库，共印制600万小张。

此外，还有昆山钞票纸业有限公司、中钞油墨有限公司、中钞设计制版有限公司、中钞特种防伪科技有限公司、中国印钞造币总公司技术中心、西安印钞有限公司、成都印钞有限公司、上海印钞有限公司、南京造币有限公司9家单位参与了这次奥运纪念钞的设计、印制，并在其中付出了巨大的心血和辛勤的汗水。

同时，在研制生产过程中，中国印钞造币总公司先后同瑞士西克巴公司、吉奥利公司和美国福莱克斯公司进行了油墨、安全线等项技术的合作，同法国有关公司合作，引进了全息贴标技术。这些努力在提高纪念钞的防伪水平，使公众易于识别，使造假者难以伪造等方面发挥了积极作用。

奥运纪念币逐年铸造、发行

2008年4月15日，中国人民银行副行长马德伦视察上海造币有限公司奥运金银纪念币生产现场，亲切慰问上海造币有限公司职工

2006年6月2日，中国人民银行批复同意奥运普通纪念币第一组生产样币，6月13日，中国印钞造币总公司在沈阳召开奥运普通纪念币生产启动会，并确定了统一坯饼供应、统一模具工装、统一工艺技术、统一生产组织的工作原则。奥运纪念币生产正式开始。2008年4月28日，总计三组八枚的奥运纪念币最后一批产品入库。

2006年8月，发行第一组两枚奥运纪念币，图案为举重和游泳。2007年6月，发行第二组三枚奥运纪念币，图案为乒乓球、射箭和体操。2008年7月，发行第三组三枚奥运纪念币，图案为足球、击剑和现代五项。

奥运纪念钞币的发行引起强烈反响

自2006年起3年时间里，中国人民银行先后发行奥运普通纪念币共三组八枚，2008年7月2日，中国人民银行发布第29届奥林匹克运动会纪念钞发行公告。奥运纪念钞币一面市，即引起强烈反响。这一奥运历史上的首创之举，留下了丰富的内涵待未来的岁月去挖掘。

奥运百年历史上这第一枚纪念钞，由中国印钞造币总公司研制生产，成为展示中国印制科学技术和防伪水平的最好平台，同时也是中国人民银行60年来第一次面向国际征集钞票的设计图稿，由国家进行评审，因此，这也是一张具有国际性的纪念钞。

五千年的中华文化博大精深，使得贵金属纪念币、普通纪念币事业源远流长，中国国运昌盛使得纪念币得以持续地开发研制，国内外藏友的真心喜爱和热烈追捧使得纪念币发行有着宽阔的前景，造币人追求题材与艺术的完美结合、追求工艺与技术的不断创新，使得贵金属纪念币、普通纪念币在世界币苑中独树一帜并享有盛誉。

结 束 语

我们用28万字、200余幅图片潜心编写这本书。当我们敲下最后一个字符时有一种如释重负的感觉，但是内心的感触远没有全部释放。

人民币印制的历史是一条河，从涓涓细流到奔腾不息，从静静流淌到汹涌向前，谈不上漫长却也有60余年，谈不上浩瀚却也涉及众多领域。当我们接到本书的写作任务时，信心满满，因为是她滋养了我们，我们熟悉她、热爱她。

接着我们走进了遍布十几个城市的印制企业，先后召开了32个座谈会，与200余位印制历史的创造者、亲历者进行座谈；我们就重要人物、重大事件单独采访了50余人，请他们讲述详情；我们采访了参与第二、第三、第四、第五套人民币设计的5位美术专家，请教当初设计的指导思想与创作过程；我们查阅了中国印钞造币总公司、北京印钞有限公司、外交部档案馆的相关资料，尽可能详尽地了解情况，取得第一手资料。采访中，当事人满怀激情、满怀深情地向我们讲述过往60余年里，印钞造币行业建设之艰辛、发展之曲折、业绩之辉煌；描述了在设计、生产人民币，履行“确保货币发行”这一职责的过程中勇于拼搏、能打硬仗、甘于奉献的一幕幕……

面对如此之丰富的史料，我们在写作中试图将行业起伏变化的发展轨迹勾勒出来，将几十年创造、积累、沉淀的精神财富归纳提炼出来，将老专家、年轻科技人员对印制科学技术所付出的艰辛探索、百折不挠的坚持呈现出来，将数以万计的老工人对行业那以身相许般的忠贞描摹出来，将一线员工年复一年的操劳与行业发展紧密结合顾全大局的精神刻画出来，将那具有重大历史和现实意义、动人心弦的历史瞬间还原出来，因为这些久久地撞击着我们的心扉。

现如今，当我们在60余年的印制历史中穿越，当我们在涌动着印制精神的长河中浸染，才知道这段历史的深邃、隽永，远不是我们几个人可以写清楚、写完整的，远不是我们这本对内容有着明确界定的小书可以涵盖的，无奈留下些许遗憾。对此，我们只有怀着对历史的敬重，鞠躬致礼。

附录：部分印制企业名称变更情况

企业名称：
中国印钞造币总公司
军事接管前企业名称:

军事接管后企业名称:
中国人民银行印制管理局(1949年成立)
20世纪五六十年代名称变更情况:

20世纪七八十年代名称变更情况:
中国近代印刷公司
中国造币公司
(以上两名称与中国人民银行印制总公司均在工商管理局注册)
中国人民银行印制总公司(1980年)
中国印钞造币总公司(1992年3月)

企业名称：
成都印钞有限公司(2009)
军事接管前企业名称:

军事接管后企业名称:

20世纪五六十年代名称变更情况:
东河印制公司(1965年兴建)
20世纪七八十年代名称变更情况:
国营五四零厂(1984年)
成都印钞公司(1993年)

企业名称：
北京印钞有限公司(2008年)
军事接管前企业名称:
中央印制厂北平厂
军事接管后企业名称:
中国人民印刷厂(1949年)
20世纪五六十年代名称变更情况:
北京人民印刷厂(1950年)
国营五四一厂(1955年)
20世纪七八十年代名称变更情况:
北京印钞厂(1988年)

企业名称：
上海印钞有限公司(2008年)
军事接管前企业名称:
中央印制厂上海厂
军事接管后企业名称:
上海人民印刷一厂(1949年)
20世纪五六十年代名称变更情况:
上海人民印刷厂(1950年)
国营五四二厂(1955年)
20世纪七八十年代名称变更情况:
上海印钞厂(1987年)

企业名称：
西安印钞有限公司(2009年)
军事接管前企业名称:

军事接管后企业名称:

20世纪五六十年代名称变更情况:
西安人民印刷厂(1951年成立)
国营五四四厂(1955年)
西安人民印刷公司(1958年)
陕西省人民印刷厂（1959年）
20世纪七八十年代名称变更情况:
国营五四四厂(1985年5月)
西安印钞厂(1989年)

企业名称：
石家庄印钞有限公司(2009年)
军事接管前企业名称:

军事接管后企业名称:

20世纪五六十年代名称变更情况:

20世纪七八十年代名称变更情况:
国营一四五厂(1971年)
国营五四八厂(1984年)
石家庄印钞厂(1993年)

企业名称:
南昌印钞有限公司(2009年)
军事接管前企业名称:

军事接管后企业名称:

20世纪五六十年代名称变更情况:

20世纪七八十年代名称变更情况:
国营七一二厂(1970年)
国营五四九厂(1986年9月)
南昌印钞厂(1993年)

企业名称:
南京造币有限公司(2009年)
军事接管前企业名称:

军事接管后企业名称:

20世纪五六十年代名称变更情况:
东河印制公司五〇三厂(1969年)
国营九四〇厂
20世纪七八十年代名称变更情况:
国营六一三厂(1987年)
南京造币厂(1989年)

企业名称：
上海造币有限公司(2008年)
军事接管前企业名称：
中央造币厂
军事接管后企业名称：
人民造币厂(1949年)
上海人民铁工厂(1949年)
20世纪五六十年代名称变更情况：
国营六一四厂(1954年)
20世纪七八十年代名称变更情况：
中国造币公司上海造币厂
(1981年与国营六一四厂同时使用)
上海造币厂(1989年)

企业名称：
沈阳造币有限公司(2009年)
军事接管前企业名称：
中央造币厂沈阳保管处
军事接管后企业名称：
沈阳东北银行工业处(1948年)
20世纪五六十年代名称变更情况：
东北银行造币厂(1950年)
沈阳人民造币厂(1953年)
国营六一五厂(1955年)
20世纪七八十年代名称变更情况：
中国造币公司沈阳造币厂
(1981年与国营六一五厂同时使用)
沈阳造币厂(1989年)

企业名称：
保定钞票纸业有限公司(2009年)
军事接管前企业名称:

军事接管后企业名称:

20世纪五六十年代名称变更情况:
国营保定造纸厂(1956年)
国营六〇四厂(1961年)
国营保定造纸厂(1966年)
20世纪七八十年代名称变更情况:
国营六〇四厂(1983年10月)
保定钞票纸厂(1991年)

企业名称：
昆山钞票纸业有限公司(2009年)
军事接管前企业名称:

军事接管后企业名称:

20世纪五六十年代名称变更情况:
东河印制公司五〇二厂(1967年)
四川东河钞票纸厂(1993年)
20世纪七八十年代名称变更情况:
昆山钞票纸厂(1998年)

企业名称:
中国印钞造币总公司技术中心(2004年)
军事接管前企业名称:

军事接管后企业名称:

20世纪五六十年代名称变更情况:
中国人民银行科学技术研究所(1959年)
20世纪七八十年代名称变更情况:
1978年恢复为中国人民银行印制科学技术研究所

企业名称:
中钞信用卡产业发展有限公司(2004年)
军事接管前企业名称:

军事接管后企业名称:

20世纪五六十年代名称变更情况:

20世纪七八十年代名称变更情况:
北京信用卡厂(1993年11月)
中钞厂信用卡厂(1996年)

参 考 书 目

[1] 陈云：《陈云文集》，北京，中央文献出版社，2005。

[2] 《南汉宸纪念册》，北京，中央文献出版社，2005。

[3] 梁友杰：《人民币防伪技术及真伪鉴别》，北京，中国金融出版社，2005。

[4] W-克拉尼斯特：《国际钱币制造者》，北京，新华出版社，2009。

[5] 中国印钞造币总公司：《当代中国货币印制与铸造》，北京，中国金融出版社，1998。

[6] 殷毅：《中国革命根据地印钞造币简史》，北京，中国金融出版社，1996。

[7] 尚明：《当代中国的金融事业》，北京，中国社会科学出版社，1989。

[8] 尚明：《前进中的金融事业》，北京，中国金融出版社，1988。

[9] 河北省金融研究所：《晋察冀边区银行》，北京，中国金融出版社，1988。

[10] 石雷：《人民币的理论与实践》，浙江，浙江大学出版社，1992。

[11] 傅发永：《晋察冀边区印刷局简史》，北京，中国金融出版社，1995。

[12] 赵敬盈:《柳溥庆纪念文集》，北京，中国金融出版社，2000。

[13] 上海造币厂钱币研究会、上海钱币学会:《中国当代币章鉴赏与收藏》，上海，上海古籍出版社，2001。

[14] 罗工柳:《罗工柳艺术对话录》，山西，山西教育出版社，1999。

[15] 侯一民:《泡沫集》，辽宁，辽宁美术出版社，2006。

[16] 殷毅:《东河印制公司志》，北京，中国金融出版社，1993。

[17] 殷毅:《成都印钞公司志》，北京，中国金融出版社，2003。

[18] 殷毅:《北京印钞厂志》，北京，中国金融出版社，1993。

[19] 殷毅:《上海印钞厂志》，北京，中国金融出版社，1993。

[20] 殷毅:《西安印钞厂志》，北京，中国金融出版社，1993。

[21] 殷毅:《石家庄印钞厂志》，北京，中国金融出版社，1993。

[22] 殷毅:《南昌印钞厂志》，北京，中国金融出版社，1993。

[23] 殷毅:《南京造币厂志》，北京，中国金融出版社，1993。

[24] 殷毅：《上海造币厂志》，北京，中国金融出版社，1993。

[25] 殷毅：《沈阳造币厂志》，北京，中国金融出版社，1993。

[26] 殷毅：《保定钞票纸厂志》，北京，中国金融出版社，1993。

[27] 殷毅：《昆山钞票纸厂志》，北京，中国金融出版社，1993。

[28] 殷毅：《印制研究所志》，北京，中国金融出版社，1993。

跋

《中国名片人民币》一书在中国人民银行的领导下，由中国印钞造币总公司负责编撰。中国印钞造币总公司董事长敖惠诚、总经理贺林、党委书记张解东对这项工作高度重视，大力支持。董事刘德林、中国印钞造币总公司原总工程师梁友杰、技术总监邵国伟对本书从专业角度进行了细致审核。中国印钞造币总公司各相关部门给予了积极配合。在本书的资料收集、采访、编撰写作过程中，得到了中国印钞造币所属各企业、各级组织的支持与协助，得到了曾经参与及现正从事人民币的设计与印制相关工作的老专家、老领导、亲历者、见证人以及各界人士的热情关心和倾心奉献。许多同志饱含激情地向编写采访小组提供了很多珍贵的史料和情况。在此，谨向他们表示最诚挚的谢意！同时，向编撰本书提供了相关珍贵资料和文献的中国外交部档案馆、中国印钞造币博物馆表示诚挚的谢意！

由于本书受到体例篇幅的限制，不能将所有采访人员和采访资料一一展现，还因编写者能力和时间有限，难免资料取舍和文字叙述中有不当之处，敬请谅解和批评指正。

本书统稿：朱继红；编撰：梁建（第一章、第二章、第三章印钞部分及第七章纪念钞、纪念币部分）、刘万银（第四章、第五章、第六章印钞部分及第七章纪念钞的部分内容）、孙亮（第二章、第三章、第四章、第五章造币部分）。

参与本书编审的人员有：胡夏辉、王辉、章军、王有库、韩劲松、龚秀亚、孙永丽、邓轩。

本书编辑部